야생의 법

지구법 선언

Wild Law
First edition
Copyright © 2002-2011 Cormac Cullinan
This book is published by arrangement with UIT Cambridge Ltd.
www.uit.co.uk

No part of this book may be used or reproduced in any manner whatever without written permission except in the case of brief quotations embodied in critical articles or reviews.

Korean Translation Copyright © 2016 by Rhodos Publishing Co
Korean edition is published by arrangement with UIT Cambridge Ltd through BC Agency, Seoul.

이 책의 한국어 판 저작권은 BC 에이전시를 통한
저작권자와의 독점 계약으로 로도스에 있습니다. 저작권법에 의해
한국 내에서 보호를 받는 저작물이므로 무단전재와 복제를 금합니다.

야생의 법
지구법 선언

코막 컬리넌 지음 | 박태현 옮김
포럼 지구와사람 기획

로도스

차례

2판 서문 • 9
1판 서문 • 16
저자 노트 • 24
토마스 베리의 추천사 • 26
한국어판 서문 • 36

1부 거버넌스 다시 생각하기
1장 개미탑과 땅돼지 • 43

2부 우리가 아는 세계
2장 자립이라는 환상 • 59
3장 지배 종이라는 신화 • 86
4장 왜 법과 법학은 중요한가 • 95
5장 법의 기만 • 107

3부 지구 거버넌스
6장 위대한 법의 존중 • 131
7장 우리가 누구인지 기억하기 • 145
8장 권리의 문제 • 162
9장 지구 거버넌스의 요소 • 189

4부   야생지로의 여정

10장 지구법학을 찾아서 • 205

11장 삶의 리듬 • 223

12장 토지법 • 236

13장 공동체들의 친교 • 250

14장 법과 거버넌스의 변환 • 269

5부   향후 지형

15장 산길 • 289

저자 후기 | 야생의 법의 출현 • 306
역자 후기 | "야생의 법"이 우리에게 말하고자 하는 것 • 332
부록 | 어머니 지구권에 관한 세계 선언 • 350

주 • 354
참고 문헌 • 361
찾아보기 • 364

부모님 샤트렌(Chatelaine)과 브렌던(Brendan),
그리고 타운부쉬 계곡의 언덕과, 숲, 창조물에게,
내 안에 지구 사랑을 깃들게 한 그 모든 것들에게.

아들 씨안(Cian)과 벤저민(Benjamin)에게:
그들은 지구 공동체 내에서 존재하는 기쁨을 알 것이다.

그리고 지구와 지구의 모든 자손을 위한 현명한 스승이자
지혜를 가진 어른이며
지구의 유창한 대변인인 토마스 베리를 기억하며.

일러두기
- 외래어 표기법은 국립국어원 원칙을 따랐다.
- 주석 가운데 원서의 것은 미주로, 옮긴이의 것은 각주로 표기했다.

2판 서문

이 책은 당대 세계를 지배하는 산업 사회를 구조화하고 그에 대한 질서를 세우는 시스템을 우리가 어떻게 변화시킬 수 있을지에 관한 비전을 제시하고 있다. 현재 우리가 추구하는 파국의 경로를 전환하기 위해서, 또한 지구 공동체 내에서 우리 종이 실행할 수 있는 역할을 발견하기 위해서 우리는 시스템을 변화시켜야 할 필요가 있다. 너무 늦기 전에 이러한 전환을 일구어내는 것이 그리 쉽지는 않겠지만 가능하다. 우리가 이를 이루어낼 수 없다면 지구에서 인간의 미래는 더 이상 없으므로, 단지 어렵다는 사정만으로 그 전환을 지연한다면 절멸을 묵인하는 것과 다름없다.

  인간이 지구에 가한 손상의 심각성과 범위가 점점 분명해지면서 더 많은 사람들이 우리가 단순히 현행 거버넌스 시스템을 (약간) 수정하는 것만으로는 21세기에 직면한 환경적 도전과제를 해결할 수 없음을 깨닫고 있다. 지난 몇 년간 세계의 다양한 곳에서 자연을 지배하는 대신 자연에 부합하는 방식으로 살며 사회 질서를 형성하려는 이익관심이 급속하게 부상해 이 개정 2판(새로 쓴 후기와 2010년 4월 20일 천

명된 「어머니 지구권에 관한 세계 선언」을 포함해)을 출간하게 됐다. 우리가 우리 존재를 낳고 자라게 하는 공동체 또는 지구 시스템의 '규칙(rules)'에 따라 사는 것을 목표로 해야 한다는 생각은 다수의 사람들에게 여전히 자명하기보다 급진적으로 보인다. 우리 대부분이 열망하는 그런 유(類)의 미래를 보장하는 현실적 전망은 우리가 지구 중심의 관점에 영감을 받아 우리 사회를 규율하는 방식에서 근본 변화를 일으키는 것이라고 나는 믿는다. 기후변화와 여타 환경위기는 우리가 일부를 구성하는 지구 시스템의 근본 규칙에 맞춰 인간 거버넌스 시스템을 조정하는 데 실패한 데 따른 결과다. 우리가 지구 공동체의 근본 규칙을 준수하도록 보장하는 (인간 행위의) 규율 방식을 확립하기 전까지는 계속해서 생태적 한계를 침해하고, 생태적 균형의 근본을 깨트릴 것이다.

『야생의 법』 1판은 2002년 9월 남아프리카공화국 요하네스버그에서 지속가능개발에 관한 세계정상회의(WSSD)가 개최되기 바로 직전 남아프리카공화국에서 출판됐다. WSSD는 인간이 저지르는 지구 훼손을 중단하고 그 추세를 반전시킬 수 있는 어떠한 새로운 전략 또는 접근법도 구상하지 못했다. 2002년 이후 국제 공동체는 그 어떤 것도 채택하지 않았다. 21세기 가장 심각한 도전에 직면해 국제 거버넌스 시스템이 얼마나 부적절한지는 기후변화에 관한 지구 공동체의 대응 방식에 관한 합의를 도출하기 위해 2009년 12월 코펜하겐에서 열린 제15차 유엔기후변화협약(UNFCCC) 당사국 총회의 실패에서 분명히 드러났다. UNFCCC 과정 자체의 미래는 지금 위기에 처해 있고 기후변화에 관한 새로운 국제협약은 교토의정서가 만료되는 2012년 전까시 마련되지 않을 것이다.

한편, 지속되는 인간의 '개발'은 지구의 거의 모든 측면의 훼손과 파괴를 가속화해, 지금 우리는 이미 비가역적인, 제어 불가능한 기후변화를 촉발했을 수 있다는 실제 가능성에 직면하는 지경에 이르렀다. 제임스 러브록(James Lovelock, 가이아이론의 창시자) 같은 일부 저명한 과학자는 지구의 기후 시스템이 이미 돌이킬 수 없는 지점을 넘어섰고, 인간 생명에 적대적일 수 있는 새로운 평형으로 멈출 수 없는 질주를 하는 중이라고 믿는다.

이러한 과학자들의 판단이 잘못됐고, 인간이 유발한 기후변화가 아직은 비가역적이지 않다고 하더라도, (기후변화보다는) 대중의 이목을 덜 끌지언정 근본적인 수많은 다른 도전과제를 우리가 동시에 풀어낼 수 없다면, 현 세상을 지배하는 산업문명의 붕괴는 피할 수 없고, 생태적으로 지속가능한 사회로 전환할 수도 없을 것이다. 우리는 점차 줄어드는 석유 생산량과 그 밖의 광물 자원량에 대처하고, 생물권(biosphere)의 오염, 비옥한 토지의 유실, 사막화, 담수와 어류 자원량 고갈, 야생 동식물을 위한 산림과 서식처의 파괴 그리고 인구 증가와 결부된 인간 소비 수준의 가속화를 조절하고, 반전시킬 수단과 방법을 강구할 필요가 있다. 『야생의 법』이 처음으로 출간된 후 8년이 지난 지금 지구 공동체의 상태는 더 나빠졌고, 파괴의 근본 동력도 거의 변함없어 보인다.

지구에 마음 쓰는 수많은 사람들은 점점 절망 속에 빠져들며 이렇게 묻는다. "인간 종의 생존을 연장하려는 노력이 어떤 의미를 가지는가?"라고. 지구 전체의 관점에서 보면, 지난 수세기 동안 인간의 현존은 지구에 해로운 것이었다. 우리의 악랄한 탐욕과 도취적 자기애(narcissism)의 그림자는 황폐화와 죽음을 가져오며 지구 공동체의 수많은 얼굴에 드리워졌다. 우리는 지구 공동체가 우리에게 준 놀라운 능력과 풍부한 영양물질 그리고 에너지를 우리 자신뿐 아니라 전체로서의 공동체를 위해 유익하게 사용하는 데 실패했다. 우리가 기리는 영적, 문화적, 기술적 성취의 대부분이 그 공동체의 희생 아래 이뤄졌다. 지금까지 우리 자신만의 경로를 달려온 우리 종의 마지막 행동은 어쩌면 우리의 놀라운 능력을 사용해 우리 자신의 절멸을 촉진하는 방식으로 환경을 변화시키는 것이지 않을까?

이는 정말이지 심각한 문제로 내 대답은 이번 2판에 암시돼 있다. 수많은 인간과 생태 공동체의 건강이 급속히 악화되는 상황이지만, 미래를 형성하는 인간 정신의 힘과 더 큰 선(善)—당신이 그것을 어떤 것으로 인식하든지 간에—을 추구하는 가치를 나는 여전히 믿는다. 비록 어떠한 성공도 보증되지 않음에도(언제 그런 적이 있었던가?), 누군가는 사랑하는 것을 지키고, 누군가는 선이라고 믿는 것을 위해 일하는 것은 여전히 가치가 있다는 것이 내 논의의 잠정적 가설이다. 사회정의를 위해 분투하는 것, 믿을 수 없을 정도로 아름다운 지구를 보호하는 것 그리고 지구 생명의 자손을 위한 미래를 보장하는 것은 성공에 대한 전망과 상관없이 가치 있다고 생각한다. 우리 아이들에게 다음과 같은 부끄러운 말을 전하지 않기를 바란다. "알고는 있었지만 그것이 가망 없다고 여겨 아무것도 하지 않았다."

삶은 늘 놀랍고 소비에트 연방의 내부 파열과 아파르트헤이트의 종말과 같은 위대한 사건은 전혀 예기치 않게 급속히 일어날 수 있음을 우리는 경험을 통해 배웠다. 이번에 2판을 발간하는 가장 중요한 이유는 신비로운 그 무엇이 세상에 요동치고 있다는 직관에서 연유한다. 지금의 새로운 변화는 내가 전에는 느끼지 못한, 행동과 근본변화 그리고 인류의 지구 공동체에의 재통합에 대한 어떤 갈증(hunger)을 동반하는 시대정신(Zeitgeist)을 통해 소용돌이치고 있다.

2003년 1월 저명한 작가 아룬다티 로이(Arundhati Roy)는 언젠가 다음과 같은 기억에 남는 말로 연설을 마무리 했다. "또 다른 세상은 가능할 뿐 아니라 이미 도래하고 있다. 어느 조용한 날 그녀의 숨소리를 나는 들을 수 있다." 수년 동안 내가 알아차릴 수 있는 숨이라고는 점점 현실로 다가오는 괴기스런 미래의 폐(오염에 손상된)에서 나오는 쌕쌕거림과 같은 것이었다. 그러나 지금 나는 다른 어떤 것을 들을 수 있다. 마치 저 멀리서 예기치 않게 바람에 실려 온, 토막토막 한숨처럼 들리는 고래가 분출하는 소리와 같은 것이다. 그것은 또한 터벅터벅 소리 내며 가까이 걸어오는 야생 동물의 느긋한 리듬과 같고, 권력의 회랑과 시끄러운 상업시장에서는 알아듣기 어렵지만 조용한 장소에서는 감지할 수 있는 그러한 것이다. 이는 집단의식 속에서 일어나는 야생성의 휘저음일 것이다. 또는 통제와 지배, 획일성에의 강박증을 지닌 산업문명이 거부하고 억압한 문명의 이면(shadow)의 재출현일 수 있다. 물론 이는 내 상상력이 빚어낸 것일 수 있다. 그것이 무엇이더라도 야생의 법은 때로는 자발적으로, 때로는 이 책이 씨앗이 돼 행성 지구에서 (의식 지평으로) 부상하고 있다. 그뿐 아니라 농업(영속농업과 그 밖의 유기농의 형태), 건축(지구 및 녹색 빌딩), 공학과 디자인(생물 모방), 교육(전일적, 경험적, 자연지향적 기법의 범위), 의약품(건강에 대한 전일적 이해), 심리학(생태심리학) 등 수많은 분야에서 유사한 접근법이 힘을 얻고 있다.

이 책에 들어 있는 아이디어가 어떻게 확산됐는지는 이 신판의 후기에서 기술하고 있다. 그러나 여기서 우선 언급하고 싶은 점은 최근 들어 이러한 아이디어의 적용에 가속도가 붙었다는 사실이다. 예를 들면, 2008년 9월 에콰도르 국민은 국민투표를 통해 자연(Nature)은 존재할 권리와, 스스로의 순환과 구조, 기능과 과정을 유지할 수 있는 법적으로 집행 가능한 권리를 가지고 있음을 인정하는 헌법을 압도적인 찬성으로 채택했다. 헌법에 이러한 조항을 포함시키는 성과는 어머니 지구(Pachamama)에 관한 고래(古來)의 관념을 지키며, 깨끗한 토양과 대기, 물과 자신들의 공동체 내에서만 자연과 조화(sumak kawsay) 속에 충만한 삶을 누릴 수 있다고 믿는 원주민들과 NGO 그리고 자연의 권리를 인정하자는 논의에 설득된 지도자 간의 협력에 의해 성취됐다. 헌법에 자연을 위한 권리(조항)를 포함하자는 구상을 제안하고 채택하기에 이르기까지의 전 과정에 거의 19개월이 소요됐다. 에콰도르 헌법이 채택된 지 1년이 조금 지난 뒤인 2010년 4월 볼리비아에서 열린 회합(35,000명이 넘은 사람들이 참여)에서는 「어머니 지구권에 관한 세계 선언(Universal Declaration of the Rights of Mother Earth)」이 발표됐다. 이러한 흐름은 2010년 10월 「어머니 지구 권리를 위한 지구 동맹(Global Alliance for the Rights of Mother Earth)」의 설립으로 이어졌다. 각 사안에서 적확한 때 적확한 장소에서 적확한 사람들의 합류가 결정적인 영향을 미쳤다. 그러나 모든 참가자들 사이에서 자연을 위한 권리는 이미 시대가 도래한 아이디어라는 자각이 있다.

에콰도르는 논쟁의 지형을 영구히 변화시켰다. 야생의 법의 아이디어를 법체계의 핵심에 주입하는 것이 가능한지에 대한 문제는 이미 답을 얻었다. 이제 문제는 우리가 세계 도처에서 이 아이디어를 어떻게 실행하는가, 그리고 이 아이디어를 유효하게 만들 거버넌스 메커니즘을 어떻게 채택할 것인가 하는 것이다.

코막 컬리넌
케이프타운, 2011. 1.

1판
서문

이 책이 나오게 된 근원을 나는 법률가와 생태심리학자, 야생지 전문가, 인류학자 그리고 환경주의자이자 사회사학자이면서 '지구신학자(geologian)'이기도 한 작가이자 시인인 토마스 베리와 함께한 토론(미국 버지니아 주 에얼리 센터)에서 찾을 수 있다고 생각했다. 그러나 이 생각은 틀렸다. 내가 말해야 하는 것은 훨씬 더 과거부터 시작된 내 삶과 불가분하게 엮인 이야기의 일부다.

토마스 베리는 수많은 법적, 정치적 시스템이 사실상 지구 착취를 합법화하고, 심지어 이를 장려하기까지 한다고 지적한 바 있다. 그는 인간과 나머지 생명권 간의 상호 이익관계를 강화하는 법과 정치 제도의 발전을 위한 건전한 기반을 정초하려면 법과 거버넌스에 관한 우리의 사고를 다시 정의하는 것이 중요하다고 수년 동안 강조했다. 에얼리 회의는 런던 가이아(Gaia) 재단이 주최한 것으로, 토마스 베리가 제기한 과제를 회의 주제로 삼아 진행됐다. 회의 이후 우리 가운데 많은 이들이 토론을 통해 의식의 지평으로 떠오른 아이디어 가운데 일부는 광범한 사람들 간의 협력을 통해 유포돼, 토론되고 발전돼야 하며 이를 위해서는 그 아이디어들이 글로 쓰여야 한다고 느꼈다. 곧 다가오는 요하네스버그 지구정상회담은 우리를 흥분시킨 중요한 관점(이라고 믿는 것)을 세계 전역에서 한마음을 가지고 참가한 수만 명의 사람들에게 전달하고 확산시키는 완벽한 기회로 생각됐다. 그 무대에 참가한 몇 안 되는 법률가들 가운데 한 사람으로서 나는 흥분과 두려움이 교차하는 가운데 이러한 목적을 위해 활용될 수 있는 무언가를 써야 한다는 데 동의했다.

내 안에 떠오르는 '지구법학'에 관한 느낌을 어떻게 정확히 기술하고 전달할 것인지를 두고 긴 시간 동안 씨름했다. 여러 어려움 가운데 하나는 나보다 더 현명한 사람이 지구법학이 기초하고 있는 중심적 사고와 통찰을 이미 심오하면서도 명쾌하게 기술했다는 점을 상당히 의식하고 있었다는 것이다. 또 다른 맥락에서 해당 주제의 중요성과 폭을 제대로 다루려면 수년(아니 어쩌면 평생) 동안의 연구와 고찰이 필요할 것이라는 점을 고통스럽게 의식하고 있었다. 법실무가로, 아버지로, 그리고 파트너 변호사로서 역할 수행에서 일부 떼낼 수 있는 '파편적 시간'이 내가 가진 전부였다.

결국 나 자신을 그 이야기 안에서 드러내지 않고서는 이 주제에 관해 내가 실제로 생각하고 느낀 것에 대한 진실한 감을 타인과 소통할 수 없다는 것이 분명해졌다. 나는 시스템적 사고의 통찰과 그것이 인간의 거버넌스에 가지는 함의를 전통적인 방식으로 그리고 미리 정해진 입장이 없는 관찰자의 위치에서 어느 정도 학술적인 방식으로 논하기 시작했다. 그럼으로써 내가 비판한 기계적이고 결함 있는 현실관을 역설적이게도 내가 영구화하고 있었다. 진실로 나는 시스템 안에서 특정한 입장이 없는 관찰자가 아니라 참여자―우주라는 위대한 춤 안에서 한 명의 춤꾼―다. 내가 보는 것은 내가 누구인지, 또 내가 있는 곳이 어디인지에 따라 영향을 받는다. 그리하여 나로서는 타인과 소통할 수 있는 유일하고 진정한 방법은 내 의식 속에 있는 이 아이디어의 진화에 관한 감각을 전해 주는 것이라 생각했다.

사적인 이야기를 하려는 의도는 그리 특별할 것 없는 내 삶의 세부 사항을 평가하거나 사고 과정의 총명함 또는 독창성을 주장하려는 것이 아니다. 정말이지 이 책에서 발견할 수 있는 내 생각의 상당 부분은 다른 맥락에서 다른 방식으로 수많은 사람들이 수천 년에 걸쳐 표현해온 것이다. 이 책을 통해 내가 하고자 한 것은 이 문제에 관한 내 생각을 형성했고 또 형성하고 있는 사건과 힘(forces)에 대한 어떤 감각을 당신에게 전해 주고, 나 자신의 잠정적 결론을 당신과 공유하려는 것이다. 이 순간에 당신이 이 책을 손에 쥐고 있다는 사실 자체가 의미 있는 것이라고 나 자신을 설득했다. 당신을 여기까지 데려다준 것은 무엇인지, 그리고 여기서부터 당신은 무엇이 될 것인지? 이 물음에 대한 내 대답 일부를 당신과 공유함으로써 삶 속에서 일어나는 사건에 대한 당신 스스로의 이해를 착화(着火)하는 데―나와 유사한 결론으로 이끌어질 수 있는―도움이 되기를 바란다. 우리들 저마다가 세상을 바라보는 렌즈는 다양하게 착색되어 있음에도, 우리는 결국 우주라는 같은 '텍스트'로부터 이를 읽는다.

또 다른 이유가 있다. 나 스스로 짐 지운 것이긴 하지만, 한편으로 정서적 삶과 영적 삶 간의 분리와 다른 한편으로 지적 삶과 직업적 삶 간의 분리를 극복하기가 대단히 어렵다는 사실을 종종 발견하게 된다.

하지만 이를 극복해내는 순간, 나 자신의 강화된 능력과 그 효과에서 받는 충격과 즐거움으로 새로워진다. 우리와 다음 몇 세대의 성공적인 촉매작용으로 커다란 사회변화가 이루어짐으로써 우리 시대의 도전과 제를 완수하려면 우리는 전부를 걸고 최선의 노력을 다해야 한다고 믿는다. 이보다 적은 노력으로는 안 될 것이다. 토마스 베리가 이름 붙인 "위대한 과업(Great Work)"을 달성하려면, 수많은 이론학자, 직업적 전문가 그리고 자기 식의 '실용주의자'들이 사랑하는, 냉철하고 사소한 것도 따지는 지성주의나 견유(犬儒)주의(인간이 인위적으로 정한 사회의 관습, 전통, 도덕, 법률, 제도 따위를 부정하고, 인간 본성에 따라 자연스럽게 생활할 것을 주장하는 태도나 사상—옮긴이) 이상의 것이 요구될 것이다. 그것은 용기와 지적 정직성, 열정은 물론 영혼 또한 요구할 것이다.

이 책은 한 개체로서 또 한 종으로서 우리가 누구인지 알아가는 핵심 문제에 관한 것이다. 이 책은 또한 오늘날 대부분 사회의 특징이 돼버린 무자비한 지구 위 생명 파괴와 거기에 뒤따르는 우리 자신의 내적 자아의 빈곤화와 결별하려면, 우리 사회를 어떻게 변환시켜야 하는지에 관한 것이다. 이는 법 또는 거버넌스 철학에 관한 것이지만, 그렇다고 법률가를 위해 쓴 것은 아니다. 사실 이 책에서 논의되는 법학은 거개의 현대 법률가에게는 낯선 것일 수 있다. 그러나 일부라도 이 책을 읽기 바란다. 왜냐하면 우리의 하위 종(sub-species)은 우리 거버넌스 시스템의 목적은 말할 것도 없고, 법이 무엇을 말해야 하는지를 숙고하기 위해 넉넉한 시간을 들여 법이 무엇을 말하고 있는지에 관해 조언을 구할 수 없기 때문이다. 그 결과 우주가 어떻게 기능하고, 우주 안에서 우리의 역할이 어떠한 것인지에 관해 지배적인 사회가 지닌 오해(misconception)가 법과 거버넌스에 관한 우리의 생각을 어떻게 형성했는지를 우리 대부분은 알아차리지 못했다. 특히, 우리 대부분은 우리 대부분 사회에서 법학이 우리가 현재 직면한 중대한 도전에 맞서기에 적합하지 않다는 사실을 의식적으로 인정하지 않았다.

나는 더 많은 사람들이 우리 종이 지구와 그리고 서로와 자기 파괴적인 전쟁을 중단하기를 갈망하고 있다는 표시를 거의 매일 인식한다. 우리 아이들을 위해 모든 방식으로 축복을 가져다줄 것으로 예정됐던 '지구화된' 멋진 신세계를 둘러싼 과장 광고에도 불구하고, 우리를 불안케 하는 악취가 초고속 정보 통신망 내부에서 균열을 통해 새어 나오고 있다. 초(super-), 기술의(techno-), 디지털화(digitalised-), 유전자 조작의(genetically engineered), 세계화된(globalised), 경이로운(wonder) 사회라는 화려한 겉모습 아래, 우리 행성 지구와 인간성은 쇠락하고 있다. 총명하고 밝은 아이의 눈동자를 바라본 적이 언제인지, 고래가 왜 죽임을 당하고 숲은 왜 태워지는지를 설명하려고 한 적이 있는가? 햇빛에 노출되는 것은 왜 위험하고, 어떤 강의 지류는 왜 유독한가? 일부 개구리의 다리는 왜 5개이고, 중동지역 10대들은 다른 아이들을 죽이는 과정에서 왜 자살폭탄 테러를 하는가? 왜 우리 중 일부는 그렇게 맹렬하게 일하는 반면에 다른 사람들은 직업을 구할 수 없는지 그리고 어느 쪽이든 깊은 만족감과 소속감을 왜 그리 얻기 어려운지 의문을 한 번이라도 가진 적이 있는가?

그렇다고 이 책이 이 모든 질문에 답하려는 것은 아니다. 다만 우리 21세기 현실의 한 측면을 똑바로 쳐다보려는 하나의 작은 노력을 기울이려 한다. 지구 위의 지배적인 문명은 우리 아이와 우리를 암울하고 지속불가능한 미래(우리 대부분이 원하지 않는)로 이끄는 방식으로 영위되고 있다는 것은 진실이다. 그것은 고래의 인간 문화 및 생물학적 공동체의 일상적 파괴와 우리와 더불어 공진화하는 놀라우리만치 수많은 살아 있는 존재들의 절멸을 포함한 어떤 미래다. 그 존재들의 죽음은 단지 유전적 구조와 생태계 내 복잡한 관계의 그물 안에 기록된, 수백만 년 동안의 지구의 경험과 지혜의 고의적인 파괴만을 의미하지 않는다. 그것은 또한 지구 공동체를 영구히 축소하는 것이고, 생존체들이 공진화할 기회를 박탈하는 것이다.

  이를 인식하고 인정하는 것은 단지 한 가지 일이다. 새로운 미래를 창조하는 데에는 훨씬 더 많은 것이 필요하다. 우리가 원하는 미래를 다시 그리고 그것을 성취할 수 있는 방법을 찾기 위해서는 열정적으로 행동하고 관여하는 우리의 집단의지를 활성화하고, 또 우리의 상상력과 그 밖의 힘을 사용해야 한다. 이 책은 행성 지구 위의 더 넓은 생명 공동체 내에서 서로를 강화하는 역할을 수행할 우리의 책임을 반영하는 방식으로 우리 종을 규율할 수 있으려면, 우리 사회를 어떻게 구성하고 규율해야 하는지에 관한 생각을 어떻게 다시 시작할 수 있는지에 관해 말하고 있다. 이는 매우 중요하면서도 긴급한 과제라고 나는 믿는다. 토마스 베리는 『위대한 과업』의 마지막 문단에서 이렇게 말했다.

  새로운 세기로 그러한 전환을 해나가면서도 우아함의 순간은 찰나의 순간임을 우리는 기억해야 한다. 이 전환은 짧은 기간 동안 이뤄져야 한다. 그렇지 않으면 영원히 사라져버릴 것이다. 우주의 광대한 이야기 속에서 위험한 순간들이 그렇게나 많이 성공을 거두었다는 사실을, 우리는 우주가 적대적이지 않고 우호적이라는 신호로 받아들여야 한다. 그러한 힘들을 우리를 지지하는 쪽으로 불러들이기만 하면 우리도 성공할 수 있을 것이다. 우주와 지구의 목적을 성취하기 위한 도전과제들을 과소평가해서는 안 되지만, 그 목적이 궁극적으로 좌절될 것이라고 믿는 것 또한 어렵다.

당신이 이 책의 상당 부분에 동의하지 않더라도, 어떤 식으로든지 당신에게 영감을 줘서 당신이 한 성원으로 있는 인간 공동체를 변화시키리라 희망한다. 우리는 다시 한 번 더 우리 자신이 우리 모두가 속한 지구 공동체의 귀중한 성원임을 인정하게 될 것이다. 그리고 우리 자신을 어떻게 규율할 것인지를 배우는 지혜, 상상력 그리고 결단력을 우리는 갖고 있다.

토마스 베리에게 지적으로 빚지고 있음은 이 책의 거의 모든 장(章)에서 분명히 드러날 것이다. 버지니아 에얼리 센터에서 토론하는 동안 수많은 영감을 느꼈던 순간에, 그리고 이 책과 씨름하고 있는 동안 나에게 해준 관대한 격려에 감사하고 싶다. 그러나 무엇보다 그러한 영감적 존재가 있다는 사실 자체에 가장 감사하고 싶다. 지구와 인류에 열정적으로 헌신한 총명한 지성이자 철학자일 뿐 아니라, 만개한 층층나무가 주는 감상과 삶에서의 유머를 등한시하지 않는 누군가를 만나는 것은 누리기 어려운 특권이다.

가이아 재단(런던)이 없었더라면 나는 결코 토마스 베리와 그의 책을 만나지 못했고, 무엇보다 이 책을 쓰지 못했을 것이다. 특히 리즈 호스켄(Liz Hosken)과 에드 포세이(Ed Posey)가 지난 수년 동안 나에게 가르쳐 준 많은 것들은 이 책에서 논의된 아이디어와 접근법의 일부는 물론 성공의 보증 없는 미지의 영역에 모험적으로 뛰어드는 용기를 갖도록 해주었다. 한결같은 인격적, 지적 그리고 재정적 지지에 그들과 가이아 재단 모두에게 또 이 책을 예언한 베티(Betty)에게 감사하고 싶다.

또한 자신들의 생각과 논평을 공유한 수많은 이들에게도 감사한다. 그중 상당 부분이 이 책 본문에 녹아 있다. 그 가운데에는 2001년 4월 버지니아 에얼리 센터 회의에 참석한 이들, 2001년 11월 제7회 세계 야생 의회(World Wilderness Congress)에서 지구법학에 관한 토론에 참석한 이들, 그리고 내 초기 논문인 『지구법학: 법과 사회의 통합성 재정립(Earth Jurisprudence: re-establishing integrity in law and society)』에 응답한 이들이 포함된다. 나는 또한 본문의 내용을 개선하는 데 도움을 준 동료 테리 윈스탠리(Terry Winstanley), 니콜라스 스미스(Nicholas Smith), 벨린다 보울링(Belinda Bowling)과 루딘 리-라이트(Ludine Lee-Wright)에게, 그리고 어려운 상황에서도 본문을 편집한 린드세이 노만(Lindsay Norman), 맨델린 라스(Mandeline Lass)에게도 감사한다. 1판이 당초 계획한 대로 지속가능개발에 관한 세계정상회담 개최에 맞춰 출간하는 데 추진력이 되었던 시버사(Siber Ink)의 사이먼 셉톤(Simon Sephton)에게도 특별히 감사한다. 마지막으로 이 책의 탄생을 위해 작업하는 동안 희생한 가족들에게 감사하고 싶다.

코막 컬리넌
2002. 7.

저자 노트

우리들이 직면한 도전과제는 우리네 삶과 공동체를 생태적으로, 사회적으로 그리고 영적으로 지속가능한 미래로 정향(定向)하게 하는 개인적 책임을 저마다 떠맡는 것이다. 그러나 우리는 또한 그 전환—우리가 지구 위의 생명 공동체의 통합성을 보호하고자 한다면 또한 그 공동체 내에서 귀중한 역할의 수행에서 나오는 목적의식과 소속감을 되찾고자 한다면 반드시 필요한 전환—을 방해하는 생각과 사회구조를 변화시키기 위해 집단적으로 행동할 필요가 있다.

지금 환경정의와 사회정의를 위해 분투하는 모든 이를 규합할 수 있는 일관되고 공통된 미래의 비전이 시급히 필요하다. 지구 위에서 생태적으로 지속가능한 인간 사회의 창출을 가능하게 하는 새로운, 적극적인 정책 강령(manifesto)을 우리는 필요로 한다. 이는 단순히 또 다른 인간 중심의 이념을 고안함으로써 성취될 수 있는 그런 것이 아니다. 필요한 단결과 같은 마음을 지닌 수백만 사람들의 결합된 창의력의 해방은 우리가 더 큰 전체의 일부임을, 그리고 지구 전체의 건강에 기여하는 방식으로 우리 사회를 조직해 살아야 함을 인정함으로써 이뤄낼 수 있다. 이 책 속의 어떤 생각이 변화를 위해 출현한 공동체들을 서로 연결시키는 그물망에 한 가닥 이상의 실로 기여할 수 있기를 희망한다.

『야생의 법』 2판의 출간에 기여한 모든 이들에게 감사드리고 싶다. 특히 세심한 편집, 인내 그리고 책의 질을 높이는 데 전심전력을 다한 그린북스사(Green Books)의 존 엘포드(John Elford)에게 감사한다. 또한 열정을 가지고 이 책의 아이디어를 세상에 실어 날라준 모든 이들에게 감사하고 싶다.

코막 컬리넌
2011. 1.

**토마스 베리의
추천사**

오스발트 슈펭글러(Oswald Spengler)는 20세기 벽두, 구체적으로 1차 세계 대전 바로 직후, 인간 역사의 과정에서 나타난 다양한 문명의 기원과 발전, 성숙 그리고 쇠퇴에 관한 연구를 담은 『서양의 몰락(The Decline of the West)』을 썼다. 그는 이 책에서 과거에 대한 조사와 현대 세계에 대한 고찰에 기초해 처음으로 서양문명이 실제로 쇠락 단계에 있음을 명확히 진술했다.

1차 세계 대전(1914~1918)이 남긴 폐허에도 불구하고 19세기 말에 발달한 과학기술을 기반으로 일련의 놀라운 '진보적' 발전을 구가하고 있던 유럽과 아메리카는 이 책의 진단에 커다란 충격을 받았다. 그 당시까지 '진보'는 현대 서양문명의 어휘에서 중심적 가치를 지니는 단어였다. 새로운 공학기술의 능력을 빌려 우리는 강철 골조 빌딩을 하늘 높이 세울 수 있게 됐다. 새로운 전기에너지로 밤에도 전체 지평선을 밝힐 수 있고, 자동차와 비행기 덕택에 그 전에는 상상할 수 없던 안락한 여행을 할 수 있게 됐다. 전화기로 마술처럼 먼 거리를 넘어 상호 연락을 할 수 있게 됐고, 과학적 조사를 통해 이전 세기에는 꿈꿀

수조차 없던 자연 세계에 대한 힘을 지니게 됐다.

이러한 우리의 성취는 서양 세계가 쇠락시기에 있지 않고, 오히려 새롭고 더 눈부신 서양문명의 국면이 현실화되고 있다는 충분한 증거로 보였다. 그러나 슈펭글러는 다른 사람이 볼 수 없는 것을 볼 수 있었다. 과학기술적 천재성이 아무리 경이롭다 하더라도, 이는 외적 총명에 불과하다. 내적 삶과 문화적 창의성은 심각하게 축소됐고, 영혼은 사라졌다. 기술이 아무리 발전했다 하더라도, 자동차와 비행기, 전화, 라디오가 아무리 멋지다 하더라도, 대학과 의학전문학교, 공학기술이 아무리 우수하다 하더라도 거기에는 더 이상 생명을 주는 영혼(life-giving soul)이 부재하다.

우리는 어떤 만족스러운 인간 성취를 제공하는 능력을 잃어가는 문명—이 문명은 또한 끔찍하게도 우리가 의존하는 지구의 생명 시스템에 파괴적인 것이 됐다—의 국면에 접어들었다. 토양과 비, 공기는 오염되고 있다. 숲과 초지, 토지 주변을 배회하는 살아 있는 창조물은 황폐화됐다. 그것들은 자신들의 원형에 내재했던 숭고함의 감각을 더 이상 불러일으키지 못한다.

이 시기 미국 작가들은 이러한 영혼의 상실과 관련된 삶의 의미의 상실을 인식하였는데 특히 현대 미국인의 삶의 공허를 묘사한 싱클레어 루이스(Sinclair Lewis)와 프랜시스 스콧 피츠제럴드(F. Scott Fitgerald)의 작품에서 두드러진다. 이러한 서양문명 내에서 내적 삶의 공허함에 대한 자각은 이후 장 폴 사르트르(Jean-Paul Sartre), 알베르 카뮈(Albert Camus), 사무엘 베케트(Samuel Beckett)와 같은 유럽 출신의 실존주의자들과 테네시 윌리암스(Tennessee Williams)와 아서 밀러(Arthur

Miller)와 같은 미국 작가들도 강조한 바 있다.

　문명(슈펭글러의 용어로는 '문화')을 생동력 있게 유지하기 위한 지난날 대응의 전형은 문명의 조직과정을 증가시키고, 기술을 개선하며, 새로운 방법으로 자연 세계를 약탈하는 것이었다. 르네 데카르트 시대(1956~1650)이후, 지금까지 수 세기 동안 자연 세계에 대한 공격은 늘어갔다. 우리는 숲을 베고, 북아메리카 대륙의 중앙 평원을 쟁기로 일구고, 애팔래치아 산맥의 정상을 폭파해 노천 석탄 탄광을 만들고, 고속도로와 주차장을 위해 토지를 포장하고, 북대서양에서 대구 떼를 싹쓸이하듯 잡아들였다. 우리는 또한 상당한 양의 콘크리트를 쏟아부어 이 대륙의 위대한 강에 600피트의 댐을 지었다. 이 모든 산업 프로젝트는 20세기 서양문명을 공학기술적 경이의 시대로 만들었다.

　경제학에서도 마찬가지로 위대한 기업가적 상업 회사를 전 지구적 연맹으로 조직해 자연자원에 대한 지배를 확장하고, 전체 행성 지구를 대상으로 생산과정을 증가시켰다. 기업들은 자신의 지배력을 광범위하게 확장시킴으로써 지금 행성 지구에 사는 인간집단은 오직 기업 내에서만 자신의 생계유지 수단을 찾을 수 있는 그러한 지경에 이르렀다. 즉, 지금 사람들은 자신과 자신의 생계유지 수단을 더 이상 토지의 역동성에서가 아니라 기업의 맥락에서 찾고 있는 것이다.

　우리가 서양문명의 산업적 국면을 형성하는 데 성공하였기에 이전 세기 동안 서양의 영혼이 그러한 산업화로의 길에 방해가 되었다고까지 생각하기에 이르렀다. 영혼이 우리에게 짐 지울 수 있는 판단으로부터 해방된 것이다. 지금 우리는 모든 세계를 발전된 공학 프로젝트와 우리가 이룬 끝없는 일련의 혁신―토머스 에디슨(Thomas Edison)이

1870년대 뉴저지에서 설립한 연구소에서 탄생시킨 것과 같은 혁신—에 의해 통제되는 메커니즘으로 다룰 수 있게 됐다.

인간의 편익을 위해 인간에 의해 통제되는 이 기계주의적 세계는 주변 세계를 산과 바다의 경이로움 속에서, 초원과 새와 숲의 창조물의 아름다움 속에서, 그리고 인간 영혼의 외로움과 신체 질병의 치유 속에서 비로소 경험될 수 있는 어떤 성스러운 장엄함의 표현이 아니라 단지 인간의 이용을 위해 거기에 놓여 있는 광대한 자연자원의 조합으로 여겼다.

도시에서 그리 심하지 않은 오염으로도 우리는 달과 별과 신비한 행성을 가진 밤하늘의 현존과 힘을 상실했다. 우리는 더 이상 위대한 우주의 전례 안에 깃들어 있는 우리 자신을 느낄 수 없다. 인간은 도처에서 자신들의 고유한 의식(儀式)을 통해 우주적 전례에 참여함으로써 자신의 존재를 증명하는 데 이러한 증명의식은 부족민에게 영감을 주고, 과거부터 존재해온 위대한 문명에 영감을 주었다. 이는 인간의 영혼으로 하여금 그것의 가장 완전한 성취를 경험하게 한 위대한 영적 가르침, 예술, 음악과 춤 그리고 문학작품의 원천이 되게 하였다.

종교와 법, 의학, 문학, 과학 그리고 역사에서 존경받는 직업 종사자가 자신의 가장 깊은 의미를 발견하는 것은 바로 그러한 맥락에서다. 지금 시대에서는 이 모든 것들이 크게 달라졌다. 놀라운 점은 이러한 영혼 상실의 이야기가 거대한 성취로, 해방으로, 계몽으로, 훌륭한 문명화의 실현으로 이야기되고 있다는 것이다. 어떤 새로운 자유가 경험됐다. 인간 정신은 지금 새로운 경제학을, 새로운 공학기술을,

새로운 과학을 발전시킬 수 있다. 산업적 맥락에서 인간을 위한 발전은 동시에 자연 세계의 황폐화를 의미했으므로 '발전'이라는 용어는 '발전적 파괴'로 쓰여야 함에도 불구하고, 우리는 산업 발전이라는 전환 단계로 나아갈 수 있었다. 산업 세계에서는 거의 모든 개발에 상응하는 파괴가 수반됐다. 지금까지 커다란 자기기만 속에서 우리는 이 두 세계(= 산업 세계와 자연 세계―옮긴이)를 같은 국면으로 연계하기를 원치 않았다. 인간과 지구 사이에 존재하는 어려움의 중심에는 그러한 자기기만이 있다.

내적 원리 내지 영혼의 유지가 결여된 이러한 세계 인식은 우리의 과학과 기술이 발전할 수 있는 맥락으로 작용해왔다. 이러한 새로운 상황으로부터 나온 한 가지 커다란 이익은 우주와 행성 지구를 존재하게 한 진화과정의 발견이었다. 동시에 우리는 지구 기능의 미시적·거시적 국면들에 대한 심오한 통찰을 얻게 됐다. 수 세기 동안 거의 이해하지 못했고 치료할 능력도 없이 방치된 질병을 다룰 능력을 획득한 것이다.

그러나 이 상황이 지닌 비애는 그 과정에서 우리가 지구와의 친밀한 현존을 포기했다는 것이다. 새로운 산업 세계에서 우리는 지구와 우주에 관해 이전보다 더 많이 알게 됐지만, 우리는 더 이상 지구와 원초적 통합성 속에서 친교를 나누지 못하게 됐다. 우리의 과학적 이해는 우리가 숲을 파괴하지 않게, 공기와 물과 대지를 오염시키지 않게 만들지 못했다. 매년 다음 세대를 산란하기 위해 콜롬비아 강에 자유롭게 접근할 수 있어야 하는 연어에 대한 우리의 정통한 생물학적 지식은 산란에 필요한 강물의 흐름을 감소시키는 행위도, 산업문명에 필요한 거대한 댐을 건설함으로써 일부 언어 종을 절멸시키는 행위도 저지하지 못했다. 생존을 위해 자연 세계가 필요하다는 점도, 또한 인간에게는 자연 세계의 경이로움과 영감이 필요하다는 점도 산업 경제의 필요를 우선적으로 만족시키려는 우리를 억제하지 못했다.

우리는 광범위한 지식과 기술의 힘으로 우리의 행위에 결부된 어떠한 어려움도 관리할 수 있다고 거만하게 장담한다. 또한 우리 스스로가 이 세상의 준거적 중심이 될 것이다. 세계의 모든 것들은 인간을 위한 것이고, 인간은 스스로를 위한 것이다. 연구·조사 기술을 가진 우리는 곧 과학과 공학에서 필요한 교육을 구성하게 될 것이다. 종교는 이미 자연 세계의 운명에 대한 우려에 무관심해졌다. 자연 세계에 대한 공격을 승인할 수 있는 법적 구조에 대한 커다란 수요만 있을 뿐이다. 이 법적 기초는 정치제도사에 알려진 그 어떤 제도보다 재산을 소유하는 시민을 칭송하는 미국 헌법에서 그 원초적 표현을 발견할 수 있다. 정확히 말하면 어려움은 인간에게 부여된 권리에 있는 것이 아니라, 인간 이외의 존재 양태에게 아무런 권리도, 보호도 부여돼 있지 않다는 점에 있다.

분명히 시작부터 미국 헌법은 하늘 또는 지구 위의 어떤 다른 힘도 참고하지 않은 채 인간 진보만을 위해 기본 틀이 잡힌 문서였다. 최초 10개의 수정조항에 추가된 권리장전(Bill of Rights) 안에는 개인의 권리에 관한 상세한 목록이 담겨 있다. 마침내 인간은 개인으로서 또한 정치 공동체로서 스스로 타당한(self-validating) 존재가 됐다. 자연 세계를 지속적으로 공격하는 상업―기업가적 권력과 입법―사법적 권력 간의 연합에 의해 이러한 자기 타당성이 고안, 지탱되고 있다.

　인간은 절멸된 종을 생명으로 다시 부활시킬 수 있는 힘도, 이미 써버린 석유나 그 밖의 다른 자연자원을 복구할 능력도 없기에 스스로 타당한 상황이 지닌 비애를 볼 수 있다. 오직 이 자기 파괴적 거만이 자연이 존재하게 한 것을 황폐화할 수 있는 권리를 사회가 가질 수 있도록 한다. 하지만 일단 파괴가 일어나면 하늘에도, 땅 위에도, 심지어 자연 자체에도 이를 구제할 힘은 없다. 인간이 시행하는 헌법 전문(前文)의 첫머리에 우리 인간의 존재와 안녕은 우리가 태어나고 또 우리의 지속적 생존을 위해 우리가 의존하는 더 큰 지구 공동체의 안녕에 의존함을 분명히 인정하는 취지의 기술이 있다면 적절할 것이다. 이러한 취지의 기술 뒤에는 더 큰 지구 공동체를 돌보는, 거기에 기초해 창설된 나라가 지는 제1의 의무라는 기술이 따를 것이다.

　이러한 기술은 유엔으로 알려진 나라들 간의 총회에 특히 적합할 것이다. 지금과 같은 상황이라면, 나라들은 저마다 자신을 '주권' 국가, 즉 국가적 계약에 따라 함께 묶인 국민으로 인식하고, 그에 따라 스스로를 자기 준거적 존재로, 즉 자신의 일을 처리하는 데 다른 지상의 권력에 종속되지 않음을 선언한다. 유엔은 세계 평화와 안보를 유지하고 경제사회적 발전에서 상호지원이라는 맥락을 제공할 것을 맹세한 세계 독립 국가들의 결합체다. 자연 세계나 다른 존재 양태와의 관계는 물론 우리가 살고 있고 우리 존재와 우리가 가진 모든 것이 유래하는 행성 지구에 관해서도 아무런 언급이 없다.

　나라들이 저마다 이러한 자신들의 능력에 따라 기능한 지 반세기가 지난 지금, 나라 안과 나라 밖의 정치적·군사적 압박이 이 세계 조직을 사로잡는 근본 문제로 남았다. 그러나 지금 더 큰 압박이 의식지평으로 떠오르고 있는데 바로 인간 공동체와 우리가 사는 행성 지구 사이의 압박이다. '자연자원의 개발'에 몰두하는 산업문명이 현재 전 지구적으로 확산되고 있다. 어떠한 산업 국가도 물리적 생존을 위한 기본적 필요를 스스로 충족할 수는 없다. 많은 수의 인구를 가진 일부 저발전 국가가 특히 어려움에 처해 있다. 그러나 중요한 것은 지구 자원이 고갈되는 속도다.

저자 코막 컬리넌의 이 작업은 지구 위 인간 공동체의 친밀한 현존에 관해 새로운 사고방식을 제공하고 있다. 위대한 우주 법학(Great Jurisprudence)에 관한 자신의 사고관념 속에서 우리 앞에 놓여 있는 도전과제를 표명하고 있다. 우리는 지구를 인간적 차원으로 축소하고, 길들이고, 우리 자신의 기계주의적 기능적 패턴에 삽입하며, 지구에 반응하는 우리 자신을 만들려는 것이 아니라 지구를 우리에게 복속시키려고 생각해왔다. 하지만 분명한 것은 우리가 성공하지 못했다는 것이다.

우리가 이러한 외면할 수 없는 엄연한 대안을 제시하고 있는 동안에도 우리는 인간의 현존 양상은 자연 세계를 깊이 지향해야 한다고 말하고 있음을 알아야 한다. 과학과 기술의 도움 없이는 장래에 지속 가능한 인간 생활방식을 확립할 수 없을 것이다. 일단 우리의 비전을 조정하고, 기본적 의존 패턴을 확립하고, 인간 존재 양상의 규범과 지침이 더 큰 세계 안에 내재하고 있다는 사실을 받아들이고, 함께 살면서 헨리 소로(Henry Thoreau)가 말한 야생성을 기르고 보호하는 것을 배우며, 알도 레오폴드(Aldo Leopold)가 우연히 만난, 죽어가는 늑대가 아닌 살아 있는 늑대의 눈에서 발산되는 강렬한 초록 불꽃을 존중한 다면, 그때야 비로소 우리는 현대 기술의 놀라운 통찰로부터 이용 가능한 지원을 얻을 수 있을지 모른다. 그러나 인정해야 할 것은 단순히 자연 세계에 대한 산업적 낭비의 줄임과 재사용, 재순환 심지어 풍력과 태양에너지 같은 재생가능자원의 사용 등이 우리가 여기서 말하는 필요(need)를 전적으로 충족시키지 않는다는 점이다.

 지구에 대한 오만을 버리고 겸손해야 할 시간이다. 지구에 대한 두려움을 극복하고, 온화하고 자애로운 어머니—그러나 때로는 기근으로 우리를 굶기고 폭풍으로 우리를 공격하여 바다에 익사시키는 그런 격렬하고 커다란 부담을 지우는 어머니, 하지만 끝없는 흥분과 무한한 의미의 세계를 우리에게 제공하는 어머니—에게 감사로 응답해야 할 시간이다. 어머니 지구는 별이 총총한 밤하늘의 신비와 의미를 우리에게 베푼다. 매일 동틀 무렵의 영광으로 우리를 일깨울 것이다. 숨 쉴 수 있는 상쾌한 공기와 작물 재배를 위해 오염되지 않은 토양을 우리에게 제공할 것이고, 우리를 위해 초지에 일련의 꽃무리를 펼쳐 보일 것이다. 어머니 지구의 새들은 여명과 일몰에 우리에게 노래할 것이고, 별 수고 없이 공간에서 솟구치며 우리를 황홀하게 만들 것이다.

 그러한 세계와 우리가 지금 살고 있는 산업 세계 간에는 어떤 차이점이 있다. 야생의 세계, 부단히 새로워지는 에너지가 모든 구성요소를 통해 자발적으로 흐르는 살아 있는 세계 말이다. 우리는 미래로 나아가는 길은 무자비한 산업 발전을 통해서가 아니라 우리를 존재하게 하고 다가오는 세기에도 우리를 지탱하게 하는 유일한 힘인 생명력(living forces)을 통해서라는 것을 아는 법체계와 정치제도가 필요하다.

토마스 베리
2003.

토마스 베리(1914~2009)는 자연 세계와 인간 간의 관계에 관한 세계의 주요 사상가 가운데 한 사람이다. 수도승이자 철학자이며 문화사학자이자 작가인 그는 스스로를 신학자라기보다 지구신학자(geologian) 혹은 지구학자(earth scholar)로 여겼다. 유창하면서도 정열적인 지구의 대변인이자 "우리 시대의 가장 탁월한 문화사학지 가운데 한 사람"인 그를 『뉴스위크(Newsweek)』는 새로운 유(類)의 생태신학자 가운데 가장 사고를 자극하는 인물로 기술한 바 있다. 1934년 가톨릭 예수 수난회(Passionist order)에 입회했고, 연구하고 성찰하며 가르치는 데 자신의 생애를 바쳤다. 역사학으로 박사학위를 취득하고 1940년 후반 중국에서 중국어와 중국문화를 공부했으며, 1950년 유럽에서 군목으로 종사했다. 이후 시톤 홀(Seton Hall)과 포드햄 대학에서 인도와 중국 문화사를 가르쳤다. 포드햄 대학과 뉴욕 그리고 리버델 종교연구센터(Riverdale Center of Religious Research)에서 종교사 프로그램을 개설했다. 작품으로는 『지구의 꿈(The Dream of the Earth)』, 『우주 이야기(The Universe Story)』(과학자 브라이언 스윔과 공저), 『위대한 과업(The Great Work)』 그리고 『저녁 시간의 생각(Evening Thoughts)』[메리 이블린 터커(Mary Evelyn Tucker) 편집]이 있다. 향년 94세를 일기로 사망할 때까지 미국 노스캐롤라이나의 남부 애팔래치아의 언덕 마을에서 살았다.

한국어판 서문

『야생의 법』 한국어판 독자들에게 보내는 편지

내가 글을 쓰고 있는 이 시간, 케이프타운에는 마침 가을비가 내린다. 기나긴 메마른 계절을 견디고 있던 정원의 식물들은 부드럽게 내리는 비의 어루만짐을 즐기며 조용히 만족감을 발산하고 있다. 내 모든 감각은 정원이 비를 반기며 생명을 부양하는 물에 크게 기뻐한다는 사실을 느끼게 한다. 그러나 내가 학교와 대학에서 배운 이해방식에 따르면 이는 있을 수 없는 일이다. 식물과 강과 동물과 산이, 기계적인 화학반응을 제외하고, 마치 서로와 관계 맺을 수 있는 어떤 능력을 가진 존재들인 것처럼 말하는 것은 비과학적이고 비이성적이다.

이 건조하고 기계적인 우주의 이해는 법 시스템을 포함해 현재 세계를 지배하는 문명화의 모든 측면을 감염시키고 있다. 법 시스템은 인간 존재 또는 회사가 아닌 그 밖의 모든 것을 권리를 가질 수 없는 (권리능력이 결여된) 재산으로 규정함으로써, 인간이 자연의 한 부분이 아니라는 생각을 길러왔고, 인간의 지구 지배와 파괴를 정당화해왔다. 우리는 전체 우주 안에서 발견될 수 있는 가장 아름답고 복잡 미묘한 생명 공동체 안에서 태어났다는 이 믿기 어려운 행운을 축하하고 기넘하는 대신, 죽은 "자원"의 개발자와 소비자가 되도록 배웠다. 지구 공동체를 통한 생명의 흐름으로부터 우리는 격리, 소외되었고, 우리와 지구는 지금 그 결과에 따른 고통을 겪고 있다.

다만 운이 좋은 것은 이 기계론적 우주 모델이 올바르지 않고 아무 도움이 되지 않음을 우리가 안다는 사실이다. 양자물리학과 생태학과 같은 과학의 통찰은 존재하는 모든 것은 서로 연결되어 있고, 우리 안녕의 원천인 전체 지구 시스템의 건강과 기능에 기여하는 자기만의 고유한 역할을 가지고 있다는, 고대 지혜의 전통이 수천 년 동안 가르쳐왔던 것을 확증하고 있다. 확실히 그러하다면 존재하게 된 모든 것은 존재할 권리와 이 경외심을 불러일으키는 진화적 이야기에서 자기의 (부분)역할을 계속 수행할 권리를 가지는 것이 아닐까?

이 책 『야생의 법』은 21세기의 핵심 도전과제, 즉 복잡한 산업·소비 사회를 어떻게 재조직해 사람들이 지구 공동체를 착취, 훼손하지 않고 그 건강에 기여하면서 우리의 안녕을 추구할 수 있을 것인가 하는 도전과제에 관한 것이다. 이는 법 시스템을 자연의 법(the Laws of Nature)에 맞춰 재조정할 것을 요구한다. 또한 인간 존재와 우리가 만든 제도에 지구 공동체의 다른 성원들을 자연의 과정(natural process) 안에 참여해 서로와 관계를 맺을 양도 불가능한 권리를 지닌 주체로서 존중해야 법적의무를 부과할 것을 요구한다.

또한 이를 현실화하려면 강력한 전 지구적인 사회운동이 요구된다. 우리 시대에서 가장 흥미로운 발전 중 하나는 자연의 권리를 인정하는 지방 조례에서부터 「어머니 지구권에 관한 세계 선언」을 특정 사건에 적용하고자 설립한 자연의 권리를 위한 국제재판정(an International

Tribunal for the Rights of Nature)에 이르기까지 다양한 창의적인 방법으로 이러한 아이디어를 표명하고 있는 자연의 권리를 위한 조직과 연대기구들의 범지구적 출현이다.

나는 이 책이 당신에게 영감을 줌으로써 한국에서 이러한 아이디어가 토착화되는데 도움이 되기를 바란다. 이는 자연과 존중하는 관계를 수립하는 것의 중요성을 말하는 이 현대적 표현이 한국에 이미 존재하는 깊은 문화적 뿌리와 연결되는 것을 의미한다. 한국의 무속신앙과 같은 고대 전통과 불교, 기독교, 이슬람 그리고 그 밖의 다른 믿음체계들은 모두 세계의 다른 존재들과 올바른 관계 안에서 살아감의 성스러운 측면을 인정하는 것이 중요하다고 가르치는 성스러운 글과 실천 행위를 가지고 있다. 우리에게는 단 하나의(monocultural) 지구법학이 아니라 공통의 우주 원리에 충실하면서도 생태적·문화적 다양성을 인정하고 응답하는 다수의 지구법학의 발전이 필요하다.

나는 또 이 메마르고 자연과 격리된 우리 사회에 생명력(vitality)을 되돌려주는 데 필요한 당신만의 고유한, 야생적이고 창의적인 에너지를 탐구하도록 당신을 격려하고자 한다. 내 사고에 커다란 영향을 미친 토마스 베리는 다음과 같이 썼다.

"모든 존재의 진정한 자발성의 근원이라고 할 수 있는 야생성. 이는 모든 창의성의 원천으로 거기에서 살아 있는 모든 존재들이 자신의 양식을 구하고, 피난처를 발견하고, 새끼를 낳고, 노래하고 춤추고, 공중을 날며 바다 깊은 곳을 헤엄치게 하는 본능적 활동이 나온다. 이는 시인의 통찰과 예술가의 기교 그리고 샤먼의 힘을 불러일으키는 것과 동일한 내적 경향성(inner tendency)이다."(『위대한 과업(The Great Work)』, 벨 타워(Bell Tower), 1998, p. 51)

이것은 우리의 거버넌스 시스템과 문명에 다시 생명을 불어넣어 줄 수 있고, 야생의 법을 발전시키며, 놀랍도록 축복받은 지구 공동체의 한 성원인 우리의 완전한 잠재력을 실현할 수 있게 하는 아름다운 야생의 에너지다. 나는 이 책 속의 아이디어가 정원에 새 생명을 가져다 준 비처럼 당신의 마음과 정신을 기르고 실천력을 키우도록 돕기를 희망한다.

코막 컬리넌
케이프타운, 2016. 3. 30.

| 1부 |

거버넌스를 다시 생각하다

우리는 여기 심겼다.
인간은 지구에서 자라고 가지 치고 꽃피우는 식물이다.
―나우아틀어를 쓰는 아즈텍의 후손, 멕시코

1장
개미탑과 땅돼지

개미탑

지난밤에 내린 신선한 비로 상쾌해진 아프리카의 아침이다. 윤기 흐르는 따오기는 가시나무 위에서 몸단장을 하고 있고, 따뜻한 아침 햇살을 받은 지구는 지열을 부드럽게 피워 올리고 있다. 아침 회의를 마치고 말라위의 수도 릴롱궤(Lilongwe)에 위치한 호텔로 걸어 돌아오는데, 길옆으로 작은 개미탑이 눈에 띄었다. 지난밤에 내린 비로 한결 부드러워진 개미탑의 외부 보호돔은 지나가는 행인의 발에 차여 두개골 크기의 탑의 한 부분인, 대뇌피질 같은 서늘하고 어두운 터널 내부가 노출됐다. 옅은 색깔의 흰개미는 내부를 뜨거운 햇빛의 요동으로부터 보호하고자 재빨리 손상된 부분을 복구하려 한다. 작업자들은 앞뒤로 이동해가며 침과 흙으로 구멍을 효율적으로 메운다. 병사 흰개미는 전략적 간격을 유지한 채 작업자를 보호하는 동시에 둥지에 접근하는 침입자를 막는다.

개미들의 조직화된 작업 효율성에 놀라워하며 잠시 멈췄다. 흰개미는 저마다 자신이 해야 할 것을 정확히 알고 있다. 그 작은 개체의 행동은 이음새 없이 결합돼 자신이 속한 공동체의 안녕이 요구하는 결과물을 만들어낸다. 과학자들은 개미와 흰개미와 같은 곤충들의 복잡한 사회구조 내에서 어떻게 명령이 정확히 전달되는지 알아내기 위해 여러 가지 시도를 한 것으로 나는 기억하고 있다. 각 개체에 전달된 흰개미 여왕의 비밀스런 특별한 화학물질에는 특정 상황에서 저마다 해야 할 일에 관한 복잡한 지시가 코드화돼 있을까? 흰개미들이 지하 정원과 정교한 통풍장치를 가진, 신기할 정도로 복잡한 구조와 깜짝 놀랄 정도의 사회조직을 어떻게 도처에 구축할 수 있을까?

이 작은 창조물의 이동을 지켜보다 보니, 그들이 단순히 여왕의 지시를 이행하거나 혹은 스스로를 무엇을 할지 결정하지는 않을 것 같았다. 각 개체는 내부 '프로그램'에 또는 본능에 기초해 외부 자극에 단순히 반응하는 것일 수 있다. 그러나 이것만 가지고 실제 흰개미들의 안무화된 효율성(choreographed efficiency)을 다 설명할 수 있을까? 그러한 내부 기호체계는 매우 다양한 삶의 상황을 다루지 못할 정도로 비융통적이지 않는 한도 내에서 어느 정도까지 세밀할 수 있을까? 내가 관찰한 것은 교묘한 방식으로 자신들의 행위를 조율하는 수많은 개체들이라기보다 수많은 창조물을 통해 자신을 표현하는 단일의식의 기능 같은 것이었다.

곧 나는 개별 흰개미들이 저마다 거기에 맞춰 춤춰야 할 가락을 제공하는 우주의 위대한 교향곡의 좁은 대역폭에 정밀하게 조율된 미소(微小)한 수신기라는 생각에 이르렀다. 그들에게 커다란 두뇌나 복잡한 지시는 필요하지 않을 것 같다. 흰개미는 자신의 집을 향해 다가오는 부츠의 요동치는 소리와 집 안으로 들어는 빛의 세례를 느낄 때, 저마다 자신들의 구전 지식의 커다란 원천(=우주─옮긴이)을 활용하는 능력을 가지고 있지 않을까? 흰개미들의 행동은 그들 공동체와 궁극적으로 그들 종, 그리고 그들이 중요 부분을 이루는 생태계의 통합성을 유지하기 위해 본능적으로 저마다 해야 할 일에 관한 지식을 내려받는 일종의 정신의 그물망 같은 것, 달리 말하면 신체 바깥의 정보원과 자신의 내적 특질(흰개미가 특정 정보를 활용해 그에 따라 행동하게 하는 어떤 성질) 사이의 상호작용에 의해 결정된다.

오늘날까지 과학자들이 흰개미 공동체의 기능에 관해 어떠한 결론(그러한 결론이 있다면)에 이르렀는지, 또한 내 사색의 내용이 옳은지 그른지는 모른다. 옳든 그르든, 따뜻한 말라위의 아침에 받은 이미지는 내 안에 간직됐다. 그 이후로 나는 잘 기능하고, 조화로우며, 회복력을 지닌 복잡한 공동체의 구축은 복잡한 의사결정 위계구조의 발달이라기보다, 우주를 '듣고', 거기에 맞춰 행동할 수 있는 우리의 능력을 정교하게 조율하는 것이 아닐까 하고 추측한다. 구체적으로 인간과 같이 더 복잡한 동물은 흰개미보다 더 넓은 정보대에 조율할 능력을 가지고 있고, 또 우리가 '수신한' 것에 어떻게 반응할지 선택하는 데 더 큰 능력을 가지고 있으리라 추측된다. 물론, 그러한 강화된 능력은 우리가 우리의 환경에 조율하지 않거나 반응하지 않기로 작정한다면 별 도움이 되지 않을 것이다.

가설의 정립

1990년대 내가 다양한 지역의 다양한 나라에서 환경법과 정책에 관련된 일을 계속하고 있을 때, 사회적 행위를 규율하는 도구로 법을 더 효과적으로 혹은 덜 효과적인 것으로 만드는 것이 무엇인지에 관심을 갖게 됐다. 나는 최소한 내 분야에서는, 법이 효과를 발휘하려면, 법이 관심을 갖는 주제의 본래 성격을 파악하는 것이 필요하다고 확신하게 됐다. 이는 거버넌스 시스템은 그것이 규율하고자 하는 것의 특성을 어느 정도 반영해야 하거나, 최소한 조응해야 함을 의미한다. 예를 들어, 우리가 환경의 특성 가운데 하나는 그것이 끊임없이 변화하는 것이라고 관찰했다면, 우리에게는 탄력적이고 상황적응적인 환경법과 거버넌스 구조가 필요하다. 마찬가지로, 환경은 본질상 수많은 사안에 두루 관련되므로 환경 거버넌스 체계는 매우 광범위한 규율 범위를 가질 것이 요구된다.

서서히 내 마음속에서 규율하고자 하는 것의 속성을 고려해 거버넌스 체계를 설계한다면 그 체계의 성공 가능성은 커지리라는 잠정적인 가설 하나가 성립됐다. 그리고 당시에는 의식하지 못했지만 시간이 지나면서 여기저기서 얻은 생각들로 이 기본 가설을 윤색하기 시작했다. 경제적 고려와 시장 기능에 의존하는 방식의 거버넌스 체계가 적지 않은 경우 인간 행동을 이끄는 데 매우 부적절하다는 인식도 그러한 생각들 가운데 하나다. 이러한 방식에 따른 의사결정은 장기적 관점에서 나쁜 결정이거나 아니면 최적에 이르지 못한 결정이 될 공산이 매우 크다. 이는 시장의 왜곡이 예컨대 오염 비용을 오염원인자가 부담하고, 시장의 상품 가격에 반영되도록 보장하는 완전 비용 회계방식(full cost accounting; 회계학에서는 완전 원가 회계방식이라고 한다—옮긴이)에 의해 교정되더라도 그러하다.

예컨대, 앙드레 킴브렐(Andre Kimbrell)의 『인간 신체 상가(The Human Body Shop)』를 읽고, 인간 신체의 모든 측면이 상업화될 것이라는 그의 예측을 지켜보면서, 시장은 인간 신체의 이용에 관한 윤리적 결정을 하기에 적절한 장소가 아니라는 내 신념이 강화됐다. 이러한 윤리적 결정은 인간으로서 우리가 누구이냐는 질문의 핵심에 가닿아 있기에, 주의 깊은 성찰과 지혜를 요구한다. 나아가, 이 결정은 단순히 무엇이 되어야 하는가를 정하는 문제가 아니다. 어떤 것이 왜 그리고 어떻게 행해져야 하는지가 사실상 중요하다. 헌혈을 한 사람에게 대가를 지급하는 것은 효율성과 비용 대비 효과성을 근거로 충분히 정당화될 수 있다. 그러나 킴브렐이 책에서 뚜렷하게 밝히는 바와 같이, 헌혈의 상업화는 문자 그대로 사회에서 가장 가난하고 취약한 성원들을 쥐어짜내는 것으로 귀결될 것이다. 다른 한편, 2011년 9·11 비극에 대한 뉴욕 시민들의 반응이 시각적으로 잘 예증하는 바와 같이, 수혈을 필요로 하는 생면부지의 사람에게 피를 나눠주는 이타적 의식은 심오한 방식으로 사람들을 서로 연결시키고 공동체를 튼튼하게 한다.

나미비아에서 야생생물보호법의 입안에 관여하면서, 우리가 근시안적인 인간 중심의 법을 별다른 의문 없이 채택하는 것이 어떻게 자주 왜곡되고, 인간과 다른 종 간의 건강한 관계를 훼손하는 결과에 이르게 되는지 보고 충격을 받았다. 나미비아에서는(많은 다른 나라에서와 같이) 코뿔소, 오릭스 및 쿠두(영양류)와 같은 야생동물을 자신의 토지에 소유하고 싶은 농부는 사냥 방지 펜스를 쳐둬야 한다. 이러한 방식으로 그 법은 이 건조한 나라의 농부가 거대한 지역에 사냥펜스를 설치하게 하는 유인을 제공하는데, 이는 물과 풀을 찾아나서는 무리들의 자연 이동을 막는다. 더 나쁜 것은, 갇힌 야생동물들에게 사료를 제공할, 또는 가뭄에 펜스를 열어줄 법적 의무가 농부에게 없다는 점이다. 일부 농부는 자신의 소를 위한 물과 사료는 보유하면서도 야생동물은 죽게 내버려둔다.

그 법은 흰개미를 먹는 죄 없는 땅돼지를 '유해 야생동물(problem animals)'로 규정함으로써 인간이 죽이도록 장려한다. 땅돼지를 불량 동물로 비난하는 까닭은 영악한 자칼이 땅돼지의 굴을 이용해 자칼 방지 펜스 아래로 들어가 양목장 안으로 침입한다는 데 있다. 이러한 법은 이 원거주자(=땅돼지)가 토지주의 감정 변화에 따라 언제든지 제거될 수 있는 대상으로 여기지 않았다면 생각할 수 없을 것이다.

나의 기본 가설―규제 시스템과 규제 대상 간에는 상관성이 있어야 한다―은 은퇴교수인 친구와의 대화를 통해 더 진전됐다. 그는 정보 경제에서 신규 사업의 조직 형태의 발달을 이론화하는 작업을 좋아한다. 어느 날 그는 자신이 신규 사업의 조직 형태가 어떻게 성장하는지에 관한 영감과 통찰을 얻기 위해 발생학(embryology; 배아조직의 발생과 발달을 연구하는 학문―옮긴이)을 공부하는 중이라고 했다. 처음에는 이러한 접근법이 별 성과 없으리라 여겼지만, 자연이 제공하는 풍부한 경험의 보고(寶庫)를 목적의식적으로 활용한다는 착상에 매료됐다. 자연에서 영감을 얻으려는 기본 착상은 인간사에서 여러 다른 형태로 나타나지만, 당초 이 접근법을 거버넌스 시스템에 적용하는 것을 다소 경계했다. 자연의 다양성과 그것에 대한 우리의 제한적 지식은 파시스트부터 허무주의자 그리고 이를 넘어 광범위한 부류의 사람들에게 자연이 자신의 이론을 지지한다는 주장을 허용하게 될 것이라는 점을 잘 알고 있다. 과학보다는 인문학의 지적 배경을 가진 많은 사람들에게, 예컨대, 흰개미군집으로부터 인간 사회의 규제를 위한 어떤 교훈을 도출해야 한다는 그러한 제안은 기이한 형태의 새로운 사회적 다윈이즘(social Darwinism)으로 오해될 수 있겠다는 생각이 들었다. 이러한 이론들에는 벌들이 왕과 공작 그리고 평민이라는 사회적 위계 구조로 조직된다는 주장을 펼친 모세 루세덴(Moses Ruseden)의 1679년 작품 『벌의 발견(A Further Discovery of Bees)』처럼, 우리의 생각을 자연에 투사하는 것도 포함된다.

   자연의 패턴과 방법의 연구가 생산적일 수 있음을 깨달은 것은 한참 뒤인 브라이언 스윔(Brian Swimme)과 토마스 베리(Thomas Berry)가 함께 쓴 『우주 이야기(The Universe Story)』를 읽고 난 뒤였다. 그러한 연구가 생산적일 수 있는 까닭은 우리가 자연의 일부로 거기서 유리될 수 없기 때문이다. 수천 년의 시험을 견뎌내며 진화한 그러한 패턴이 지구 시스템의 기본 원리에 부합하는 내재적 특질을 가지고 있으리라는 생각은 사리에 맞을 것이다. 또한, 6장에서 논하는 바와 같이, 우리는 자연의 일부이므로 인간 거버넌스 체계를 인간 본성에 조응하게 할 필요를 의식하는 것이 도움이 되리라.

   어떤 맥락에서 패턴을 잘라내 다른 맥락에 붙이려고 할 때 실수할 여지가 많다. 그럼에도 우리가 의식적으로 풍부하고 다양한 자연의 패턴, 구조 그리고 자연과정에서 어떤 영감을 얻을 수 있다면 자연 원리에 부합하는 방식으로 인간 행동을 규율하는 데 성공할 가능성은 커지리라 짐작된다.

이 점은 점점 더 널리 인정돼 많은 다른 학문 분야가 도시에서부터 산업과정에 이르기까지 어떤 것을 설계할 때 의식적으로 자연으로부터 영감을 얻으려고 한다. 예를 들면, 자연체계에서 어떤 유기체의 폐기물은 다른 유기체의 양식이 되고, 물질과 에너지는 끝없이 재순환된다는 간단한 관찰조차도 우리의 산업과정을 재설계하는 데 심오한 함의를 갖는다. 거의 모든 인간의 공정체계는 단선적이다. 그 체계는 한쪽에서 광대한 양의 물질과 에너지를 취하여 인간이 한시적으로 사용하는 어떤 것으로 변형시킨 다음 그 뒤 사실상 사용 불가능한 폐기물로 지구에 되돌린다.

내가 아는 한, 현대 서구문화에서 공적 제도는 인간 규율체계를 설계하거나 개조할 때 의식적으로 자연에서 어떤 도움을 받으려 하지 않는다. 여기에는 그럴 만한 몇 가지 이유가 있는데 대부분 법률가와 입법자는 자연의 규율체계에 관해 충분히 알지 못하고, 또 어떤 경우에는 그것이 인간에게 적절한지 믿지 못하는 경우도 있다.

이 책의 일차적 관심은 입법의 재설계와 관련한 것은 아니다. 내가 토마스 베리에게서 배운 중요한 것들 가운데 하나는 우리 거버넌스 체계의 혁신적 재조직은 우리에게 법에 대한 사고를 생명 중심적(biocentric) 또는 지구 중심적(Earth-centered) 관점에서 전면적으로 재개념화할 것을 요구한다는 점이다. 국가 입법의 혁신적 재조직과 새로운 국제협약의 체결도 인간 거버넌스 체계의 핵심 목적은 사람들을 지구상의 생명 공동체 내에서 서로를 강화하는 그러한 역할 수행을 지지하도록 만드는 것이라는 새로운 이해에 기초해 이뤄지지 않는다면 그것만으로는 결코 충분하지 않을 것이다. 이것의 함의 가운데 하나, '지구 헌장(Earth Charter)'의 발전과 같은 또는 1982년 유엔 총회에서 채택된 '세계 자연 헌장(World Charter for Nature)'을 대중화하려는 운동과 같은 탁월한 실천 계획들은1 외따로 성공할 수 없다는 것이다. 이 문서들은 이 책에서 지지, 옹호되는 다수의 가치를 구현하고 있지만, 여전히 근본적으로 이 가치들의 우선권을 인정하지 않는 거버넌스 맥락 내에 존재하고 있다. 따라서 우리는 우선 지금 대부분 나라와 국제 '공동체'의 거버넌스 체계가 사실상 인간에 의한 지구 착취와 파괴를 촉진하고 또 정당화하고 있음을 인정해야 한다.

이 책에서 나는 토마스 베리의 자취를 좇아 거버넌스 체계의 목적을 전면적으로 변화시키려면, 옛것을 대체하는 정합적인 새로운 거버넌스 이론 또는 '철학(Earth Jurisprudence)'을 발전시켜야 한다고 주장했다. 인간 거버넌스 체계를 우주가 작동하는 법칙[나는 이를 6장에서 위대한 법학(Great Jurisprudence)이라고 언급했다]의 근본원리에 다시 정합하게 하는 데 지구법학의 인도가 필요하다. 지구법학을 실효성 있는 것으로 만들고 인간 거버넌스 체계에 체계적 변화를 이끌어내려면 야생의 법(Wild Law)을 의식적으로 육성할 것이 요구된다.

야생의 측면에서 걷기

나는 '야생의 법'이 마치 용어상의 모순으로 난센스로 들리리라는 것을 잘 안다. 법규범의 의도는 결국 구속하고, 제약하며, 규정화해 문명화하는 것이다. 강제력에 뒷받침되는 법규범은 인간 습성 안에 내재한 야생지를 깎아 다듬고 가지 쳐 깔끔하게 손질된 잔디밭과 문명화된 정원의 관목 덤불로 바꾸려고 설계됐다. 다른 한편 '와일드(wild)'는 단정치 못한, 야만의, 교양 없는, 문명화되지 않은, 제멋대로인, 다루기 힘든, 무질서한, 불규칙한, 통제되지 않은, 파격·일탈적인, 규율 잡히지 않은, 정열적인, 폭력적인, 미개간된, 방종한과 동의어다. 사실, 북아메리카의 '야생 서부(Wild West)'는 거기에 만연한 일상적 무법성 때문에 '와일드'로 기술됐다.

우리가 극복해야 할 것은 '와일드'와 '법', '자연'과 '문명' 사이의 이러한 잘못된 이분법의 엄격성이다. 음(Yin)과 양(Yang)의 상징체계처럼, 둘은 전체의 한 부분으로, 중요한 것은 둘 간의 역동적 균형이지 일방의 다른 일방에 대한 승리가 아니다.

야생성 안에 세계가 보존되어 있다.
-헨리 데이비드 소로(Henry David Thoreau).

우리는 양(陽)인 법의 핵심에서 야생의 음(陰)의 지점을 발견하는 것이 필요하고, 음의 야생성 안에서 법의 핵심을 인식하는 것 또한 필요하다. 야생성을 제거하고 단작문화(monoculture)라는 어리석은 획일성을 증진하는 방식으로 규율하는 것은 바람직하지 않다. 우리 안에 최고인 것의 상당 부분은 우리 야생의 마음 안에 담겨져 있다. 야생성은 자연과 가장 잘 연결된 우리의 마음과 함께 창의성과 열정과 밀접하게 관련돼 있다. 그것은 우리 모두를 관통해 흐르는, 진화과정을 추동하는 생명력(life force)의 은유로 이해될 수 있다. 이러한 의미에서 그것은 우리를 규정하며, 행성 지구와 가장 친밀하게 연결시키는 영원하고 성스러운 특질을 지닌다.

　야생성은 우리가 아는 문명의 정통 경로에서 벗어남으로써 경험될 수 있는 어떤 특성이다. 우리가 아는 바와 같이, 야생성은 그것이 지배하는 특별한 장소인 야생지 안에서 가장 명확히 발견될 수 있는 것이다. 수많은 문화에서 야생지는 지혜와 강하게 연결돼 있음을 기억하는 것이 온당하다. 그곳은 과도기 또는 혼돈의 시기에 있는 사람들이 향하는 곳으로, 새로운 통찰이 출현하는 그러한 장소다.

　앞으로 분명해지겠지만, 7장, 11장에서 특히, 야생의 시간, 야생의 장소 그리고 '야생의 사람'이라고 불리는 것 모두가 야생의 법에서 중요하다. 이 모든 것이 이해하기 어려운 이상한 소리로 들리더라도, 조금만 더 참아준다면 내가 말하고자 하는 것에 대해 좀 더 명확한 의미를 전달하겠다.

야생의 법

첫째, '야생의 법'이라는 용어는 전통적인 법적 정의의 구조 내에서 쉽게 포착되지 않는데, 이는 법의 한 분야 내지 법의 모음으로 보기보다는 인간 거버넌스에 대한 접근으로 이해하는 편이 낫다. 이것은 우리가 행해야 할 올바른 것에 관한 어떤 것이라기보다 우리가 어떻게 존재하고 행위해야 하는가 하는, 존재 방식과 행위 방식에 관한 어떤 것이다.

　지구법학을 표현하는 이러한 야생의 법은 그것이 존재하는 지구 시스템의 특질을 인식하고 이를 구현한다. 한 접근 방법으로서 야생의 법은 사람과 자연 간의 정열적이고 친밀한 유대를 조성하고, 또 우리 본성의 야생적 측면과의 유대를 심화하고자 한다. 이는 종국적 결과물이나 재산과 같은 '사물'보다는 관계성과 관계성을 강화할 수 있는 과정 자체에 중점을 두려는 경향이 있다. 이는 야생지와 생명 공동체가 스스로를 규율할 자유를 보호한다. 그것은 통일성의 부과보다는 창의적 다양성의 장려를 목적으로 한다. 야생의 법은 지금의 것과 다른 비전통적인 접근법이 용솟음칠 수 있고, 번성하고, 자신의 길을 달리고 소멸하게 될 그러한 공간을 열었다.

야생의 법은 지구 공동체의 모든 성원들이 행성 지구와 지속적인 공진화 속에서 자기 역할을 수행할 수 있는 자유를 창출하는 방식으로 인간을 규율하는 법이다. 야생의 법이 우세한 곳에서는 문화적·생물학적 다양성과 창의성 그리고 행성 지구와의 공진화 속에서 창의적 역할을 수행할 자유를 발견할 수 있다.

현행 법적, 정치적 체계 내의 작은 실행 속에서도 그것이 발하는 섬광적 신호를 인식할 수 있다. 강이 건강히 흐를 수 있도록 강에 일정한 유량을 유지하는 법에서, 살아 있는 모든 유기체와 생물다양성 자체의 내재적 가치를 확정하는 국제적 선언에서 이를 엿볼 수 있다. 국가에 인간뿐 아니라 동물도 보호해야 할 책임을 지우는 최근 독일 개정 헌법[20조(a)]에서도 돌연히 나타났다. 인종, 국적, 성, 나이 또는 성적 선호에 근거해 불평등하게 차별받지 아니할 권리를 담고 있는 권리장전(Bills of rights) 또한 그것이 인간 다양성이 번성할 수 있는 공간을 보호하는 한에서 야생의 법의 요소를 반영한다.

때때로 무엇이 야생의 법이 아닌지를 확인하는 편이 더 쉬울 수 있다. 예를 들면, 종자와 유전자를 누군가의 재산으로 규정해, 농부가 이듬해 작물을 재배하기 위해 종자를 보관하는 행위를 금지하는 법은 야생성을 부정한다. 13장에서 논하는 바와 같이, 그러한 법에 깔린 목적은 야생의 법의 목적과 부합하지 않는다.

브라이언 브라운(Brian Brown)은 아메리카 원주민과 그들이 성스럽게 여기는 토지 간의 관계에 관한 미법원의 판결에 대해 명쾌하면서도 가슴 뭉클한 분석을 하면서, 야생의 법과는 반대되는 명제를 반영한 판결에 대해 대단히 충격적인 설명을 한 바 있다.[2] 법원은 계속해 사람들과 그들의 문화를 낳은 토지 사이의 오래된 영적 유대관계의 단절을 승인했다. 재산으로서 토지 관념을 신념으로 고수하고 인간의 영적 믿음의 다양성을 받아들이지 못한 결과 법원은 자신들이 내린 판결의 결과에 눈감았다. 원주민들이 성스럽게 여기는 야생지를 관통하는 댐과 도로의 건설이 원주민들의 오래된 종교 관행에 대단히 파괴적임을 인정하면서도 건설행위를 승인한 판사는 인간의 영혼과 야생성을 부정한 것이다. 브라운이 분석한 판결과 같은 판결이 도달한 세계관과 법학은, 어느 나라에서든지 이처럼 대단히 파괴적인 것으로 기술될 것이다.

모든 사람들과 유기체들 속에는 야생성이 내재하고 있다. 우주에 내재한 창조적 생명력의 또 다른 이름으로 이해될 수 있는, 존재의 핵심에 있는 이러한 야생성을 표현하는 것이 우리의 근본 역할이다. 그러나 거의 모든 법과 사회 거버넌스 구조는 야생성의 표현을 억압하고 질식시키며, 획일성을 증진하고 통제하려 한다. 이 책이 법과 사회에서 야생성을 어떻게 발견하고, 인정하며 또 발전시킬 수 있을지에 관한 약간의 아이디어를 줄 수 있기를 바란다. 또한 당신에게 영감을 불러일으켜 야생성을 제거하려는 대신 이를 기리고 장려하는 사회는 어떠해야 할지 상상할 수 있게 되기를 희망한다.

| 2부 |

우리가 아는 세계

완벽한 인간 사회의 법은 사물의 전체 질서 내에서,
우주의 목적 안에서만 발견될 수 있다.
―알렉산드르 솔제니친(Alexander Solzhenitsyn), 1984. 8.

2장
자립이라는 환상

생명 파괴의 일상성

인간 사회는 지구를 무참히 공격하고 있다. 바로 지금, 우리 행성을 지배하는 인간 사회는 여섯 번째의 대멸종으로 기술되는 사태를 촉발하고 있다. 대멸종은 지구의 150억 년 역사에서 고작 다섯 번 일어났다. 약 6천5백만 년 전에 일어난 마지막 사건은 유카탄 반도를 강타한 지름 약 6마일 정도의 거대한 혜성에 의해 촉발된 것으로 추정된다. 혜성과의 충돌로 지구는 어두움 속으로 빠져들며 광합성이 중단되자, 백악기 시기의 공룡과 대부분 다른 유기체들의 절멸로 사태가 종결됐다. 지난 대멸종 시기와 마찬가지로, 생명체의 다양성이 이 대재앙적 사건 전의 수준으로 회복되기까지 수천 년이 걸린다.

불과 몇 세기 내 인류라는 한 종이 이 행성 지구 위의 아름답고 복잡한 생명그물을 그렇게 광범위하게 해체할 수 있으리라 믿긴 어렵다. 실제 대부분의 사람들은 여전히 이를 믿지 않는다. 더 나쁜 것은, 우리 가운데 많은 이들이 이제 환경 파괴와 임박한 생태 재앙 소식에 무감각해졌다는 점이다. 우리가 행성 지구를 파괴하고 있다는 것은 이제 낡은 뉴스다. 우리의 관심을 끌기 위해서는 점점 더 충격적인 이야기나 이미지가 필요하다.

우리 대부분은 다음과 비슷하게 현실 상황을 합리화하는 말을 하거나 듣곤 한다. '그래, 우리는 안다. 우리가 말하는 것처럼 열대 우림이 사라지고 있고, 산호초는 백화(白化)되고 있는데 우리 모두는 이러한 일이 일어나서는 안 된다는 데 동의한다. 우리와 공존하는 수많은 동료 거주자들은 힘겨운 시간을 보내고 있고, 우리 아이들이 누릴 수 있는 자연 세계의 상당 부분은 사라질 것이다. 그렇지만, 생은 계속 이어진다. 여하튼, 세계무역기구(WTO)와 곧 고갈될 것이라는 이유로 석유 사용에 더욱 박차를 가하는 다국적기업과 정부에 맞서 우리가 실제 무엇을 할 수 있을까? 이러한 현실에 낙담한다면 우리가 할 수 있는 최선의 일은 최신 '녹색' 제품을 사거나 지역 학교에서 재활용 프로젝트를 지지하는 것이다. 누가 알겠는가, 운 좋다면 새로운 과학자들이 지구 파괴가 생각보다 그리 나쁘지 않음을 발견하거나 지구 온난화 추세를 반전시킬 수 있는 위대한 새로운 방법을 발명할지. 누군가, 어디에선가 그것에 천착해 해결하고자 한다면 끝내 이 문제를 풀 수 있을 거라고.'

증상의 간단한 개관

지구의 급속한 훼손은 우리 인간이 무엇인가 끔찍하게 잘못하고 있고, 인간의 자기 규율 메커니즘(가령 거버넌스 체계들)에 결함이 있다는 명백한 증거다. 우리가 목격하고 관찰하는 환경 악화와 파괴가 자연 진화과정의 한 부분이고, 마지막에는 지구가 스스로를 해결할 것이므로 지나치게 우려할 것 없다고 믿는 사람들이 있다. 길게 보면 그들이 맞을 수 있지만, 섬세한 생물학적 공동체 사회(생물군집)의 불필요한 파괴가 3천 년 후에야 겨우 회복될 것이라는 생각은 나에게는 그리 달갑지 않은 위안이다.

이 문제가 그렇게 고심해야 할 가치가 있느냐며 문제 자체를 부정하는 이들도 있다. 여기서 내가 그들에게 왜 동의할 수 없는지 모든 이유를 다 밝힐 수는 없다. 그러나 내 견해의 기초가 되는 일부 사실을 제공할 가치는 있다고 생각되므로, 본격적으로 논의를 전개하기에 앞서 6가지 핵심 사항을 간단히 개관하고자 한다.

생태적 초과

큰 그림은 이러하다. 인간 존재는 현재 지구가 특정 시기 동안 생산한 것보다 더 많은 것을 지구로부터 취하고 있다. 매년 생태계와 자연의 순환과 과정은 일정한 양의 신선한 공기와 깨끗한 담수, 비옥한 토양을 생산해낸다. 지구 위에 쏟아지는 태양 빛과 더불어 이 모든 것들은 생명을 지탱한다. 매년 우리 종은 이 선물로부터 공정한 몫 이상을 취해 다른 존재들이 번성하는 데 필요로 하는 것을 박탈한다. 더 나쁜 것은, 석탄, 석유, 지하수와 다른 "자연자원"의 저장물을, 축적되는 양보다 더 빨리 소비함으로써 "자연자본"을 소진하고 있다. 또한 물질을, 자연계와 자연과정에 의해 대사되는 것보다 더 빨리 하천과 대기 중으로 방출함으로써 자연계와 자연과정을 불안정하게 하고 그 기능을 저하시킨다. 이는 인류가 생태계가 매년 생산하는 것(예컨대 식량, 목재, 및 청정수)은 물론 생태계 자체를 소비하고 있음을 의미한다. 이처럼 자연과의 관계를 손상함으로써 우리는 생명에 유익한 조건을 유지하는 지구의 능력을 저하하고, 미래 이익의 유량을 감소함으로써 우리 아이들과 대부분 다른 종의 전망과 번성, 나아가 생존 자체를 위협한다.

한 사람, 한 집단 또는 한 사회가 특정 기간 동안 지구로부터 취하는 양은 때때로 "생태발자국"으로 또는 인간들에게 필요한 자원을 제공하는 데 필요한 토지의 크기로 표현된다. 유엔환경계획(UNEP)은 1997년부터 2007년까지 4편의 『지구환경보고서(Global Environmental Outlook)』를 발간했는데 이는 지구 개발의 착취가 생태적으로 지속가능한 수준을 훨씬 넘어 점진적으로 악화되는 결과를 연대순으로 기록했다. 2007년에 발간된 4차 보고서(「GEO-4」)[1]는 명시적으로 다음과 같이 경고한다. 평균적 인간 존재를 부양하는 데 필요한 토지는 약 21.9헥타르인데 현재 인구 수준으로 보면 1인당 15.7헥타르 정도가 이용 가능하다. 그런데 이것도 인간이 지구 "자원"을 배타적으로 사용하기 위해 전용이 가용함을 가정하고 있다는 점에서 문제를 과소평가한 것일 수 있다. 전체로서 생명 공동체의 건강과 기능을 최적화하기 위해서는 인류의 생태발자국을 더 큰 폭으로 감소해야 한다는 요구가 따를 것이다.

인류의 "생태발자국"과 지구의 인간 생명 부양 능력 간의 격차는 급격히 벌어지고 있다. 이는 토지의 인간 생명 부양 능력을 감소시키는 환경 질의 악화, 인구 팽창2, 경제 성장과 세계화에 의해 확산된 부 증가와 소비 양식의 변화에 상응한 1인당 소비량 증가와 같은 다수의 상호 관련된 요인들에 의해 촉진되고 있다. 달리 말하면, 오늘날 지배적인 산업문명이 "진보"로 특징화하는 것은 자기 붕괴로 향하는 가속 페달을 밟는 것과 다름없다.

과소비

인간은 인간과 다른 생명을 지탱하는 지구(의 그러한 측면)가 새로이 형성되는 것보다 더 빠른 속도로 소비하거나 파괴한다. 게다가, 우리의 소비 속도는 가속화되고 있다. 생태경제학자인 레스터 브라운(Lester Brown)이 지적한 바와 같이, 경제학자들이 1960년과 2000년 사이 세계 경제가 7배 성장하고 세계 무역이 더 급속히 증가했다는 사실을 살펴보는 동안, 생태학자들은 이를 지구의 "자연자본"의 낭비성 사용에 기초한 것이라고 본다. 브라운은 다음과 같이 지적한다.

세계 경제에 엄청난 성장을 가져온 경제정책들이 동시에 세계 경제를 지탱하는 시스템을 파괴하고 있다. 어떤 상정가능한 생태적 잣대에 의하더라도, 이는 실패한 정책이다. …… 작물을 생산하는 세계 토지의 대략 3분의 1이 빠른 속도로 표토층을 잃어 토지의 장기 생산성이 위협받고 있다. 세계 방목지대의 2분의 1이 과잉 방목으로 사막화되고 있다. 농업이 시작된 이래 세계 산림은 약 반으로 줄어들었고, 지금도 줄어들고 있다. 해양 어장의 3분의 2는 현재 회복능력과 맞먹거나 웃도는 수준으로 남획되고 있다. 남획은 현재 예외가 아니라 일상사다. 지하수의 과도한 취수도 주요 식량 생산 지역에서 다반사가 됐다.[3]

현재 지구 대지의 4분의 1에서 경작이 이뤄지고 있다. 1960년대 이후 강과 호수에서 취수되는 물의 양은 전에 비해 2배나 늘었다(취수된 물의 70퍼센트는 농업용수로 사용됐다). 비료에서 토양 생태계로 배출되는 질소의 양은 2배, 인의 양은 3배가 됐다. 지난 50년간 급속하게 증가한 양식, 담수, 목재, 섬유와 연료의 소비로 인해 인간은 인류사에서 유래를 찾아볼 수 없는 속도로 광범위하게 생태계를 변화시켰다.[4]

인구 증가에 따라 과소비가 증대하고, 경제 성장, 부의 증가 그리고 세계화에 따른 소비양식의 변화로 많은 나라에서 전반적으로 1인당 소비가 증가하면서 문제가 악화되고 있다. 이러한 상황은 소수에게 극단적 부를, 다수에게는 극단적 가난을 낳은 불공평한 사회 시스템에 의해 가속화되고 있다. 양극단 모두 지구 건강에 악영향을 끼친다. 부유한 소수는 빠르게 소비를 증가시켜 1인당 환경에 미치는 영향이 큰 경향을 띤다. 저울의 다른 끝에는 지속가능한 생계 수단을 제공하는 충분한 자원에 더 이상 접근할 수 없어 그나마 남은 자원을 과도하게 개발, 남용하는 것 외에 달리 대안이 없는, 그리하여 자신들은 겨우 생존을 이어가지만 후손들의 생존 전망을 감소시키는 사람들이 갈수록 늘고 있다.

인구가 줄어든다면 전체 소비도 어느 정도 줄겠지만, 이것으로 과

소비 문제를 해결하기에는 충분하지 않을 것이다. 지구 전체적으로 인구 성장이 느려져 이 세기 중반에 성장 수준이 꺾이더라도, 2050년까지 전 지구적으로 GDP가 3~6배 정도가 증가하리라는 예측은, 생태계 변화를 일으키는 직접적인 동인이 더 심화되거나(예컨대 기후변화와 과도한 영양물질에 따른 환경에의 부하), 적어도 줄어들지 않을 것이라는 사실과 결부돼 인간이 생태계를 지속불가능한 수준으로 지속적으로 사용할 것임을 의미한다고 「GEO-4」는 평가한다.

생명부양 능력의 훼손

인간이 지구의 생명부양 시스템에 가하는 압력으로 이 시스템이 급속하게, 일부 사례에서는 비가역적으로(최소한 인간에게 의미 있는 기간 동안), 훼손되고 있음은 오래전부터 알려졌다. 최근 들어 많은 연구들은 생명부양 시스템의 훼손 정도와 이것이 인간의 안녕에 미치는 심각한 함의를 밝히고 있다. 이 가운데 가장 권위 있는 연구는 2001년부터 2005년까지 세계 1천3백60명 이상 전문가들이 진행한 새천년 생태계 평가(Millennium Ecosystem Assessment; "MA")다. 이 평가는 전 세계 생태계가 처한 조건과 경향성, 생태계가 인간에게 제공하는 서비스(가령 깨끗한 물, 양식, 임산물, 홍수 방지 그리고 자연자원) 그리고 생태계의 지속가능한 이용을 회복, 보전하거나 증진시키는 선택지에 관해 과학계가 시도한 최신의 평가다. 이는 또한 "지구의 자연자본"으로 언급되는 것이 처한 상황에 대해 처음으로 작성된 포괄적 회계다.

담수, 어획, 대기 및 수질 정화, 그리고 광역·소지역의 기후, 자연 재난과 전염병 통제를 포함해 MA가 검토한 생태계서비스 가운데 약 60

퍼센트(24개 가운데 15개)가 질적 저하 상태에 놓여 있거나 지속불가능하게 사용되고 있다. MA는 인간 생명이 이러한 "생태계서비스"에 의지하게 된 이후, 지구의 생명부양 능력은 이미 중대하게 훼손됐고, 인간의 행동에 의해 상황이 계속 악화되고 있다고 말한다. 나아가, MA는 다음과 같이 지적하고 있다.

> 이 생태계서비스의 상실과 질적 저하에 따른 전체 비용을 측정하기는 어렵지만, 가용한 증거들은 그것이 상당히 커지고 있음을 증명하고 있다. 많은 생태계서비스는 가령 식량과 같은 서비스의 공급을 증가하기 위해 취한 조치의 결과로 그 질이 저하되고 있다. 이러한 상쇄(trade-offs)는 질적 저화에 따른 비용을 한 집단에서 또 다른 집단으로 떠넘기거나 아예 미래 세대에 떠넘긴다.5

오늘날 인간의 행동이 신생대 시기 동안 번성해온 인간과 수많은 다른 생명체를 부양하는 지구의 능력을 어떻게 저하시키고 있는지에 관해 가장 잘 알려진 증상은 지구 온난화와 기후변화다. 기후변화에 관한 정부 간 협의체(IPCC)는 지금 인간의 행위가 대기에 영향을 미치고 기후변화에 기여하고 있다는 과학적 증거는 이제 "반박 불가능"하다고 결론 내렸지만, 이 사실은 이 책 1판과 3차 지구환경보고서(「GEO-3」)가 발간된 2001년에는 뜨거운 논쟁거리였다. 지구환경보고서 「GEO-4」는 다음과 같이 서술한다.

> 지금 이 과제는 기후변화가 일어날지 여부 또는 그것이 다루어져야 할지

여부가 아니다. 지금의 과제는 190개국 이상 나라들이 공동의 명분으로 함께 모이게 하는 것이다. 중요한 것은 단지 온실가스의 배출의 감소가 아니라 지속가능한 발전이라는 핵심 목적과 원칙에 맞춰진 포괄적 재조정이다. …… 기후변화는 확실히 환경문제이지만 동시에 농업, 건강, 고용 및 교통수송 부문에서의 재정 및 계획의 관점에서 보면 정부와 공공생활의 모든 측면에 영향을 미치는 환경 위협이기도 하다.

지구 시스템이 인간 사회에 부정적 영향을 일으키는 방식으로 변화하기 시작하면서 국제 공동체는 우리가 책임으로부터 면제된 채 생태계를 착취할 수 있다는 믿음은 잘못되었다는 것을 뒤늦게서야 인정하기 시작했다. 자연에서 인간에게로 편익의 일방향적 흐름이 아니라, "되먹임 순환고리(feedback loop)"를 통해 인간의 행동과 이것들이 상호작용하는 생태계는 서로 연결된다. 기후변화는 문제(원인)가 아니라 단지 인간문명의 지배양식 내 기저 시스템의 기능부전에 따른 수많은 증상 가운데 하나라는 깨달음은 지금 더 많은 사람들에게 분명해지고 있다. 그러나 기저 원인을 다루지 않고서 증상을 치유할 수 없음(이는 결국 행성 지구에서 우리 종의 역할이라고 우리가 믿는 것과 그에 따라 우리의 행동을 어떻게 규율할 것인지에 관해 재검토할 것을 요청한다)을 인식할 준비가 된 정부는 상대적으로 거의 없다.

대멸종

우리는 우리가 한 부분을 형성하는 생명그물을 갈기갈기 찢고 있고 함께 진화해가는 우리 동반자들을 무시무시한 속도로 파괴하고 있다. 인간의 행동은 먹이사슬과 영양물질 및 수문학적 순환 그리고 생태계 내 공동체들이 의존하는 기후 시스템을 교란하고 있다. 멸종 속도의 급속한 증가는 손상 규모에 대한 암울한 지표다. 종의 절멸은 진화과정의 한 부분이지만 화석 기록은 평균 매 천 년 1포유종보다 적게 멸종한다고 가리킨다. 그러나 수백 년 안에 인간 사회는 이 "자연(background)" 멸종 속도를 1000배 정도까지 증가시켰다.

 MA는 인간 존재는 사실상 모든 생태계를 황폐화시킬 정도로 영향을 미쳤음을, 신중하면서도 과학적으로 정확한 진술로 설명한다. MA는 세계자연보전연맹(IUCN)의 멸종 위협 기준을 적용한다면, 현재 조류 12퍼센트, 포유류 23퍼센트, 구과 식물(소나무처럼 원추형 방울 열매가 달리는 식물―옮긴이) 25퍼센트, 양서류 최소 32퍼센트, 소철(아쟈수 같은 상록식물) 52퍼센트는 멸종 위기에 처해 있다고 지적한다.[6] 지난 20세기 수십 년간 인간 활동만으로 최소한 지구의 맹그로브 지역(다수의 해양 어류의 핵심 산란지)의 최소 35퍼센트와 세계 산호초의 20퍼센트가 파괴되고, 나머지 산초호의 20퍼센트 가량이 훼손됐다.[7]

 생물다양성의 상실을 부추기고 생태계의 기능을 손상시키는 가장 중요한 요인은 서식지 변화(토지 이용의 변화, 강의 물리적 변경, 산호초의 상실과 같은), 기후변화, 외래종 침입, 과도한 개발과 오염이다. 이러한 추동력은 가까운 장래에 유지되거나 증가될 것으로 예측된다. MA가 전하는 핵심 메시지 가운데 하나는 이러하다.

인간의 행위로 인한 생물다양성에서의 변화는 인간사에서 그 어느 때보다 지난 50년간 더 급속하게 이뤄졌다. 생물다양성의 상실을 초래하고 생태계서비스의 변화를 일으키는 추동력의 강도는 여전하거나(시간 경과에 따라 감소한다는 아무런 증거가 없고), 증대되고 있다. MA가 설정한 미래에 발생 가능한 4가지 시나리오에서도 생물다양성에서의 변화의 속도는 현재 수준으로 지속되거나 가속화될 것으로 예측된다.[8]

지구 공동체와 개별 국가의 정부가 멸종 속도를 줄이기 위해 취한 조치(멸종 속도를 자연 감소 수준으로 떨어뜨리는 것은 제외하고라도)는 심각할 정도로 부적절했다. 2002년 요하네스버그 지속가능개발 지구정상회의에서 국제 공동체는 2010년까지 생물다양성의 상실 속도를 늦추기로 서약했다. 그러나 국제 생물다양성의 해 원년인 2010년 1월 유엔 사무총장은 이러한 온건한 목표조차 달성되지 않았음을 시인했다.

MA는 또한 생물다양성의 상실 속도를 성공적으로 줄이기 위해서는 더 강력한 조치와 장기 목표 설정이 필요하다고 경고한다. 왜냐하면 인간 거버넌스 시스템에 내재한 관성으로 말미암아 통상 어떤 행위의 결정과 결정의 이행 간에 커다란 시간 격차가 있기 때문이다. 게다가 조치가 취해진 이후에도 생물다양성과 생태계에 어떤 긍정적 영향이 분명해지기까지는 수십 년 또는 수 세기가 걸릴 수 있다. 실제 MA는 약 2050년까지 현재 멸종 속도는 10배 증가할 것으로 추정한다.[9] 가파른 멸종 속도는 우리가 일으키는 비가역적 피해의 정도와 지구 위 생명 공동체 내에서 조화롭게 더불어 살아갈 우리의 능력 결핍의 정도를 가늠할 수 있는 가공할 척도다.

인간 안녕의 감소

수많은 요란스런 기술의 진보와 인구의 급속한 성장에도 불구하고, 인간 종은 행복하지 않다. 수백만 명이 아사하거나 전적으로 예방 가능한 질병으로 죽는 반면에 더 부유한 나라에서는 과다 섭취로 죽는다. 세계 인구 가운데 가장 부유한 5분의 1은 전체 개인 소비의 거의 90퍼센트를 차지하는 반면 12억 명에 이르는 사람들은 하루 1달러 미만으로 살고 있다.10 한편 우리 시대 최고의 과학자 가운데 일부는 유전자 변형 기술과 경제적 여유가 있는 사람들의 생명을 연장하고자 '대체품' 생산을 가능하게 할 복제 기술의 개발에 매진하고 있다.

부유국에서조차 광범위한 자아성취는 달성하기 힘들어 보인다. 상당수의 인간은 더 이상 친밀하게 기능하는 공동체 내에서, 심지어 가족들 내에서조차 살 수 없고, 자신들의 출생지와 어떤 깊은 유대를 상실했다. 공동체와 소속감의 상실에서 비롯된 정서적·영적 손상도 도처에서 명백하다.

불행하게도 인간 행위를 규율하는 상당수의 정부와 그 밖의 다른 제도적 기관들은 인간의 안녕과 생태계의 건강 간의 연계를 거의 인식하지 못했다. 세계 전역에서 수많은 사람들의 건강이 인간이 유발한 환경 변화에 영향을 받고 있다. 거의 모든 질병의 4분의 1이 환경 노출에서 발생된다. 예를 들면 세계보건기구(WHO)는 2백만 명 이상의 사람들이 매년 대기오염으로 인해 조기 사망한다고 추정한다.11 도시에 사는 사람들의 비율이 꾸준히 증가해 1996년 도시 인구는 전체 인구의 50퍼센트를 웃도는데 이것이 환경 문제를 악화시키고 있다.

문제를 더 나쁘게 만드는 것은 생태계의 기능 저하에 따른 해로운 결과로 인해 생태계에 더 직접적으로 의존하는 가난한 주변부 사람들이 자신의 책임과 비례하지 않는 부담을 져야 한다는 점이다. 이는 생태계의 훼손이, 예컨대 식량 증산에 의해, 사람들에게 이익을 가져다줄 것이라는 근거에서 종종 정당화됐지만, 지구적으로 보면 생태계 훼손은 불평등과 사람 집단 간의 격차 증가에 기여하고, 때때로 가난과 사회 갈등을 야기하는 주된 요인이 됨을 의미한다. 실제로 MA는 다음과 같은 결론을 내리고 있다.

생태계서비스의 질 저하는 이미 국제 공동체가 2000년 9월에 합의한 밀레니엄 개발 목표의 달성에 중대한 장애가 되고 있다. 이러한 질 저하에 따른 해로운 결과는 향후 50년 내 더 심각해질 것이다.[12]

부적절한 대응

오늘날까지 "환경 현안"을 다루기 위해 세계 정부가 취한 조치들이 단지 부적절하다고 말하는 것은 사태를 심각하게 과소평가하는 것이다. 1972년 환경에 관한 첫 국제 컨퍼런스 이후, 계속 악화된 지구 내 생명 공동체의 건강이 매년 더 급격하게 악화되고 있다. 상당수 나라들은 의사결정을 할 때 환경요소에 더 큰 비중을 두도록 보장하는 조치를 취하고 있고, 또 지금 대부분 나라들은 기후변화를 중대한 현안으로 여기고 있지만, 인간의 문명이 생태적으로 지속가능하고 장기적으로 생존력 있는 것이 되는 데 요구되는 대응의 성격과 범위를 제대로 파악하지 못하고 있는 것 같다.

우리가 인간을 지탱하는 지구의 능력을 "지나치게 착취했다"는 사실 뒤에는 많은 중요한 결과가 뒤따른다. 첫째, 인간의 전체 소비량(가령 우리 종의 생태발자국)의 대량 감축은 불가피하다. 이 문제는 더 이상 우리가 소비를 줄여야 하느냐는 문제가 아니라 어떻게 이것을 가능하게 할 것인가 하는 것이다. 생태학과 인간의 역사는 우리가 소비 수준을 급격하게 줄이지 못한다면, 필요한 감소는 인구의 대량 붕괴를 통해 일어날 것임을 가르쳐준다. 이는 여러 다양한 방식으로 일어날 것인데 생태계 내에서 일어나는 변화는 홍수와 가뭄, 화재 그리고 작황 감소와 같은 광범위한 영향을 낳을 것이다. 이것은 다시 굶주림과 목마름, 질병, 사회적 갈등 그리고 전쟁의 발발의 한 원인으로 작용할 것이다.

둘째, 인간이 환경 악화 속도를 줄이거나 중단하는 것만으로 더 이상 충분하지 않다. 환경 악화가 생태 한계를 과도하게 넘어선 결과라면 우리는 마땅히 생태적으로 지탱 가능한 한계 범위 내로 되돌아가야 한다. 우리가 지구 행성으로부터 취하는 것을 줄여야 하고 생태계에 입힌 손상의 상당 부분을 복원해야 한다. 그럼으로써 생명부양 능력을 한 번 더 증대시켜야 한다. 예컨대 연간 온실가스 배출총량(인간의 활동에 따른 배출이든 혹은 다른 원인에 의한 것이든지 간에)이 생태계가 그해 대기에서 제거할 수 있는 비율을 초과하지 않는 한, 인간이 배출하는 비율을 통제해 연간 전체 배출량이 연간 흡수 능력을 초과하지 않도록 보장함으로써 생태적 지속가능성을 달성할 수 있다. 그러나 일단 그 한계를 넘어버리면(과학자들은 오랜전에 이 일이 일어났다고 말한다) 온실가스는 대기에서 아주 빠른 속도로 축적되기 시작한다. 기후변화로 일부 생태계가 온실가스를 흡수할 수 있는 비율은 감소되는 한편 다른 생태계가 더 많은 온실가스를 방출하게 되기 때문이다(대지와 바다 온도가 상승하면서 툰드라와 북극의 심해지역에서 메탄이 방출하는 것이 그 예다). 이 순간부터 인간이 온실가스를 대기에서 제거하는 양이 전체 배출량보다 훨씬 초과하는 정책이 성공하는 경우에야 상황이 안정될 것이다. 이를 위해선 인간이 배출하는 절대량을 감축하는 동시에 생태계의 건강을 회복시켜 이산화탄소의 흡수 능력을 증강시킬 것이 요구된다.

셋째, 지체하는 것만으로도 조치를 취할 이익이 실효될 것이므로 신속하면서도 과감하게 행동하는 것이 결정적으로 중요하다. 문명의 생태발자국이 일단 환경의 수용능력을 넘어서면 흐름은 문명을 거스르게 된다. 우리 문명에 가용한 선택지와 시간은 점점 더 빠른 속도로 바닥나게 될 것이다. 이는 시간이 지나면서 그 도전에 적절히 대응할 수 있는 많은 방법들이 줄어드는 반면 요구되는 노력의 양은 증가할 것임을 의미한다. 우리가 기다리면 기다릴수록 우리가 하는 어떤 것이 하찮아지거나 혹은 늦어지게 될 위험이 발생한다. 이는 변화가 완만하게 혹은 선형적 방식으로 일어나지 않고, 누적되는 작은 영향상의 변화가 생태계를 갑자기, 급격하게 전면적으로 새로운 상태로 이동하게 하는 이른바 "전환점(tipping-points)"에 의해 변화가 단절되는 그러한 상황에서 특히 타당하다. 난감한 것은 이러한 급작스런 변화가 발생할 가능성이 높아지고 있다는 사실이다. 2005년 MA가 확인한 핵심적 연구결과 가운데 하나는 이러한 것이다.

비선형적(매우 빠르거나 돌연한)인 변화는 생태계에 관한 수많은 개별 연구에서 이미 확인됐다. MA는 생태계의 변화가 생태계의 비선형적 변화의 개연성을 높이고 있다고 결론 내리는 최초의 평가서다. 이 발견은 인간의 안녕에 갖는 중요한 결과를 지적한 최초의 평가인 것이다. 그러한 변화의 사례로는 질병의 출현, 급작스런 수질 변화, 해양에서 "데드 존(산소 부족으로 생명체가 서식할 수 없는 곳—옮긴이)"의 형성, 어장 붕괴 그리고 지역에서의 기후변화를 들 수 있다.[13]

우리가 지구에 가하는 행위의 영향이 얼마나 해로운지에 관한 상세한 내용은 복잡하고, 또 일부 사실은 논란이 되고 있다. 그러나 우리 인간이 급격하게 우리 서식지를 파괴하는 방식으로 행동하고 있음은 분명하고, 그 과정에서 우리와 공진화하는 수백만 종을 죽이고 전체 지구 공동체의 건강을 위협한다. 물론 이러한 행동은 자기 파괴적이다. 생명그물의 상호연결성에 따라 우리 거주지의 건강이 악화되면 우리 자신의 건강도 악화되기 때문이다. 가이아이론(Gaia Theory)의 창시자 제임스 러브록(James Lovelock)이 언급한 바와 같이 "그것은 마치 두뇌가 가장 중요한 신체기관이므로 두뇌는 간을 채굴할 수 있다고 인간 두뇌가 결정하는 것과 같다."

이는 다음과 같은 물음을 던지게 한다. 우리는 왜 이처럼 행위하는가? 왜 이러한 행동유형을 방지하기 위해 우리의 거버넌스 체계를 조정하려 하지 않는가?

잘못된 전제에 기초한 우리의 거버넌스 시스템

현재 세계를 지배하는 인간 사회는 우주에 대한 잘못된 이해에 기반해 규율하고 있다. 핵심적인 잘못은 인간은 환경으로부터 분리돼 있고, 지구의 건강이 악화되더라도 번성할 수 있다고 믿는 것이다. 사실, 우리 인간은 인간의 건강과 안녕이 지구 생태계의 보존보다는 지구의 이용개발(가급적이면 기술이 허용하고 시장이 요구하는 한 가장 신속하게)에 달려 있다고 스스로를 설득하고 있다. 거버넌스 구조, 법철학(법학), 그리고 수많은 사회에서 제정된 법은 분리와 독립이라는 환상을 반영하며, 의식 속에 단단히 자리 잡게 한다. 이는 환경적으로, 또 사회적으로도 파괴적인 행태를 장려하고 정당화하며, 사회의 지배적 신화(=분리와 독립)에 지배되지 않는 사람들이 더 적합한 형태의 사회조직을 발전시키려는 것을 방해한다.

나는 지배적 거버넌스 체계들은 우리의 자기 파괴적인 행태를 중단, 발전시킬 수 있는 수단과 방법을 제공할 수 없다고 믿는다. 따라서 우리 자신을 어떻게 규율할 것인지에 관한 새로운 비전과 이해가 필수적이라고 본다. 이는 새로운 세계관 또는 우주관으로, 사회의 폭넓은 전환의 일부가 될 필요가 있다. 그리고 이는 수많은 개인의 의식 안에서의 전환 없이는 성취될 수 없을 것이다. 운 좋게도 이것이 일어나고 있다는 증거가 있다. 이 책에서 나는 단일하면서도 중요한 측면에 초점을 맞추고자 한다. 법과 거버넌스에 대한 우리의 이해를 어떻게 재고(再考)할 것인지, 그리고 이를 바탕으로 전체 지구 공동체와 (그럼으로써) 우리 자신에 혜택을 주는 방식으로 우리 자신을 규율할 수 있는

지 하는 것이다.

자립성이라는 신화의 발달

수많은 작가들은 왜 상당수의 인간 사회가, 그리고 우리가 자연 세계의 일부로, 우리의 안녕은 궁극적으로 우리 거주지 즉, 지구의 건강에서 나온다는 사실을 '잊어버렸'는지 그 까닭을 탐구해왔다. 유럽의 역사에서, "자연으로부터의 분리" 신화의 부상은, 중세 시대의 끝 무렵에 있었던 자연에 대한 이미지 변화—양육하는 어머니라는 이미지에서 기계라는 이미지—와 밀접하게 연관돼 있는 것 같다.

자연으로부터 분리라는 신화의 발전은 갈릴레오(1564~1642), 베이컨(1561~1626), 데카르트(1596~1650) 그리고 뉴턴(1642~1727)과 같은 서양 유럽문화의 기라성 같은 인물들에 상당 부분 빚지고 있다.

이탈리아의 수학자이자 우주학자이며 물리학자인 갈릴레오는 과학은 측정과 정량화가 가능한 현상의 고찰에 국한돼야 한다고 강력하게 주장했다. 1623년에 출간된 『황금계량자(The Assayer)』에서 갈릴레오는 자연의 책은 수학으로 쓰였다고 말하면서, 자연의 특질(qualities)에 초점을 맞추는 접근법을 거부했다. 갈릴레오는 경험적 관찰(특히 망원경에 의한 관찰)에 일치하는 세계관을 옹호하며, 자기 시대의 정통적 세계관을 거부한 용기 있는 자유사상가였다. 그는 가톨릭교회로부터 지구가 태양 주변을 도는 것이지 그 반대가 아니라는 코페르니쿠스의 이론에 대한 지지를 철회(철회 뒤 갈릴레오가 중얼거렸다는 유명한 말, "그러나 지구는 돈다")할 것을 강요받았고, 생애 마지막 9년 동안 가택 연금에 처해지는 등 자신의 신념 때문에 고통받았다. 그러나 그 역시, 우리 모두와 마찬가지로, 자신의 시대에 붙박인 한 인간에 불과했다. 종교 독단의 시대에서 과학은 정량화될 수 없는 실재 차원에는 관심이 없었으므로 과학과 신학은 전적으로 별개라고 주장함으로써 자유로운 사고가 번창할 수 있는 영역을 열고 또 유지하려 노력했다는 점은 사실 그리 놀랍지 않다.

> 살아 있는 유기체로서, 또 양육하는 어머니로서 지구의 이미지는 인간의 행위를 제한하는 문화적 제약요소로 기여했다. 누구도 어머니를 쉽사리 죽이지 않았고, 금을 위해 내장을 파헤치지 않으며 몸을 훼손하지 않았다. …… 지구를 살아 있고 감각을 가진 것으로 여기는 한 지구를 파괴하는 행위는 인간의 윤리적 행동에 반하는 것으로 간주될 수 있다.
> -캐롤린 머천트(Carolyn Merchant), 『자연의 죽음(The Death of Nature)』

영국 경험철학자의 긴 계보에서 첫 번째 자리를 차지하는 프란시스 베이컨은 경험적 과학 방법론을 개발했다는 명예를 얻었다. 특히 이성과 계시는 서로 구분돼야 한다고 주장한 그는, 이론을 증명 또는 반증하는 실험의 중요성을 강조했다. 그는 또한 무용한 '정신의 우상' 숭배를 단념하고 과학적 접근 방법을 채택하고 기술을 사용해 자연을 '지배'할 수 있다면, 인간 사회가 어떻게 개선될 수 있는지에 관한 일종의 유토피아적 관점이라고 묘사될 수 있는 것을 주창한 실천적, 공리주의적 유의 사람이었다.

베이컨은 극적인 법적, 정치적 이력을 지녔다. 제임스 1세가 총애하는 신하였던 그는 검찰총장(Attorney General)을 거쳐 대법관(Lord Chancellor)의 지위에까지 오르며 비스카운트 성 알반스(Viscount St Albans)로 추증됐다. 그러나 1621년 부패 혐의로 기소돼 법원으로부

> 갈릴레오의 프로그램은 우리에게 죽은 세계를 제공한다. 시각, 청각, 미각, 촉각, 후각을 상실하자 미적·윤리적 감성, 가치, 질, 영혼, 자각하는 정신도 덩달아 상실했다. 보통 말하는 그러한 일상의 경험은 과학 담론의 영역에서 추방됐다. 지난 4백 년 동안 그 어떤 것도 갈릴레오의 대담한 프로그램보다 우리 세계를 변화시키지 못했다. 우리는 세계를 실제로 파괴하기에 앞서 먼저 이론적으로 파괴해야 했다.
> -로널드 데이비드 랭(R. D. Laing), 프리초프 카프라(Fritjof Capra)의 『생명의 그물(The Web of Life)』에서 인용

터 벌금과 유배형을 선고받았고, 추위가 신체에 미치는 영향을 탐구하기 위한 무모한 실험을 한 결과 죽음에 이르렀다. 베이컨은 자연을 사냥하고 제약하고 심문하는 실험법을 사용해 자연이 비밀을 드러내도록 만들자는 내용의 글을 쓰기도 했다. 베이컨은 지구를 무생물성 물질로 여기진 않았지만, 그의 글은 17세기 유럽에 출현한 경험적 사고 양식이 풍요로운 어머니 지구를 경외하는 그 전의 태도를 어떻게 대체해나가기 시작했는지를 잘 보여준다.

프랑스 철학자이자 수학자인 르네 데카르트는 수학적 추론에 의거해 철학을 전면적으로 재구축하는 작업에 착수했다. 그는 분석논리를 발전시킨 것으로 유명하나, 논란의 여지는 있지만, 가장 영향력 있는 이론은 인간 마음과 신체 간의 구분과 관련된다. "나는 생각한다, 고로 나는 존재한다"라는 그의 유명한 명제에서 시작해, 그는 마음 또는 의식과 물질은 전적으로 분리되고 양립 불가능한 실체라는 논리를 구축한다. 그의 견해에 따르면, 우리 인간은 마치 기계 안의 유령처럼 어떻게든 물리적 신체 안에 머무르는 무형의 이성적 마음이다. 마음과 물질을 전적으로 분리된 것으로 보는 이해(이는 종종 '데카르트 이원론'으로 언급된다)는 우리가 세계를 어떻게 봐야 하고, 또 그 안에서 우리의 위치를 어떻게 이해할 것인지에 관해 심대한 영향을 미쳐왔고, 지금도

미치고 있다.

코페르니쿠스, 베이컨, 갈릴레오 그리고 데카르트의 작업은 최종적으로 아이작 뉴턴에 의해 종합되면서 '과학 혁명'으로 알려진 것이 완성되게 된다. 물리적 세계는 이러한 점에서 환원주의적 분석(가령 대상을 분단한 다음 각각의 부분을 고찰함으로써 물리적 세계가 어떻게 작동하는지를 이해하는)에 의해 이해될 수 있는 복합한 기계로 여겨졌다. 인간 의식이 이러한 세계로부터 분리됐다는 사실은, 자연보다 우월하고, 거만하며 지배하려는 태도를 인간이 받아들이도록 장려하는 종교적 신념과 결부돼, 자연은 오로지 인간 편익을 위해 존재하는 것으로 보이게 했다. 이로써 어머니 지구라는 사고는 폐기됐다.

> 데카르트는 …… 지구와 지구의 모든 살아 있는 존재들을 죽였다. 그에게 자연 세계는 하나의 기계다. 그 어떤 친교 관계를 맺을 가능성은 전혀 없다. 서구 인간들은 주변 세계와의 관계에서 자폐적으로 됐다.
> -토마스 베리, 랄프 메츠너(Ralph Metzner)의 『인간—자연 관계의 심리학』에서 인용

이러한 생각들, 특히 데카르트 이원론은 오늘날에도 여전히 건재한 채 작동한다. 사실, 4장에서 주장하는 바와 같이, 대부분 인간 거버넌스 시스템은 여전히 이 세계관에 근거해 있다. 역설적인 것은 방법적 측면에서 갈릴레오, 베이컨, 데카르트 그리고 뉴턴의 계승자인 오늘날의 유수한 물리학자들과 수학자들은 이미 이 세계관을 거부했다는 점이다. 그러나 우리는 여전히 우주가 기능하는 방식에 관해 이미 폐기된 17세기 이해에 기반해 우리 자신을 규율하고 있다. 이런 점에서 우리에게 문제가 있다고 말하는 것은 하등 이상할 게 없다.

실재와 우주 그리고 모든 것을 다시 생각하기

베르너 하이젠베르크(Werner Heisenberg)라는 물리학자가 전자의 질량과 속도는 동시에 결정될 수 없다는 '불확정성 원리'를 정식화했다고 학교에서 배웠다. 이 원리는 원자보다 작은 입자(아원자 입자)는 어떤 기이하면서도 불가해한 이유로 어떤 때는 입자처럼 또 어떤 때는 파동처럼 행동한다고 설명한다. 나는 별다른 문제의식 없이 이를 받아들였다. 몇 년 지나 대학생이 돼 프리초프 카프라(Fritjof Capra)의 『물리학의 도(道)(The Tao of Physics)』7라는 책을 읽고 나서야, 현실과 우주를 이해하는 데 하이젠베르크의 불확정성 원리가 가지는 함의가 얼마나 중요한지를 깨달았다. 불확정성 원리는 우리가 우주 시스템의 한 부분임을, 그리고 무엇을 측정하거나 물으려고 할 때 전체의 기능에 영향을 미치며 전체와 상호작용한다는 것을 증명한다. 우주의 바깥에서 우주의 기능을 관찰하는 것은 가능하지 않다. 관찰자로서 우리는 우주 기능 시스템의 일부로, 관찰하는 대상과 내밀하게 서로 연결돼 있다.

알베르트 아인슈타인, 닐 보어, 에르빈 슈뢰딩거 그리고 베르너 하이젠베르크와 같은 물리학자들에 의해 발전된 양자이론에 기초한 '새로운 물리학'은 우주가 역동적 관계망으로 구성된 단일한 통합적 전체라고 밝혔다. 양자물리학은 우주는 수많은 작은 기본 요소(building block)로 구성된 거대한 메커니즘이라는 견해를 산산 조각냈다. 지금은 우주가 어떤 건축으로서가 아니라, 모든 춤꾼을 통합하고 춤꾼 사이에서 끊임없이 변화하는 관계에 의해 형성되는, 솟구치며 소용돌이치는 춤으로 이해되고 있다.

우주가 춤에 가까운 어떤 것이라고 한다면, 우주의 어떠한 부분도 전체와의 관계를 사상(捨象)하고서는 이해될 수 없다. 어떤 부분의 성질과 행태는 전체에 의해 결정되는 것이지 그 반대가 아니다. 이러한 관점은 오늘날 '시스템 사고'라고 불리는 것의 근본이 된다. 시스템 사고는 시스템을 분단해 그 구성 부분을 고립적으로 분석하기보다, 그것의 맥락 또는 더 큰 시스템 내에서의 역할의 고찰에 초점을 맞춰 어떤 것을 이해하고자 하는 지적 접근법을 말한다.

이 접근법의 함의 가운데 하나는 정신과 물질을 엄격하게 구분하는 데카르트식 사고가 더 이상 유지될 수 없다는 것이다. "정신에 속한 것이 신체 개념에 포함되는 것은 없다. 그리고 신체에 속한 어떤 것도 정신의 개념에 포함되지 않는다"는 데카르트의 진술은 잘못된 것으로 판명됐다. '물질'의 속성들은 정신과의 상호작용에 의해 발생하는 한편, '정신'은 물질이 본질적으로 할 수 있는 어떤 것으로 여겨지고 있다. 실제로 지금 더 많은 과학자들은 물질은 자기를 조직하고 무한히 창조적인 방식으로 진화할 수 있는 내재적 능력을 가지고 있는 것으로 받아들인다. 이는 확실히 의식 능력의 한 속성이다.

나아가, 우주를 구성하는 관계들은 저마다 고유한 친밀도를 가질 수 있다는 증거가 쌓이고 있나. 과학자들은 이원자 입자 사이에 존재하는 어떤 연결성은 친교 안(in commune)에서 입자 사이의 시간 또는 공간 거리와 상관없이 유지되고, 에너지를 필요로 하지 않고도 엮여 있는 공간·시간을 통해 이동한다는 것을 확인했다. 이 함의 가운데 하나는 상호작용하고 있는 두 입자가 따로 움직이더라도, 한 입자의 행동을 관찰함으로써 다른 입자—그것이 어디에 있든지 간에—의 행동을 예측하는 것이 가능하다는 것이다. 물리학자는 이러한 연결성을 건조하고 학술적으로 절제된 표현을 써 '비국지성(non-local)'이라고 기술한다.

양자물리학과 시스템 사고의 가장 놀라운 측면은 두 학문의 결론이 고대 철학과 상당한 정도로 공통되는 근거를 가지고 있음이 발견된 점이다. 몇몇 작가들이 이 유사성을 탐구했는데, 이 가운데 가장 유명한 것은 프리초프 카프라의 『물리학의 도』와 게리 쥬커브(Gary Zukav)의 『춤추는 물리(The Dancing Wu Li Masters)』일 것이다.8 물론, 과학적 이론은 나타났다가 또 사라진다. 그러나 다른 문화에서, 다른 시대에 그리고 다른 기법을 사용한 수많은 위대한 사상가들이 유사한 결론에 도달했다는 것이 나에게는 중요한 의미를 가진다. 모든 길은, 결국 모든 것은 서로 연결돼 있다는 결론으로 이어졌다. 이는 내가 현대 물리학의 언어와 통찰을 사용해 이러한 아이디어들을 설명하더라도, 마찬가지로 수많은 영적·철학적 전통의 가르침을 사용해서도 같은 지점에 이르는 것이 가능함을 의미한다.

모든 지배적인 법체계는 우리 인간 존재는 우리 피부 안에서만 존재한다(가령, 우리 피부 바깥의 것은 우리가 아니다)는 가정에 기초한다(5장에서 논하는 바와 같이, 그 바깥의 모든 것은 객체로 정의된다). 이는 거버넌스 시스템의 기반으로서 잠정적으로는 합리적인 가정으로 보인다. 확실히, 법률가의 관점에서는 인간과 우주의 나머지 것들 간의 구분을 모호하게 하는 순간 모든 것이 혼란스러워지기 때문이다.

문제는 우리가 지금은 이러한 가정과 철학이 잘못임을 알고 있다는 점이다. 전체 지구의 관점(또는 생태학적 관점)에서 보면, 가령, 환경 파괴와 같은 우리 거버넌스 체계의 결과가 대단히 나쁘다는 것을 안다. 솔직히 말해 나는 우주에 대한 새로운 이해를 반영하는 방식으로 우리의 거버넌스 시스템을 변환시키기 위해 무엇을 해야 할지를 정확히 알지 못한다. 그러나 이미 폐기된 16, 17세기 철학에 기초해 계속 우리 자신을 태평하게 규율하는 것은 미친 짓이라 여겨진다. 지구 공동체의 한 부분인 것처럼—물론 실제 그러하다—우리 자신을 규율하는 것이 좋은 출발점이 될 것이다. 또한 타인이 자신에게 대접하기를 바라는 대로 타인을 대접하라는 오래된 '황금 규칙'을 적용하는 것도 고려해봄 직하다.

우리는 왜 거버넌스 시스템을 고치려하지 않는가?

우리 자신을 규율하는 문제에서 우리는 완전히 잘못된 경로에 들어서 있다는 압도적 증거가 있음에도, 우리는 우리가 시대의 가장 중요한 현안을 다루지 않고 회피하는 데 엄청난 능력을 발휘해왔다. 토마스 베리가 표현한 바와 같이, 인간이 지금 도전해야 할 "위대한 과업"은 "행성 지구에서 유익한 또는 서로를 강화하는 인간 현존을 확립하는 것이다." 이는 세계화 또는 각 나라의 GDP의 극대화를 강화하자는 것이 아니다. '발전' 또는 '빈곤 감소'에 관한 것도 아니다. 이러한 것들이 가치 있고 중요한 사회적 목표임에는 틀림없지만, 장기적으로 유익한 것인지 아닌지를 결정하는 것은 궁극적으로 이것들이 성취되는 방식에 달려 있다.

우리 대부분은 수많은 문화가 기초해 있는 잘못된 믿음과 접근법을 내면화해왔으므로 이것이 쉬운 과제는 아닐 것이다. 우리는 이원적으로 사고하고, 또한, 일례로 소비의 증가는 개인의 행복을 증진시키리라 확고하게 믿는다. 생태심리학(ecopsychology)의 주도적 이론가인 랄프 메츠너(Ralph Metzner)는 "인간 의식과 나머지 생명권 간의 생태적으로 재앙적인 분열─병리학적 소외─을 설명하기 위해 몇몇 진단적 은유가 제안됐다"고 지적한다.[9] 그는 중독, 분열, 자폐증, 기억상실과 같은 심리학의 표준 범주가 우리 자신을 서식지와 (지구) 맥락으로부터 거리를 두려 하는 우리의 성향을 설명하는 유익한 진단적 은유가 될 수 있음을 시사한다.

생태심리학자의 통찰은 오늘날 대부분 인간 사회에 해악을 끼치는 이러한 심리학적 유행병을 어떻게 제대로 치유할 수 있을지를 이해하는 데 핵심이 될 수 있다. 우리 의식의 본성을 이해하고, 우리 몸과 다른 이 그리고 우주 자체와 우리의 물리적·정서적·심리적·영적 유대의 증진을 통해 우리의 완전한 잠재력을 탐구하는 데 도움을 줄 수 있는 중요한 필수 작업들이 행해지고 있다. 누군가 서점에서 '마음, 신체, 정신' 부문의 확장에, '뉴 에이지' 영성 또는 '이 시대' 영성의 성장에, 그리고 베스트셀러 목록에 주목한다면 수많은 사람들이 통설로 받아들이는 철학적 기초에 의문을 제기하고 있다는 사실을 깨닫게 될 것이다.

인간 사고방식의 변화만으로 지구가 보호되지는 않을 것이다. 모든 생명이 신성하다고 믿는 불교론자와 도교론자가 많은 중국과 같은 나라에서도 환경 파괴는 일어날 것이다. 정말 필요한 전환을 이루려면 법의 성격과 목적을 근본적으로 다르게 이해하려는 노력과 우리 사회에 대한 규율 방식에서 변화가 요구된다.

4장과 5장에서 자립이라는 환상(신화)이 우리 거버넌스 시스템에 미친 영향을 논하기에 앞서 우선 다음 장에서 지배적인 문화가 자립이라는 환상을 둘러싼 전체 신화를 어떻게 구축했는지 논하고자 한다.

3장
지배 종이라는 신화

안개가 걷힐 때

어제 신문에서 한 유명한 젊은 서아프리카 정치인이 "폐렴(에이즈를 암시하는 말)"으로 막 죽었다는 기사를 읽었다. 역설적인 것은 그가 HIV가 에이즈를 일으킨다는 사실을 믿지 않는 유명한 '에이즈 회의론자'로, HIV 보균자들에게 항레트로바이러스제를 제공하라고 정부에 요구하는 캠페인을 벌이는 사람들을 소리 높여 비난한 사람이었다는 점이다. '중요한 것은 실재(reality)이지, 이념은 아무것도 아니'라는 생각이 들었다. '부인은 이제 그만!' 그는 결국 질병이 아니라 분석의 실패로 죽음을 맞이한 것이다.

나는 정치운동가인 그를 그가 아파르트헤이트['apartheid'는 아프리카 말로, 문자 그대로 '분리(apartness)'로 번역된다]의 철폐에 헌신하고 있을 때 처음 만났다. 당시 그는 승리하는 쪽에 있었다. 아파르트헤이트 정부는 투표로 실권한 것이 아니라, 대중 혁명에 의해 일소된, 또는 전쟁에서 패배한 것이었다. 아파르트헤이트 정부가 마침내 역사의 무대에서 퇴장한 이유 가운데 하나는 그것이 지속적인 생존에 필요한 신화를 더 이상 유지할 수 없었다는 것이다. 백인의 타고난 우월성이라는 신화와 사악한 무신론자들인 공산주의자와 그들에게 세뇌된 동조자에 맞서 이 훌륭한 땅을 수호하는 것은 '기독교인'으로서 남아프리카공화국 백인들의 의무라는 신화는 점점 더 설득력 없게 들렸는데, 이는 정부를 지지하는 사람들에게조차 그러했다. 실재는 가장 완벽하게 구상된 환상의 세계에도 침투하는 불편한 습성을 가지고 있다는 것이 문제였다. 고용된 수많은 검열관과 교사, 그리고 선동가들이 신화를 키우고, 신화에 반대하는 세력을 뿌리 뽑기 위해 군대와 경찰이 동원됐었지만, 실재는 결국 스며들었다.

1980년대 세계에서 비난 여론이 비등해지고, 제재도 통하지 않자, 내부의 저항이 거세지면서, 백색 안개는 옅어지기 시작했다. 안개가 걷히면서 드러난 현실에 다수의 백인 남아프리카공화국인은 내면 깊은 곳까지 충격받았다. 지금까지 자신들이 들어왔고 또 믿어온 것과 달리, 흑인 남아프리카공화국인은 투표와 자치에 매우 높은 가치를 부여하고 있고, 이것이 몇몇 선동가에 의해 감정적으로 자극받거나 현혹된 것이 아님이 밝혀졌다. 게다가, 네덜란드 개혁파 교회조차 자신들이 완전히 틀렸음을 고백하며 돌아섰다. 마치 아파르트헤이트는 교회 내에서 줄곧 이단이었고, 교회 소속 목사들이 수십 년 동안 강조해온, '분리됐지만 평등한(separate but equal) 발전'과 창백한 피부가 은총으로 주어지지 않은 모든 사람들에 대한 선량한 감독의 보장은 교회가 지금까지 승인한 철학이 아니었던 것으로까지 생각됐다. 실재 속으로 내던져진 수많은 백인들이 경험한, 이가 부딪히고 머리가 휙 돌아가는 듯한 그러한 신체 충격에 대한 묘사로 '패러다임의 변화'라는 흔히 쓰는 개념은 적확하지 않다. 당신이 생애 대부분을 기괴한 오류로 형성된 신화의 세계에 머무르고 있었다는 자각은 당혹스러운 것일 수 있다―특히 당신의 생각과 달리 신이 당신을 피라미드의 가장 꼭대기에 위치하도록 선택하지 않았음이 판명되었을 때 말이다(물론 어떤 사람들은 이것이 결국에는 사라질 악몽에 불과한 것인 양 했다).

전(前) 지배 종의 성원들이 '새로운' 남아프리카공화국의 햇빛에 눈부셔하며 안개 속에서 모습을 드러냈다. 그들 가운데 일부는 그것이 전적으로 나쁘지는 않다고 인식하기 시작했다. 무엇보다, 더 이상 모든 기운을 동료 시민을 탄압하는 데, 다른 현실을 봄으로써 불안을 조성하는 사람들을 부정하는 데, 그리고 동정감과 자기 회의를 억누르는 데 소모하지 않아도 됐다. 지배 종의 성원이 된다는 것은 자존심을 부추기는 데는 탁월하지만, 영혼은 고갈시킨다. 또한, 다른 이들과 연결될 모든 가능성이 남아프리카공화국 내에서 또한 국제적으로 활짝 열리게 됐다.

우리 세계에서 지배적인 문화는, 한때 대부분 백인 남아프리카공화국인이 다른 남아프리카공화국인을 억압할 권리에서 그러한 것처럼, 다른 종에 대한 우리 종의 우월성과 지구를 지배할 권리를 확신한다. 그러나 실재는 여기에도 침투한다. 오늘 신문의 일면을 장식한 기사는 이러했다. "지구: 30년 남았다. 세계정상회의의 개최에 앞서 유엔에 보고된 충격적인 보고서에서, 1천1백 명의 과학자는 인간 사회의 광범위한 붕괴를 경고하고 있다." 이러한 현실과의 만남으로 이후 상황이 어떻게 전개될지 궁금하다. 실재의 부정에 맞서 또 다른 승리를 일구어낼 수 있을 것인가?

인간권(圈)

수세기 동안 우리 인간은 우주로부터 분리된, 기만적인 '인간 세상'을 구축하는 데 열정적으로 몰두해왔다. 우리 마음 안에서, 우리가 태어나 들어간 생물권(圈)을 거부한 채, 거대하고, 밀봉된 '인간만'의 세상을 구축해왔다. 이렇게 고안된 '인간권(homosphere)' 내에서 인간의 우월성이라는 신화로 숨 쉬며 오랫동안 살아와 이제 우리에게 인간권은 지구보다 더 실재적이다. 우리 자신의 창조성에 도취되고, 우리 관념의 빈틈없음에 매료돼, 예측 불가능하고 신비스런, 창 너머 '자연 세계'의 아름다움을 인식하지 못했다. 우주 비행사처럼 자연을 조사할 때조차, 기술 지향적 문화라는 거품이 눈가리개처럼 우리의 시각을 왜곡한다. 토마스 베리가 간결하게 지적한 바와 같이, 지구와의 관계에서 우리는 '자폐적'으로 돼간다. 자신의 모델과 사랑에 빠진 예술가와 과학자라는 오래된 농담처럼, 우리는 지구 어머니의 따뜻하고 감각적인 너그러움을 디지털 사이버 애인의 인공적인 매력과 맞교환했다. 그녀(또는 그)는 마우스 클릭 한 번에 우리의 모든 변덕을 만족시킨다고 약속했지만, 우리의 깊은 열망을 만족시킬 능력은 전적으로 결여됐다. 위험한 것은 우리가 지구와 우리 공동의 거주지와 신체적·정서적 유대를 상실할수록, 이 화려한 거짓을 믿으려는 우리의 경향성은 강화된다는 점이다.

　지금까지 우리 대부분은 인간권 내에서 계속 살 수 있는 기득권을 가지고 있다고 믿어 왔다. 그러나 이는 이상적인 온실에 불과하다. 그 안에서 우리의 자아는 우주를 지배한다는 자만심으로 부풀어 오른 채 불균형적으로 성장할 수 있다. 이 안에서, '성장의 한계'로 불리는 것에 사춘기적인 짜증을 드러내며, 오히려 자연보다 더 잘할 수 있다고 스스로를 설득한다. 여기서는 오로지 인간 존재만이, 그리고 어떤 이는 다른 이보다 더 많이 중요하다. 모든 것은 우리의 가장 중요한 욕망으로 여기는 것을 만족시키려는 부추김에 종속된다. 장엄한 산과 바람에 잔물결 치는 더 넓은 초지 평원, 깊고 신비스런 강, 위풍당당한 무지갯빛의 수많은 물고기 떼, 이 모든 것은 '자연자원'으로 축소된다. 연금술 과정은 거꾸로 뒤집혀져, 삶이라는 춤의 내밀한 은총은 몇 헥타르의 부동산으로, 몇 킬로미터의 도로로, 몇 킬로와트의 전력으로, 그리고 어획 가능한 톤수로 변형됐다. '진보'와 '발전'이라는 만족을 모르는 신들의 이름으로 시나브로 모든 것을 희생시키며, 지구를 인간 욕심의 제분소에 집어넣는다.

　가장 특징적으로 두드러진 측면은, 그 반대라는 압도적 증거가 많아지고 있음에도 이와 같이 구축된 우리 자신의 세계 안에서 우리가 더 건강하고, 더 안전하며, 더 행복하고 또한 더 충만해질 수 있다고 우리 스스로를 설득해왔다는 것이다. 그러나 최근에는 이처럼 짙게 드리워진 신화의 안개가 걷히기 시작해, 신화 너머의 실재가 때때로 침투했다. 그러나 우리 대부분은 정신적 라아거(laager; 남아프리카공화국 영어로 과거 중앙에 있는 사람들을 보호하기 위해 빙 둘러 세워 놓았던 마차들을 말하는데, 새로운 생각들을 받아들이지 않으려는 방어 심리를 말하는 laager mentality는 여기서 유래했다—옮긴이) 속에서 바깥세상을 바라보는 아파르트헤이트 지지자처럼, 인간권 밖에 놓여 있다고 생각하는 어떤 것에 두려움을 가진다. 이전 노예들의 공동체 내에서 전(前) 주인에게 가능한 역할로는 어떠한 것이 있을까?

이 지점에서 분명한 것은 인간사에서 오늘날의 산업 사회와 후기 산업 사회는 지금과 같은 형태로는 장기적으로 더 이상 존속할 수 없다는 점이다. 잘해봐야 50년 더 지속될 수 있을까. 그러나 석유 생산이 줄어드는 정도와 점점 늘고 있는 인구에 비춰본다면, 그 가능성조차 희박하다. 미래전문가들의 실제 우려는 유엔 지구환경보고서(『GEO-3』)와 같은 신중한 외교적 언어로 작성된 문서에서도 잘 드러난다. 이 보고서는 다음과 같은 결론을 내리고 있다. "많은 경우 이미 취약한 상태가 된 자원에 대한 과도한 수요가 점점 더 늘면서 오래된 문제는 여전히 해결되지 않은 채 존속하는 한편, 새로운 도전과제들이 계속해 부상할 것이다. 변화의 증가 속도와 지역과 현안 간 상호작용의 정도는 자신 있게 미래를 전망하는 일을 더 어렵게 만든다."[1]

물론 인간 사회는 그 사이에 적응할 것이다. 문제는 어떻게, 그리고 어떤 방향으로 적응하는가 하는 것이다. 주류적인 주장은 상황이 실제 그리 나쁘지 않고, 조사연구와 개발 그리고 일부 혁신적인 기술로 해결될 수 없는 문제는 없다는 것이다. 기술이 어떤 문제라도 능히 해결할 수 있다고 믿는 사람들은 우리의 혁신 속도는 우리가 신속하게 자맥질해 이리저리 헤쳐 나가 밧줄에 걸리지 않고, 멸종에 이르지 않도록 보장하리라 자신한다. 『에덴의 생태학(The Ecology of Eden)』[2]의 작가 에반 아이젠베르크(Evan Eisenberg)는 이들이 '행성 지구의 관리(Planet Management)'를 믿기 때문에 이 진영에 속한 사람을 '관리자'라 부르고 있다. 아이젠베르크는 다음과 같이 주장한다. "지구의 관리는 과학자와 정책결정자 사이에서 지배적인 세계관이 됐다. 이것은 유대-기독교의 청지기 윤리의 실리콘 밸리 판으로, 지구를 우리가 장식하고, 유지하며 인간화하는 정원으로 본다."3 우리는 자연의 생명부양체계를 파괴했기 때문에 지구 위 생명들을 부양해야 하는 과제를 우리가 영원히 떠맡아야 할 수도 있다는 제임스 러브록이 제기한 가능성4도 신기술에 열광하는 사람들(technophiles)의 열정을 꺾지 못한다. 아이젠베르크가 말한 바와 같이, "러브록이 제기한 이러한 전망은 관리자를 겁줘 사라지게 해야 할 텐데도 오히려 지구 관리의 열정을 북돋우고 있다."5

관리자에 동의하지 않는 사람들 대부분은 기술을 잘못된 신으로 여기고, 우주에 대한 이해 방식과 우주와 관계 맺는 방식을 급진적으로 변화시키는 어떠한 탈바꿈을 시도하는 우리 종에 희망을 건다. 이들은 외부 세계보다 인간을 어떻게 변화시키고 관리할 것인지에 초점을 맞추는 경향이 있다. 나는 여기서 통합된 사상 학파를 말하는 것이 아니라 변화를 불러일으키는, 저마다 다른 접근법을 채택하고 있는 다양한 견해에 관해 말하고 있다. 예를 들면, 어떤 견해는 개인의 영적 성장에, 다른 견해는 지속가능한 인간 공동체의 창설에, 또 다른 견해는 자연과 더불어 일하는 방식으로 먹고살 수 있는 실천적인 방법의 개발에 각각 중점을 둔다. 여기에 설득된 사람이 범퍼 스티커(아마 자전거에)를 붙이고 다닌다면, 그것은 다음과 같은 것이리라. '지구가 아니라 당

신의 마음과 정신을 변화시켜라.'

아이젠베르크는 (의도적으로 또한 명시적으로든) 관리자 모델에 반대하며 맞선 사람을 '행성 지구 숭배자(Planet Fetishers)'로 정형화해왔다. 그는 다음과 같이 간결하게 말한다. "그 이름은 자연을 완벽하고 조화로운—인간이 배제될 때 완벽하고 조화로운—전체로 생각하는 그들의 경향을 반영한다. 그 생각에 따르면, 자연에서 인간은 라쿤보다 더 큰 역할을 할 권리가 없다."6 지구 숭배자, 특히 심층생태주의자들의 견해를 비판하며 아이젠베르크는 다음과 같이 주장한다. "만약 당신이 탈산업 사회의 사람들에게 구석기 시대의 세계관을 심으려 든다면, 공연한 짓을 하는 것이다."7

이 책에 쓰인 주장들은 대체로 아이젠베르크가 관리자의 세계관이라고 부르는 것에 반대되는 것들이다. 특히, 나는 모든 것이 해결 가능하다는 기술에도, 현재 기술을 현명하게 사용하기 위해 레버를 잡아당기는 사람에게도 어떠한 신념도 가지고 있지 않다. 그러나 나는 휴대용 컴퓨터에서 글쓰기를 가능하게 만든 인간의 창의성을 존중한다. 기술 진보는 미래 인간 사회의 바람직한 부분이라고 정녕 믿지만, 그러나 그 기술은 어디까지나 적정해야 한다. 달리 말하면 베리가 이름 붙인 '위대한 과업'이라는 목적에 부합하는 방식으로 만들어지고 사용되며 또 재사용될 수 있게끔 설계돼야 한다.

이 책에서 한 다수의 주장들을 아이젠베르크가 숭배자 세계관이라고 부른 것의 일부로 특징짓는 것은 정당하다. 그러나 내 견해에서 보면 이 책은 아이젠베르크식 용어로 말해 숭배자의 책은 아니다. 이 책은 21세기 탈산업 사회를 위한 자기 규율의 새로운 비전—실천적 이행이 가능한—의 개발에 관한 것이다. 이는 시간을 거슬러 과거로 돌아가려는 시도와 무관하고, 오히려 영겁의 세월 동안 지구가 한 경험과 수천 년 인간이 한 경험으로부터 배운 것과 관련된다. 이 책의 상당 부분은 특정한 조치 내지 변화보다는 아이디어를 논하는 데 할애하고 있는데, 이는 이론이 커다란 실천적 가치, 특히 어떤 조치를 지도하는 가치를 가지고 있다는 내 나름의 신념에 근거한 것이다. 이것이 물론 경험보다 추상에 더 큰 가치가 부여돼야 함을 의미하는 것은 아니다. 내 주장의 요점은 우리 종이 스스로를 어떻게 규율할 것인가에 관해 조화되고 정합적인 변화를 가져오기 위해, 우리는 왜 그렇게 해야 하고, 우리 거버넌스 배후에 놓인 전반적인 목적은 무엇인지, 그리고 우리가 어떻게 그것을 이루어낼 수 있는지에 관한 정합적인 이해가 필요하다는 것이다. 지배적인 인간 사회와 국제 '공동체'에는 현재 그러한 이해가 결여돼 있다는 것이 내 생각이다.

왜 우리가 인생관을 변화시켜야 할 필요가 있는지 그리고 우리가 그것을 변화시키기 위해 무엇을, 어떻게 해야 하는지를 이해하는 것은 커다란 과제다. 탈산업 사회에 사는 많은 사람들에게 이 과제는 우주와 사회에 관한 전체적인 이해, 즉 우주관의 변화를 포함한다. 이 책은 그와 같은 폭넓은 변화 가운데 제한적이지만, 중요한 측면과 관련돼 있다. 우리 자신을 규율하는 방식을 어떻게 변화시켜 인간권을 해체하고 더 넓은 지구 공동체로의 재통합을 다시 시작할 수 있을 것인가? 현재 우리 사회를 특징짓는 자연으로부터 '분리(apartness)'에서 벗어나 아파르트헤이트 이후(post-apartheid)의 지구 사회로 이행할 수 있으려면, 우리의 법적·정치적 구조를 어떻게 변화시켜야 하는가?

4장
왜 법과 법학은 중요한가

전장(前章)에서 나는, 우리 인간은 생명그물의 한 부분이지, 지구의 지배자(내지 관리자)가 아니라는 현실을 현대 사회가 잘못 이해하거나 거부하는 것은 인간을 비롯해 살아 있는 수많은 창조물에게 잠재적으로 치명적일 수 있다는 점을 시사했다. 이 지배적 세계관은 우리 거버넌스 시스템에 뿌리박혀 있다. 거버넌스 시스템은 이 세계관에 기초하여 기획돼 인간을 규제하고 있어, 인간은 이러한 잘못된 현실 이해에 따라 행동한다. 다음 장에서 이에 관한 몇 가지 사례를 논할 것이다. 다만 그 전에 법의 역할과 법철학에 관해 탐구하고자 한다. 특히, 내가 3장에서 '인간권'이라고 이름 붙인 그러한 사회가 생겨나고 지속되는 과정에서 법이 담당한 역할과 그 개념을 이해하는 것이 중요하다. 또한 지구가 보호돼야 할 긴급한 필요가 있는 바로 이때, 우리 거버넌스 시스템의 근간을 형성하는 법학과 법에 대해 다시 한 번 생각해보는 것이 우선적으로 이뤄져야 하는 일인지를 묻는 것은 가치가 있다.

법의 역할

우리 모두는 법을 사회가 인간의 행동을 규제하는 데 사용하는 주된 도구의 하나로 인식한다. 따라서 인류가 바람직하지 않은 방식으로 행동한다면, 이는 법과 법의 실행 방식이 더 이상 적절하지 않으므로 개정되어야 함을 시사한다고 볼 수 있다. 환경이 피폐하고 있다는 증거가 매립지의 폐기물보다 더 빨리 쌓이면서, 많은 사회가 '환경법'을 발전시키는 데 관심을 쏟는 까닭이 바로 여기에 있다. 실제로, 다수의 국제 조직과 정부, NGO 그리고 환경법 변호사는 상당한 시간과 힘을 들여 환경에 영향을 미치는 인간을 규제하는 법을 개선하는 데 애쓰고 있다(물론 '자원' 여물통에 머리를 처박고 실컷 먹으려는 기업을 성가시게 하지 않으려고 아예 그러한 환경 규제를 폐지하려고 시도하는 사람들도 있다).

사회를 규제하는 법의 기능을 우리는 쉽게 알 수 있지만, 법의 그러한 규제 역할만큼이나 법이 사회 자체를 구성하고 형성하는 역할을 한다는 사실을 우리는 종종 간과한다. 사회는 사회를 구성하는 개별 인간들의 집단적 창조물이다. 사회는 수많은 개별자들이 먼저 자신이 속한 집단의 정체성을 인식하고, 그러한 믿음에 따라 행동하면서 집단 안에서 관계를 구조화하고 질서를 갖춰 존재를 형성해간다. 이는 연속성을 갖는 계속적인 과정으로, 그 과정에서 집단의 원칙과 가치 그리고 시스템이 만들어지고 발전한다. 이러한 사회의 특성은 살아 있는 유기체가 자신을 드러내고, 구조화하고, 조직하며 재생산하는 독특한 방식과 유사하다[살아 있는 유기체의 이러한 특질을 '자기 형성(self-making)', 즉 '오토포이에시스(autopoiesis)'라고 하는데 6장과 7장에서 좀 더 상세히 논한다].

한 사회를 형성하는 법의 이러한 역할, 그리고 법과 사회의 가치관 사이의 관계는 역사에서 새로운 사회가 성립되는 순간에 가장 분명하게 나타난다. 1776년 미국 13개주가 영국 왕과 대영제국으로부터 독립을 선언한 독립선언이 좋은 예다.

독립선언문의 서문에는 이 신생 사회가 어떤 우주관 내지 세계관(가령 신이 자연법에 종속된 우주를 창조했다)을 공유하고 있고, 또 어떤 공유된 가치(가령 평등과 개별적 자유)에 기초하고 있음을 명확히 보여준다.

인간사에서 한 민족이 자신을 다른 민족과 연결시키고 있던 정치적 유대를 해소하는 것이 필요해진다. 그리고 지구의 권력들 사이에서 자연법과 자연신(Nature's God)법이 그들에게 권리부여한, 분리·독립되고 평등한 장소를 취할 것이 필요해진다. 인류의 견해(Opinion of Mankind)에 대한 품위 있는 존중은 자신들을 분리·독립으로 추동한 대의명분을 선언할 것을 요구한다. 모든 인간은 평등하게 창조됐고, 창조주에 의해 어떤 양도 불가능한 권리를 부여받았으며, 이러한 권리 가운데는 생명, 자유 그리고 행복을 추구할 권리가 있음을 자명한 진리라 본다.
―1776년 7월 4일 미국 13개주 연합 독립선언에서 발췌

1776년 신생 아메리카 사회가 중요하게 여겼던 원칙과 개념(가령 모든 인간은 평등하다), 욕구(가령 모든 사람은 행복을 추구할 수 있어야 한다) 그리고 포용, 지시하는 가치(가령 자유)는 미국 헌법과 법 그리고 정치 시스템에 반영됐다. 예를 들면, 개인의 자유에 부여한 가치는 직접적으로 정치 시스템의 구조에 영향을 미쳤다. 미국에서 정치권력은 권력분립의 원칙에 따라 배분돼 있는데, 이는 입법, 행정 그리고 사법 기능을 다른 국가기구에 분리, 귀속시킴으로써 국가가 권력을 남용해 개인의 자유를 침해하지 않도록 하기 위함이다.

2부 우리가 아는 세계 97

법은 일차적으로 사회 내 개인 간의 관계를 규정하고, 개인과 개인들의 집단 그리고 전체로서 사회와의 관계와 다른 개인들 집단과 사회와의 관계를 규정함으로써 사회를 형성한다. 이렇게 법적으로 규정된 관계는 사회 질서를 세우고, 한 사회 내에서 권력이 어떻게 행사되는지를 결정한다. 법 규정은 또한 예컨대 어떤 행위를 금지하고, 이를 준수하지 않은 사람을 처벌함으로써 사회 내에서 개인의 행동을 지시하고 통제하는 데 사용된다.

> 사회를 법적으로 구축함으로써 사회 구조는 과거에서 미래로 나아간다. 법은 자기 방향으로 사회를 형성한다. 그 사회의 구성원 간의 사회적 권력— 그 사회의 목적을 위해 자연 에너지 〈인간 에너지와 물리적 세계의 에너지〉—를 적용시키는 힘으로서—은 법적 관계로 구현된다.
> -필립 앨럿(Philip Allot), 『유노미아(Eunomia)』, p.297

이렇게 사회는 의식적으로 다양한 방식으로 법을 사용한다. 법은 사회를 만들고 그 사회의 세계관에 따라 사회를 규정하는 수단으로 사용된다(즉 사회를 만들거나 구성한다). 법은 사회의 내부 관계를 규정함으로써 사회 질서를 세우고 구조화하는 데, 또한 사회의 구성 부분(가령 어느 사회 내 개인과 단체)의 행태를 규제하는 데 사용된다. 후자의 기능은 살아 있는 유기체에서 발견되는 되먹임체계(feedback systems)처럼 운영되는 것으로 이해할 수 있다. 예를 들면, 형사 사법체계는 사회의 규칙이 준수되지 아니한 경우(범죄)를 수사한 뒤 관련자가 이러한 행동을 반복하지 않도록 벌금이나 구금 등 억제하는 되먹임을 부과한다.

법 시스템은, 일단 법에 어떤 관계가 규정됐거나 어떤 행위가 금지됐다면 법 자체가 미리 정한 공식 절차에 의해 변경되지 않는 한, 변하지 않을 것이라는 점에서 법은 또한 현상 유지 기능(conservative function)

을 수행하는데, 이는 우리의 목적에서도 가장 중요한 점이기도 하다.

통상적으로 사소한 규정은 상대적으로 쉽게 개정될 수 있는 법규명령 등으로 정해놓는다. 사회가 가장 근본적이라고 여기는 법규범과 원칙은 개정을 매우 어렵게 하려는 의도에서 헌법 내지 권리장전에 담겨진다. 어떤 아이디어를 법으로 전환하는 것은 보통 그것을 더 강력하고 내구적인 것으로 만들지만, 다른 한편으로는 변화를 더디게 만든다. 예컨대, 미국 독립선언 이후 200년 이상, 그 선언과 미국 헌법을 기초한 이들의 세계관은 세계에서 가장 강력한 나라의 구성원들이 서로와 그리고 나머지 세계와 어떻게 관계 맺는지를 계속 규정하고 있다. 알다시피, 이는 장점과 단점을 아울러 가지고 있다.

법의 개념

헌법과 법 그리고 이를 해석하는 판결은 법이 무엇이고 또한 무엇이어야 하는지 그리고 사회는 무엇을 믿고 또 무엇을 소망하는지에 관한 우리의 생각을 표현하고 반영한다. 이것은 눈으로 볼 수 있는 것이 아니어서 가늠하기 어렵다. 법과 정치 시스템이 벽에 걸린 그림이라면, 법과 사회에 관한 우리의 생각은 그림의 틀과 같다. 우리가 그림을 볼 때 대개는 틀이나 그림이 걸린 벽을 보진 않는다. 그러나 그림을 걸려면 틀과 벽은 반드시 필요하다. 틀은 사회에 관한 우리 비전과 이해의 범위를 정한다.

모든 사람은 그 자신이 갖는 비전의 영역(범위)의 한계를 세계의 한계로 여긴다.
-아서 쇼펜하우어(Arthur Schopenhauer), 19세기 철학자

우리는 그림, 즉 사회를 볼 때 그림이 더 커야 하는지 아니면 더 작아야 하는지, 벽에 걸려야 하는지 아니면 벽에 그려져야 하는지를 묻는 것은 고사하고 아예 생각조차 하지 않는다. 우리의 거버넌스 시스템을 볼 때 우리의 비전과 우리가 묻는 물음의 한계는 이미 거기에 존재하는 틀에 따라 규정된다. 우리는 그림 자체를 개선하는 방법을 생각할 수 있지만, 통상 그림 바깥에 무엇이 놓여 있는지는 보려 하질 않는다.

한 가지 사례를 들려주고자 한다. 동물이 법적권리를 가져야 한다는 생각은 많은 운동가와 일부 헌신적인 법률가의 끈질긴 노력에도 불구하고, 미국 법원에서 거의 인정받지 못했다. 그 이유 가운데 하나는 미국 사법부가 특별히 동물에 무감각해서라기보다 미국이라는 사회가 구성될 때, 그리고 법과 정치 시스템이라는 그림이 그려질 때, 동물은 사고의 틀 밖에 있었기 때문이라고 생각한다. 그 결과, 동물도 인간과 마찬가지로 대우받아야 한다는 인식은 전체 법 시스템에 반(反)하는 것이 되고 말았다. 사실 많은 사람들이 그것에 대해 미처 생각하지 않는다. 그것은 틀 밖의 권리로 미국 사회의 '인식의 틀이 다시 정립되지' 않는 한 앞으로도 그러할 것이다.

그러나, 미국의 건국 아버지들이 다른 결론에 이르렀다면, 그 논거가 무엇이 되었을지 잠시 숙고해보자. 만약 독립선언이, 모든 피조물은 평등하게 창조됐고, 창조주에 의해 생명권을 비롯해 진화과정에서 자기 역할의 수행을 추구할 자유를 포함해 양도 불가능한 권리를 수

여받았음이 자명하다고 선언했다면, 헌법은 동물을 위한 권리를 보장했을 것이고, 동물을 객체로 다뤄야 한다는 현재의 법 관념이 오히려 '생각할 수 없는' 것이 됐을 것이다.

여기서 한 사회가 스스로에 대해 갖는 시각과 법에 대해 갖는 시각 사이에는 긴밀한 관계가 있음을 알 수 있다. 법철학자 필립 앨럿(Philip Allot)은 다음과 같이 지적한다.

> 사회는 스스로에 대해 갖는 생각보다 더 뛰어날 수 없다. 법은 사회가 스스로에 대해 갖는 생각보다 더 뛰어날 수 없다. 사회의 자기 규율에서 법이 수행하는 중심 역할을 감안한다면, 사회는 스스로가 법에 대해 갖는 생각보다 더 뛰어날 수 없다.1

이는 사회가 스스로를 어떻게 인식하는가 하는 문제에서의 근본 변화가, 사회가 기능하는 방식에서의 실제 변화로 전환되려면, 사회가 법에 대해 갖는 생각이 먼저 변화되어야 함을 의미한다. 이는 법 내용 자체의 변화뿐 아니라 법과 법의 역할에 관한 사회 인식의 변화를 의미한다. 달리 말하면, 베리의 '위대한 과업'이 요구한, 우리 사회가 나아가고자 하는 근본 방향의 재정립(reorientation)은 동시에 지배적인 문화의 법학을 철저하게 재개념화하지 않고서는 달성될 수 없다.

지배적인 문화의 법학은 우리가 구축한 인간권이라는 화단 안에서 자기 자신의 질서를 스스로 정립하는 시스템의 이론적 기초를 제공한다. 이는 우주의 나머지로부터 분리된 인간 사회(또는 특정 인간 사회)를 위한 법이론으로 인식된다. 이러한 법학은 우리가 그르다고 여기는 다수의 전제에 기반하고 있다. 가령, 우리의 안녕은 전체로서 지구 공동체의 안녕으로부터 직접 나오는 것은 아니라는 믿음, 지구는 무한하게 사용할 수 있는 자원이라는 믿음 따위다. 이러한 믿음은 위험한 오만, 가령 기술은 자연 시스템의 파괴 과정에서 발생하는 어떠한 문제에 대해서도 해결책을 제공할 수 있으리라고 가정하는 그러한 오만에 의해 강화된다. 이러한 인간의 자기 착각이 그처럼 위험한 까닭은 인간이 지구의 자연적 기능을 변화시키고 있는 그 비정상의 정도가 전체 지구 공동체의 생존과 안녕에까지 영향을 끼치고 있기 때문이다.

옛 거버넌스 패러다임에서 탈행

1960년대 토마스 쿤(Thomas Kuhn)은 과학 사고의 발전을 기술한 저서에서, 과학적 '패러다임(이는 '패턴'이라는 그리스 말에서 나온 것이다)'은 과학자 공동체의 마음 안에서 만들어지는 것임을 넌지시 내비쳤다. 쿤에 따르면 과학자들이 세상을 어떻게 보고, 어떻게 이해하는지는 패러다임이 규정한다고 할 수 있다. 쿤은 패러다임을 '과학 공동체가 공유하면서 문제와 해답을 규정하는 데 사용하는 일단(一團)의 성취물—개념, 가치, 기법 등—'로 정의했다.2 거버넌스에 관여한 사람들의 공동체도 마찬가지로 특정 패러다임 또는 '준거 틀(frame of reference)' 내에서 운영되는 것이 분명하다. 이는 그들이 관찰하는 범위와 방법 그리고 접근법의 측면에서 수용 가능하다고 여기는 것들의 범위를 효과적으로 제한한다. 내가 보기에 거버넌스에서 지배적인 패러다임은 여전히 대체로 기계론적이고 데카르트적인 인간 중심의 세계관으로, 간단히 말해 인간권의 철학이다.

토마스 쿤은 한 패러다임에서 다른 패러다임으로의 변화는 점진적으로 일어나는 것이 아니라 '패러다임 전환'이라고 부르는 불연속적인, 혁명적인 균열로 일어나는 것으로 상정했다. 태양이 지구 주위를 돈다는 관념(이는 신이 우리를 우주의 중심으로 만들었다는 증거로 언급돼왔다)의 포기와 그 반대가 진실이라고 받아들이는 것을 포함한 '코페르니쿠스 혁명'이 좋은 사례다. 천동설과 지동설은 서로 양립 불가능하므로 한 시각에서 다른 시각으로 점진적으로 이동할 수는 없었다.

나는 패러다임 변화의 경험을 TV에서 방영된 어느 미래 우주 프로그램에서, 선장이 우주선을 '초고속(warp speed)'으로 끌어올릴 것을 단호하게 명령한 것에 비유할 수 있다고 생각한다. 엔진의 회전속도가 증가하면서 모든 것이 진동하기 시작하고, 곧 우주가 가공할 속도로 그들을 향해 돌진해오면, 모두 긴장으로 경직된다. 전체 우주선이 분리되리라 여겨지는 딱 그 무렵에, 우주 그 어디에선가 엔진이 팍하고 분리된다. 사실, 1990년 초 물리학에서 패러다임 전환을 이뤄내는 데 최전선에 있던 물리학자를 비롯한 과학자의 경험은 아마 이보다 더 충격적이었을 것이다. 현대 과학이 지닌 철학적 함의를 제시한 가장 중요한 작가 가운데 한 사람인 프리초프 카프라 박사는 이 경험의 개인적 차원을 다음과 같이 강렬하게 묘사했다.

원자와 아원자 세계를 탐구하면서 과학자들은 낯설고 전혀 예기치 않은 실재와 접촉하게 됐다. 이 새로운 실재를 이해하려고 분투하는 과정에서,

과학자들은 자신들이 가진 기본 개념, 언어 그리고 전체 사고방식이 원자 현상을 기술하는 데 적절하지 않음을 고통스럽게 인식하게 됐다. 그들의 문제는 단순히 지적인 것뿐만이 아니라 극히 정서적인 것으로, 이렇게 말하면 어떨지 모르지만, 실존적 위기에 육박하는 어떤 것이었다. 그들이 위기를 극복하는 데 오랜 시간이 걸렸지만, 그 보상으로 마침내 물질의 성질, 그리고 그것과 인간 정신과의 관련성에 관한 깊은 통찰을 얻었다.[3]

현재로서는 지구 공동체의 한 측면인 인간과 나머지 다른 측면들 간의 관계에 영향을 미치는 수많은 의사결정을 하는 사람 가운데 기계론적 세계관에서 전일론적 내지 생태적 세계관으로 이행한 사람은 거의 없다고 말하는 것이 공정하리라 생각한다. 주로 정치인, 법률가, 관료 그리고 사기업의 관리인이 이러한 결정을 하거나 혹은 어떤 결정으로 이끈다. 그들은 저마다 옛 기계론적 패러다임이 내장된 현재의 법적·정치적 구조 속에서 행동한다. 이것이 변화를 어렵게 만든다. 이러한 패러다임 전환을 기다릴 시간적 여유가 없다는 사실은 우리에게 되풀이되는 부정적 영향에서 분명히 알 수 있다. 복잡하면서도 정교한 삶의 직조물이 급속히 풀어지고 있다. 지구는 사회적 거버넌스를 위해 전면적으로 새로운 패러다임을 절실하게 요구하고 있다. 그러나 우리는 새로운 방식으로 생각해야 함은 물론 새로운 방식으로 행동할 필요 또한 있다. 지구를 거스르는 우리가 아니라 지구를 위한 우리가 되려면, 사회를 구성하고 인간 행동을 규율할 수 있는 새로운 실천적인 방법이 필요하다.

법과 거버넌스에 대한 우리의 생각, 그리고 법과 법적·정치적 구조는 우리와 지구 공동체와의 관계에 결정적인 영향을 미치므로, 지금 사회적 거버넌스에 관여된 사람들은 매우 특별한 책임을 지고 있다. 우리가 직면한 지적, 정서적 또는 존재론적 위기가 무엇이든지간에 이를 통해 나아갈 길을 직시하고 방법을 찾아야 한다. 초고속에 근접하는 우주선의 승무원처럼, 우려스러운 순간을 대비해야 한다. 닐스 보어와 베르너 하이젠베르크와 같은 양자물리학의 선구자들이 자신의 세계관의 한계에 직면했을 때 느꼈던 어떤 개인적 혼란과 좌절, 절망을 우리가 경험하지 않고서는 생태대(Ecozoic period)라는 신록의 풍경으로 돌파, 진입할 수 없다.

따라서 다음과 같이 일의 순서(단계)를 구별하는 것이 중요하다고 본다. 먼저, 우리가 개인적으로 세계를 이해하는 방식에서의 변화가 이뤄져야 하고, 다음으로 인간 사회 내지 일반적으로 지배적인 인간 사회의 거버넌스 패러다임의 전환, 그리고 지구법학의 발전, 마지막으로 야생의 법 접근법의 채택과 더 야생적인 법이 실행돼야 한다. 내 사고방식은 지속적으로 변하고 있고, 이 책에서 내가 세상을 이해하는 방식에 영향을 미쳤다고 생각하는 순간과 글들을 사례로 들려주고자 했다. 내가 세상을 이해하는 방식은 가시적이지도 않고 다른 이에게 분명하지 않지만 내 안에서 계속 진화, 발전하고 있다.

인간권 세계관에서 지구 중심적 세계관으로 패러다임이 전환되려면 많은 분야에서 엄청난 노력이 요구되지만, 그러한 전환으로의 이행이라고 여겨지는 고무적인 징후가 다수 있다고 생각한다. 사회 변화의 이미지 가운데 내가 가장 좋아하는 것은 무리지어 하늘을 선회하는 새들의 이미지다. 새 떼에게 단독의 지도자는 없지만, 새 떼는 갑자기 일체가 돼 선회할 수 있다. 이것이 어떻게 가능할까. 개별 새들이 선회를 바라는 신호를 보내기 시작하면 순간적으로 진로를 변경하고서 곧 다시 재빠르게 원래 진로로 되돌아온다. 자신의 의도를 소통하기 시작한 새들은 일정한 임계량에 도달할 때까지 같은 식으로 의사소통을 한다. 그리하여 상당수가 진로를 변경하면 나머지도 자동적으로 뒤따른다. 이 책을 통해 나의 날갯짓으로 다른 이들도 따르기를 바란다.

모든 패러다임의 전환이 그러한 것처럼, 새로운 지구 중심의 패러다임으로 전환이 일어난다면, 상대적으로 짧은 시간 내에서 일어날 것이다. 패러다임의 전환은 본질적으로 새로운 관념을 위해 옛 관념을 포기할 것을 요청한다. 이러한 전환은 양립 불가능한 옛 관념과 새로운 관념의 종합으로 이루어질 수 없기 때문이다. 패러다임의 전환은 그러므로 급진적인 것이다.

그러한 패러다임 전환의 효과 가운데 하나는 우리 거버넌스 시스템의 목적 내지 목표의 근본 변화일 것이다. 그러나 이는 거버넌스 구조 또는 법 자체가 단 한 번의 진화적 도약으로 변화한다는 것을 의미하지 않는다. 그 과정은 더 점진적이고 진화적인 것일 터다. 1장에서 논했듯이, 우리 거버넌스의 구조에서도 식별 가능한 야생성의 징후가 이미 나타나고 있다.

5장

법의 기만

억압의 법

아파르트헤이트의 남아프리카공화국에서 법을 공부한 것은 내겐 행운이었다. 공부를 시작할 때부터 국가는 법을 사회 통제의 한 수단, 도구로 사용한다는 것과 법은 정치 권력자들의 특정한 세계관을 반영한다는 것, 그리고 법과 정의와 도덕성 간의 관계가 늘 건강한 것은 아니라는 점을 깨달았다. '법의 위엄'에 결코 경외심을 갖질 않았고, 복잡하지만 합리적이면서도 정합적인 일련의 규칙을 가지는 것 자체가 목적이라고 나는 믿었다. 학생들의 시위와 당시에 불법인 반정부 활동을 조직하는 데 관여하고 있던 나는 덕분에 일부 법이론가들이 몰두한 많은 관련 논쟁을 가볍게 무시할 수 있었다. 그것이 단지 법이라는 이유만으로 그 법을 준수해야 할 도덕적 의무가 있는 것인지, 또는 도덕적으로 혐오스러운 법을 과연 법이라 부를 수 있는지 따위와 같은 문제들은 당시의 내겐 단순한 문제로 보였다. 다양한 학술적 관점의 세부 내용이 어떻다 하더라도, 채찍과 투옥 등을 수단으로 집행되는 도덕적으로 혐오스러운 법을 실제 직면할 때 그러한 질문은 증발한다. 당시 나를 비롯한 수많은 이들을 인도한 것은 논리나 이론이 아니라 양심과 마음이었음을 인정한다. 논리는 진실을 식별하는 데 유익하지만, 격동하는 경험의 시기에는 마음 또는 직관이 때론 더 나은 안내자가 된다.

흔히 말하는 것처럼 푸딩이 맛있는지는 먹어봐야 알 수 있다. 하지만 내 생각에 악화되고 있는 지구의 조건은 인간의 자기 거버넌스라는 푸딩이 이미 상했다는 증거로 보인다. 인간의 행태를 규율하기 위한 시스템은 지구와 우리의 가정을 파괴로부터 보호하지 못하는데, 이는 그것이 시스템의 목적이 아니기 때문이다. 부적절한 자기 규율의 문제는 입법 개선의 차원에서 해결될 수 없다. 말하자면 문제는 단순히 더 효과적인 입법 개선이 필요하다는 데 있지 않다. 문제의 핵심은 법이란 것이 그 법의 바탕에 깔린, 결함을 가진 세계관을 정확히 표현한다는 데 있다. 우리의 법적·정치적 제도는 지구의 지속적 훼손을 영속화하고, 보호하며 정당화한다. 그리고 이것은 우연한 것이 아니라 기획된 것이다.

이 장에서 나는 지금의 세계 사회를 지배하는 문화의 법 시스템 배후에 놓인 법학을 간략히 언급하고, 위에서 말한 바를 예증하는 몇 가지 사례에 대해 논할 것이다.

증상

지배 사회의 거만하고 강박적인 인간 중심적 세계관은 어느 영역에서 보다 법에서 더 분명하게 드러난다. 법은 지구를 이용하고 향유할 모든 권리와 특권을 인간과 인간의 대리인(보통은 선택된 대리인의 범주)에게 부여한다. 법은 또한 지구의 다른 측면들(other aspects of Earth)과 지구에 사는 다른 창조물을 인간이 이용하는 객체의 지위로 축소시킨다. 전능한 국가들의 거창한 헌법은 인간권(圈)의 아치형 지붕을 이루며 인간권과 그 포부를 기술한다. 법은 다른 인간들과 이 행성 지구의 다른 공동 거주자, 그리고 지구 자체와 우리가 어떻게 관계를 맺는지를 규정한다. 법은 이를 따르지 않는 사람들을 처벌한다. 법은 종의 멸절뿐 아니라 우리를 지탱하고 있는 지구를 남용하고 존중하지 않는 태도를 정당화한다.

이 모든 것이 과장으로 들린다면, 현재 인간 사회를 지배하는 거의 모든 문화의 법 시스템에 해당하는 다음 내용을 살펴보자.

지구의 다른 측면은 권리가 없는 객체로 정의된다

동식물과 행성 지구의 거의 모든 다른 존재는 법적으로 말하면 인간 또는 회사와 같은 인위적인 '법인(juristic person)'이 가진 재산권의 객체이거나, 포획되거나 살해되는 순간 소유될 수 있는 객체다. 법이 살아 있는 창조물을 '존재'가 아닌 '사물'로 보는 한, 그것들이 권리의 주

> 우리 문화와 에스키모문화 간의 근본 차이—오늘날에도 어떤 상황에서 느낄 수 있는—는 우리 문화가 동물이 점유하는 세상으로부터 우리 자신을 되돌릴 수 없을 정도로 분리해왔다는 점이다. 우리는 모든 동물과 자연 세계의 요소를 객체로 변환시켰다. 우리 운명의 복잡한 목적에 봉사하게 하려고 그것들을 조작한다. 에스키모는 이러한 분리를 쉽게 이해하지 못하고, 동물 세계로부터 완전히 분리된 자신들을 상상하기를 어려워한다. 그들 가운데 많은 이들에게, 이러한 분리는 빛 또는 물에서 자신들을 단절시키는 것에 비길 수 있다. 어떻게 그렇게 할 수 있는지 상상하기는 어렵다. 서양문화 가운데 에스키모가 완전히 이해하는 데 가장 혼란스러워 하는 측면은 인간과 우리 공동체의 동물성원들과의 관계를 비(非)인격화하는 것이다.
> —베리 로페즈(Barry Lopez), 『북극의 꿈(Arctic Dreams)』

체(가령 보유자)가 될 수 있는 가능성은 전혀 고려될 수 없다. 이는 객체가 권리를 보유한다는 것은 법적으로 인식 불가능하다는 단순한 사실 때문이다. 달리 말하면, 세상의 대다수 법학은 토마스 베리가 표현한 바와 같이, "우주는 객체의 집합이 아니라 주체들의 친교"라는 점을 인정하지 않는다.1

오직 인간만을 존재로 인정하는 데 따른 또 다른 문제는 다른 생명 형태 또는 지구 자체의 성스럽거나 영적인 차원이 부정됨으로써 법의 시각에서는 그러한 것이 존재하지 않는다는 점이다.

법이 인정한 권리만이 법정에서 집행 가능하고, 이러한 권리는 인간 또는 회사와 같은 법인만이 보유할 수 있다. 법 시스템의 관점에서 보면 이는 지구상 수백만의 종이 법의 보호를 받을 자격을 갖지 못한 채 취급됨을 뜻한다. 법 시스템은 그들에게 관심을 갖지 않으며, 따라서 그들은 존재할 수 있거나 서식지를 가질 수 있는 내재적 권리를 갖는, 공동체나 사회의 한 부분이 아닌 것이다. 대부분의 나라들이 예컨대 국립공원 내 지정 보호종과 서식지를 보호하는 법을 두고 있다는 점을 보면 이는 과장된 말로 들릴 수 있다. 그러나 이러한 유형의 법률은 보통 인간이 아닌 것들에 권리를 주는 것은 아니고, 단지 인간들이 야생지역과 야생의 생명 존재를 계속적으로 향유할 수 있도록 보장하기 위해 단순히 인간 행동의 일정 양상을 제한하는 것일 뿐이다.

설령 법 시스템이 다른 종의 존재성을 인정하더라도, 우리는 그 존재들이 가질 수 있는 권리가 어떻게 주장되고 보호될 수 있겠냐는 어려운 문제를 해결해야 한다. 이것이 어려운 것은 사실이지만, 반드시 해결해야 한다. 집행될 수 없는 권리는 전혀 권리라 할 수 없기 때문이다(권리 문제에 관해서는 8장에서 상세히 논한다).

가공의 창조물이 지나치게 많은 권리를 가지는 반면 지나치게 적은 책임을 진다

21세기 세계에서 가공된 무형의 존재에게 사실상 지구의 모든 존재를 지배하고 착취할 수 있는, 거의 제어되지 않는 거대한 힘이 주어졌다. 회사와 같은 법인들은 감정, 양심, 가치, 윤리는 물론 지구 공동체의 다른 성원들과 친교를 나눌 능력을 갖고 있지 않다. 회사는 본성상 탐욕의 성향을 가진다. 회사와 회사에 고유한 구조를 창출한 법이 지구 자체 또는 그 거주자들에 미치는 장기적인 영향은 신경 쓰지 않은 채, 공격적으로 경쟁해 지구의 풍요로움을 이용하고, 그것을 가능한 한 신속히 소비할 것을 회사에 요구하고 있기 때문이다.

1970년대 국제적으로 운영되는 기업은 약 7,000개였으나, 2008

년에는 810,000개 국외의 계열회사를 가진 다국적 기업이 82,000개로 그 수가 폭증했다.² 기업은 세계 최대 경제 단위 100개 가운데 51개를 차지한다(나머지는 나라들이다).³ 상위 200위 기업들은 세계 경제 활동의 25퍼센트 이상을 차지하지만, 그들이 고용한 노동력은 고작 세계 노동력의 1퍼센트 미만이다. 기업은 단지 몇백 년 동안 활동한 것이 고작으로 그 존재의 지속은 우리의 법 시스템이 그것을 지속적으로 인정할지 여부에 달려 있음에도 오늘날 세계에서 기업은 규모, 재정 자원 그리고 영향력으로 말미암아 우리 마음속에 고대의 거인처럼 거의 신화적인 지위를 차지하고 있다.

우리는 법인이 오늘날 우리가 아는 것과 같은 엇비슷한 형태로 항상 존재해왔다고 가정하는 경향이 있지만, 사실 법인은 영국법 체제에서 '이익을 추구하지 않는 조직'으로 처음 구성됐다. 이러한 법인에는 교회, 학교, 대학, 그리고 나중에는 지방자치단체도 포함됐다. 당초 법인이 할 수 있는 것은 엄격하게 통제됐지만, 다니엘 베넷(Daniel Bennett)⁴이 기술한 바와 같이 영국(많은 다른 나라들에서와 같이)에서는 법인에 대한 공적 통제가 점차 약해져 지금은 그 통제가 거의 존재하지 않는 정도에 이르렀다.

영국에서는 왕실이 법인에 칙허장(勅許狀)을 수여해 1500년대 후반 동안 조합(associations)과 통상을 허용하기 시작했다. 1600년 동인도 회사에 칙허장을 수여해 '인도'에서 무역독점권을 부여했다. 동인도 회사는 정관상으로는 인가될 수 없는 불법적인 행위였음에도 지분을 만들어 주식 형태(stock)로 거래하며 회사 구성원을 위한 이익을 창출하기 시작했다. 다른 법인들도 이를 따랐고, 곧 새로운 상업 법인들이 칙허장과 의회의 법률에 의해 설립됐다. 이 모든 것은 이른바 '남해 거품 사건(South Sea Bubble)'[1]으로 거품이 터지면서 끝장났다. 1711년 설립된 동인도 회사는 에스파냐령 남아메리카 항구에서 무역독점권을 얻었다. 이 항구에 입항할 수 있는 권리가 결코 주어지지 않을 것이라는 사실이 분명해지자 설립자들은 그 나라에서 도망쳤고, 곧이어 주식 시장의 붕괴가 뒤따랐다. 정부는 1720년 '거품법(Bubble Act)'을 시행해 대응했는데, 당시 이 법은 국왕 폐하의 신민들에게 공통의 공분이나 나쁜 영향과 불편을 일으킬 수 있는 모든 상업적인 사업은 불법으로 무효라고 규정했다. 이 법은 또한 지분은 기업 내지 파트너십 운영에 진정하게 관여된 사람에게 매도되는 경우에 한해 합법으로 규정했다. 지분의 투기적 거래 또한 금지됐다. 1825년 이 법이 폐지되기까지 대부분 거래는 파트너십 방식으로 이뤄졌다. 다만 의회가 특별법을 제정해 한시적으로 운하 건설이나 수도사업(waterworks)과 같은 특별한 목적을 수행하는 기업의 설립은 허용했다.

베넷이 지적한 바와 같이, 1825년 이후 영국법 체제에서 법인에게 점점 더 광범한 권한이 주어진 반면 법인을 통제할 법원과 정부의 법

---

1 영국에서는 에스파냐계승전쟁 등으로 국채가 남발되어 정부는 그 이자지불에 시달렸는데, 토리당(黨) 정부의 재무상인 옥스퍼드 백작 등이 1711년에 남해회사를 설립, 국채 1,000만 파운드를 인수함으로써 재정 부담을 경감시키려고 했다. 그 대신 에스파냐령(領) 남아메리카 및 태평양제도(諸島)와의 무역독점권을 이 회사가 가지기로 했다. 1713년 위트레흐트조약으로 에스파냐령 식민지와의 노예무역권을 얻은 영국에서는 이 방면의 무역이 유리하다는 것이 크게 선전됐고, 또 1720년에는 국채 전액을 인수하기로 됐기 때문에 국민의 투기열을 부채질하게 돼, 100파운드의 주식이 1,000파운드 이상으로 호가됐다. 그러나 그 사업 내용이 부실한 것으로 판명되자, 주가는 폭락하고 파산자가 속출했다. 조사 결과, 정부고관의 독직행위(瀆職行爲)가 밝혀져, 회사간부의 재산이 몰수됐다. 이 사건으로 당시 영국의 경제계와 정계는 큰 혼란에 빠졌다.(네이버 지식백과, 두산백과 참조)

적 권한은 축소됐다. 당초 법인의 권한은 법인의 정관을 기초하고 승인한 왕실 또는 정부에 의해 그 범위가 한정됨으로써 법인의 권한 행사는 제한적이었다. 그러나 1844년에 제정된 주식회사법(Joint Stock Companies Act)은 회사에 권한을 줘 자신의 고유 목적을 설정할 수 있게 했고, 1855년에는 회사 채무에 대한 지분권자의 책임을 지분을 취득하기 위해 지출한 금액 범위 내로 제한하는 법이 통과됐다.5

1844년 주식회사법 제정 이후, 법인이 정관이 인가하지 않은 방식 또는 그러한 목적을 위해 행위하고자 하는 경우, 이는 그 법인이 가지고 있지 않은 권한의 행사를 의도하는 것이라고 법원이 판결함으로써 법인의 행위를 부분적으로 통제하고자 했다. 그 결과 법원은 법인의 행위가 위법하고 따라서 효력이 없다고 선언할 수 있었다[법적 용어로 이러한 행위는 권한 유월(ultra vires)이다]. 그러나 회사는 자신들의 활동 범위에 가해진 어떤 제한을 계속 무시하려 시도했고, 권한 유월의 법리는 이 법리를 원용할 수 있는 청구인적격자를 제한하는 일련의 사건에 의해 빛이 바랬다. 마침내 1966년 항소법원은 이사회가 정관에 의해 인가를 받았다면 회사의 권한 범위의 한계를 스스로 정할 수 있다고 인정했다.6 마침내 1989년 회사법(The Companies Act 1989)은 회사가 모든 상업적 활동을 포괄할 수 있도록 자신의 목적을 규정할 수 있도록 허용해 회사의 어떤 행위가 회사의 설립 목적에 부합하지 않다는 이유로 제소당하지 않도록 보장해줌으로써 이러한 보잘것없는 청구인적격자 요건마저도 무용지물로 만들었다.7

법인에 관여하는 것은 실제 사람이다. 그러나 법은 이러한 인위적인 '법인(법적사람)'에 투자하고 경영하는 사람들이 법인이 그들을 대신해 행한 조치들에 대한 형사적, 재정적, 사회적 그리고 도덕적 책임을 회피하는 방식으로 법안을 조직화하는 것을 허용했다. 법인에 관여하는 이들이 '법인의 장막' 뒤에 숨을 권리를 인정한 법원은 회사 이름으로 행해진 행위를 배후에서 조종한 사람에게 책임을 지우기 위해 검토돼야 할, 즉 회사가 곧 사람이라는 허구를 검토할 준비가 거의 되지 않았다. 상장 회사의 지분권자가 대부분 (사람이 투자한) 회사 자체라는 사실 때문에 책임을 지려는 모습은 찾아보기 어려웠다. 대부분 사건에서 개별 투자자는 자신들이 투자한 회사가 환경적으로, 또 사회적으로 어떤 책임을 지는지는 알지도, 신경 쓰지도 않았다. 법인의 이름으로 행해진 행위에 대해 개인이 책임을 지지 않는 것은 실제로 회사를 경영하는 사람들에게도 마찬가지다. 대부분 이사와 관리인들은 법과 '경영 윤리'가 자신들에게 명하는 최우선적인 사항은 주주들에게 재정적 보상을 극대화하는 것이라고 가정하고 행동한다. 그 결과 우리는 지금 법인에 관여한 사람들의 절대 다수가, 그들이 투자자이든 관리인이든 피고용인이든 아니면 고객이든, 법인의 이름으로 행해진 파괴적 행위에 어떠한 개인적 책임도 느끼지 않는 상황에 놓여 있다.

　지금 우리는 법인을 살펴보면서, 이러한 사회 조직 형태가 여전히 사람과 지구의 이익에 부합하는지를 물어야 한다. 즉 법인이 일으키는 사회적·환경적 파괴 정도가, 그것이 산출하는 것으로 추정되는 이익에 견줘, 특히 그 이익이 오로지 몇몇 소수에게 축적되는 상황에도, 감내할 가치가 있는 것인지를 말이다. 그렇지 않다고 한다면, 우리는 법인의 거대한 로비력에도 불구하고, 그것에 대해 무엇인가를 해야 한다. 인간 존재는 법을 사용해 기업을 창출했고, 우리는 법을 사용해 그것을 교정하거나 폐지할 수 있다. 예컨대, 법인의 어떤 사업이 생태적 해악을 일으킨 경우, 관련 개인과 회사 양자가 비용과 상관없이 그 해악을 교정해야 한다고 명하는 유효한 법 메커니즘이 있다면, 그들은 자신들이 실질적으로 일으킨 환경적 해악을 줄이고자 분명히 노력할 것이다.

지구 위 생명의 절멸은 합법적이다

우리가 집단학살(genocide)을 인류에 반하는 범죄로 불법화한 것은 잘한 일이다. 그러한 반인륜적 범죄는 세계 어디에서든—설령 그것이 발생한 나라의 법에서는 합법적이라 하더라도—범죄로 기소될 수 있다. 그러나 다른 종 내지 살아 있는 시스템을 절멸하는 것은 어떠한가? 몇몇 예외 사례를 제외하고 가장 위험하고 해로운 인간 존재의 행위, 다른 생명 형태 또는 심지어 지구 생명부양체계를 살해하거나 절멸을 위협하는 행위는 범죄로 인정되지 않는다. '생물학살(biocide)' 또는 '생태학살(ecocide)'이라 부를 수 있는 행위를 금지하는 나라는 하나도 없다. 사실, 지금 시대에서 지구 상에서 가장 강력한 인간 사회는 생명이 의지하는 기후체계를 계속해 파괴하는 권리를, 어떤 제한도 받지 않은 채 계속 누리길 바란다.

게다가 상당수 거버넌스 시스템은 더 빠른 시간 내에 지구 착취를 가능하게 하는 기술 개발에 경제적 유인을 제공함으로써 생명을 위협하는 행동을 장려하기까지 한다. 나아가 인간과 그 밖의 생명 형태의 유전자 부호화를 바꾸는 기술을 개발하고 사용하는 것을 장려하기도 한다. 막대한 양의 공적 자금을 쏟아부어 대량 살상 무기를 개발하고 있다. 그 무기가 사용된다면 회복 불가능한 대규모 환경 손상을 일으킬 수 있는데도 말이다.

사법 시스템은 관계를 회복시키기보다 오히려 약화시키는 경향이 있다

현대 대부분 나라에서 '사법 시스템'이라는 이름으로 불리는 제도는 사실 국가가 범죄 희생자를 대신해 보복을 가하는 것을 뜻한다. 그럼으로써 피해자들이 자경(自警)주의에 기대지 않고 사회의 안정성을 해치지 않도록 하는 것이다. 대부분의 경우 이런 시스템은 범죄를 일으킨 개인을 공동체로부터 더욱 소외시키고, 나아가 때때로 범죄자를 더 악하게 만드는 값비싼 수단이 되기도 한다.

반면 공동체의 건강에 높은 가치를 부여하는 관습법적 시스템은 범죄와 사회 갈등을 공동체(이는 사망자, 동물 그리고 신을 포함할 수 있다)를 창출하는 사회적 유대관계가 깨진 증상으로 본다. 따라서 관습법적 시스템에서는 처벌을 부과하기보다는 우선 손상된 관계의 질 회복에 중점을 둔다. 전형적으로 이러한 '회복적 정의(restorative justice)'는 모든 관련자를 포함하는 중재와 토론의 과정을 거쳐 이뤄진다. 잘못한 자는 피해 당사자(이는 신을 포함할 수 있다)에게 배상하고, 사회적 유대관계를 다시 구축해야 한다.

최근 남아프리카공화국에서 아파르트헤이트 범죄를 조사한 평화화해위원회(Peace and Reconciliation Commission)는 노벨평화상 수상자인 데스몬드 투투(Desmond Tutu) 대주교의 지도 아래 이러한 회복적 정의 접근법을 채택했다. 또한 몇몇 나라에서 청소년 범법자를 다루는 데 이 접근법을 시도한 사례가 있다.

응보적 형태의 정의(retributive form of justice)가 부적절하다는 것은 지구 공동체에 파괴적인 인간의 행동을 다루는 데서도 분명하다. 환경에 해악을 가한 기업과 개인에게 벌금을 부과하는 것이 행위 억제 효과를 가질 수는 있더라도, 이것이 관련 생태 공동체 내에서 손상된 어떤 관계성을 회복시키는 것은 아니기 때문이다.

우리의 법은 더 넓은 맥락 내에 존재한다는 것을 부인한다

법의 원천은 전적으로 인간이다. 일부 법체계가 성스러운 것으로부터 영감을 받았다고 주장하더라도, 모든 것의 현실적 목적은 인간이라는 텍스트에 기초하고 있다. 국제법 차원에서조차 인간의 법이 '우주'의 법 또는 '자연'의 법이라는 더 넓은 맥락을 고려해야 할 어떤 필요성도 인정하고 있지 않다. 그리하여 정교한 거버넌스 구조를 가진 EU조차 어류자원량이 지탱할 수 있는 것보다 더 많은 어획가능쿼터를 매년 할당한다. 그렇게 하지 않도록 조언을 할 많은 과학자들이 있지만, 인간 거버넌스 시스템은 자연의 단호한 규칙에 복종하려 하지 않는다. 브뤼셀(EU 본부 소재지—옮긴이)에서 나오는 어떠한 준칙(directive)도 상업적 어획이 현실적으로 더 이상 가능하지 않은 수준에 이를 정도로 어족량을 감소시키고 있는 지속적인 남획의 현실을 바로잡을 수 없다. 자연의 법을 위반한 행위에 대한 처벌은 양형 거래의 대상이 될 수 없고, 로비로도 파기할 수 없다.

우리는 행성 지구의 리듬에 따라 사는 방법을 잊었다. 그뿐 아니라 그렇게 사는 것이 한때 인간규제체계의 주된 목적이었다는 점도 아울러 잊었다. 모든 인간 공동체는 한때 공동체 성원들이 더 넓은 생태 공동체의 요구에 맞춰 살아가기 위해 스스로를 규제했다. 이는 인간 사회의 건강을 위해서도 필요한 것이었다. 자신들이 사는 곳과의 상호 증진적 관계의 유지를 우선하는 원주민들의 관습법과 관행이 여전히 존재하지만, 불행하게도 지배 문화의 거버넌스 시스템에는 거의 영향을 미치지 못하고 있다.

'자연법'의 종말

로스쿨에서 나는 법철학을 공부했다. 거기서 우리는 폭 넓은 이론을 다뤘고, '정의'와 '권리'와 같은 개념에 관해 토론했다. 심지어 '자연법(natural law)'의 쟁점도 다뤘다. 자연법은 실제 인간이 만든 법이 도덕적 구속력을 가지는지 아닌지를 결정하는 잣대로 사용될 수 있는 관념으로, 이성에 의해 발견할 수 있는, 불변하는 '상위의' 보편법적 양식이 존재한다는, 흥미롭지만 다소 시대에 뒤떨어진 관념으로 취급되고 있었다. 달리 말하면, 자연법 법률가들은 좋은 법은 모든 인간(또는 최소한 '문명화된' 인간)들이 공유하는, 옳고 그름에 관한 내재적 감정에 기초한다고 믿었다. 이 개념의 고전적 의미에 대해서는 기원전 1세기 로마 스토아 철학자 키케로가 상세히 설명한 이후 도미니코 법학자 성 토마스 아퀴나스(1225~1274)가 그리스도교의 문맥 내에서, 그 후 위대한 로마-네덜란드 법학자 그로티우스(1583~1645)와 푸펜도르프(1632~1694)가 좀 더 세속적인 문맥에서 이를 발전시켰다.

유럽의 법적 사고에서, 법철학과 법 자체는 자연법 원칙에 따라 형성돼야 한다는 생각은 수 세기 동안 널리 받아들여졌다. 그러나 18세기를 거치며 이러한 생각은 점차 통용력을 상실해 19세기에는 대체로 폐기됐다. 그러나 이런 사고의 흔적은 여전히 유럽의 법적 시스템과 이에 기초한 시스템에서 발견된다. 예컨대, 수많은 나라의 행정법 영역에서 개인 또는 공적 기능을 수행하는 기구는 어떤 결정을 내리기에 앞서

> 진정한 법은 자연과의 일치 속에 있는 바른 이성이다. 이는 보편적으로 적용되는, 불변한 채 영구 지속한다. 그것이 명함으로써 의무에로 소환되고 (의무를 지게 되고―옮긴이), 그것이 금지함으로써 잘못을 피하게 된다. 그것은 자신의 명령 내지 금지가 그 어느 것도 사악한 자에게 어떠한 영향을 발휘하지 않더라도, 선한 자에게 헛되이 이를 부과하지 않는다. 이 법을 변경하려는 시도는 죄다. 그것의 어떤 부분도 취소하는 것이 허용될 수 없다. 그것을 전적으로 폐지하는 것도 불가능하다.
> 원로원 내지 대중에 의해서도 우리는 그 의무로부터 자유로울 수 없다. 그것의 해설 내지 해석을 위해 우리 자신의 외부를 고찰할 필요가 없다. 로마에서 그리고 아테네에서 다른 법이 있지 않을 것이고, 지금과 미래에 다른 법이 있지 않을 것이다. 하나의 영원하고 불변하는 법은 모든 나라에서 모든 시대에 걸쳐 유효타당할 것이고, 하나의 지배자요 규율자가 있는데 바로 우리 모두를 넘어선 신이다. 그는 이 법의 제정자요, 공포자이며, 집행하는 판사이기 때문이다.
> ―키케로, 『공화국』iii, xxii, 33 (해리스에서 인용(1997) p.8

사안의 양쪽 당사자를 불러 심리한다는 것과 같은 어떤 기본이 되는 기준에 따라야 할 것이 요구된다. 이 같은 요건은 때때로 '자연적 정의'의 한 측면으로 언급되기도 한다.

이러한 자연법 철학의 영향력 상실은 일차적으로 두 사상학파에 의해 촉발됐다. 첫 번째 사상학파는 '비인지주의(noncognitivism)'로, 보통 스코틀랜드 철학자 데이비드 흄(1711~1776)의 작품과 연계된다. 1739년 첫 출간된 『인간 본성론(Treatise of Human Nature)』에서 흄은 우리가 세계의 기능 또는 인간 본성에 관해 제아무리 많이 알고 있더라도(가령 그것은 '무엇인지'), 우리는 논리적으로도, 도덕적으로도 옳고 그른 것(가령 무엇이 '행해져야 하는지')을 추론할 수 없다고 지적했다. 달리 말하면, 자연법의 찬성자를 포함해 그 시대의 도덕철학자들이 그렇게 하는 경향이 있다 하더라도, 도덕적 결론(가령 가치와 관련한)은 두 가지 사실적 진술로부터 추론될 수 없다는 것이다. 예를 들면, '모든 포유동물은 섹스를 해 출산을 한다'는 대전제와 '인간은 포유동물이다'는 소전제로 출발하는 경우 논리적으로 '인간은 섹스를 해 출산을 한다'는 결론에 도달할 수 있다. 그러나 이러한 전제들은 '인간은 오직 섹스를 해 출산하여야 한다'는 결론을 지지하지 않는다.

흄이 보여준 것은, 자연법의 내용을 정립하기 위해 수많은 철학자와 법학자들이 생명, 사회 그리고 인간 본성을 관찰했지만, 그것이 법이 말해야야 하는 것, 특히 미래에 대해 말해야 하는 것에 관한 결론을 위한 논리적 기초를 제공하지 않는다는 것이다. 상당수 법학자들은 흄의 관찰에 따른 논평이 자연법의 기초를 파괴했다고 생각한다. 그러나 반드시 그렇지는 않다. 해리스(Harris)가 지적한 바와 같이, 만약 이 삼

단논법적 추론 논증이 어떤 것을 증명하는 유일한 방법이라고 한다면, 우리는 태양이 과거에 떴다는 이유만으로 내일도 뜰 것이라고 논리적으로 증명할 수는 없다. 그러나 우리가 (사실적 진술이 아니라—옮긴이) 가치 판단(가령 '해야 한다'는 진술)을 포함한 어떤 진술에서 출발한다면, 우리는 또 다른('해야 한다'는) 진술을 논리적으로 추론할 수 있다.8

자연법 개념을 공격한 두 번째 사상학파는 보통 '법실증주의'라고 언급되는 학파다. 이 학파의 지지자들은 법은 본질적으로 도덕적 내용을 담고 있지 않다고 하며(가령 법이 무엇을 말해야 하느냐는 물음은 의미 없다), 무엇이 법인지는 전형적으로 법률과 판결 그리고 관행을 참고해 경험적으로 결정될 수 있다고 주장한다.

좀 더 실용적인 차원에서 자연법적 접근법이 통용력을 상실한 이유를 찾자면, 그 가운데 하나는 사회의 다양한 이익집단들이 자신의 신념은 '자연에 부합한다(natural)'고 주장하면서, '자연에 부합하지 않는다(unnatural)'고 강력하게 비난받는, 경쟁하는 다른 신념보다 본질적으로 우월하다고 주장하는 경향이 강해졌기 때문이다. 분명히, 수 세기 동안 사회에서 무엇이 범죄로 다뤄졌는지, 또 무엇이 금지됐는지를 고찰해본다면, 실증주의 법철학자들이 '범죄'라는 것은 그것이 무엇이든 간에 국가의 정치메커니즘의 통제 아래 있는 사람들이 '범죄라고 규정하는 것'이라고 결론짓는 이유를 쉽게 이해할 수 있다. 오늘날, 과거 수많은 법학자들이 제시한 관념, 즉 본질적으로 악하거나 그른, 따라서 보편적으로 범죄라고 인정되는 어떤 행위가 있다는 관념을 지지할 법학자들은 거의 없다. 심지어 살인 행위조차 그것이 법적으로 변호될 수 있고, 따라서 살인에 해당되지 않는 그런 상황이 있을 수 있음을 고려한다면 매우 상대적인 개념이다. 예컨대, 폭력을 남용하는 남편의 아내가 저지른 우발적 살해도 살인이라고 볼 수 있고, 반면에 전쟁 또는 정부의 정책 결정의 결과로 일어난 수십억의 고의적 살해는 살인이 아니고, 오히려 칭찬받은 만한 것으로 여겨질 수도 있는 것이다.

나아가 살아 있는 것을 고의적으로 죽이는 행위라도 피살자가 법이 인정하는 주체라야만 살인(가령 범죄)으로 간주된다. 법적으로 말한다면, 소유되는 모든 것은 객체지 주체가 아니다. 따라서 예컨대 소유 대상(객체)에 불과한 노예를 죽이더라도 로마법에서는 살인이 아니고 따라서 범죄가 아니다. 다만 누군가의 소유에 속하는 노예가 죽임을 당했다면 그 노예의 소유자는 재산 상실에 대한 보상을 받을 권리가 있을 뿐이다. 마찬가지로 오늘날에도 법적으로 말하면 동물 또는 숲을 살해한다는 것은 법적으로 가능하지 않다. 죽어간 동물 또는 숲이 아무리 많더라도, 혹은 아무리 잔혹하게 학대당했더라도 말이다. 최악의 경우는 동물학대법 위반이 되거나(아마도 이는 주로 인간의 감정을 보호하려는 의도를 가지고 있다), 환경영향평가를 수행하지 않았다는 등 규제 절차를 준수하지 않았음을 이유로 처벌받을 뿐이다.

더 최근에는 자연법의 최소 내용의 승인을 주장한 하트(H. L. A Hart, 1997~1992)와 같은 저명한 법학자들이 자연법 개념을 지시하고 있는데, 이들은 자연법을 최소한으로나마 인정한다. 자연법은 특히『자연법과 자연적 권리(Natural Law and Natural Rights)』(1980)의 저자 존 피니스(John Finnis)와 같은 학자들에 의한 (자연법) 사상의 재해석을 통해 제한적이지만 부활하고 있다. 그러나 이러한 새로운 자연법 해석조차도 여전히 확고하게 인간중심주의적이다. 예컨대, 피니스는

'정의'는 한 공동체 성원들이 기본적 가치와 그 밖에 다른 합당한 목적의 성취를 가능하게 하는 데 필요한 조건들을 실행함으로써 '공동선'을 키워가는 것이라고 주장한다. 그러나 여기서의 '공동체'는 어디까지나 인간 공동체에 머문다. 나아가 그는 사적 소유권이 '공동체 내 개인의 자율성'을 증진한다는 근거에서 소유권을 정당화하고 있는데, 이는 공적 기관이 자원을 배분하는 경우보다 개인에게 맡겨뒀을 때 더 많은 자원이 개발될 수 있다는 견해에 근거하고 있다. 우리가 준거점을 (서양) 사회에서 개인을 위한 선이라고 여기는 것으로부터 지구를 위한 선이라고 여기는 것으로 전환한다면 매우 다른 결론으로 이어질 것임은 분명하다.

지구법학의 관점에서 보면, 지금의 자연법 개념이 가진 본질적으로 인간중심주의적 색채는 자연법 개념을 둘러싸고 전개되는 논쟁을 다소 인위적인 것으로 만든다. 그럼에도 불구하고, 하나의 사고로서 자연법의 역사는 최소한 두 가지 이유에서 유익하다고 본다. 첫째, 자연법의 역사를 통해 경험적 사실 또는 엄격한 논리에 근거해 쉽사리 방어될 수 없는 개념이라면 현행 권력구조에 기득권을 가진 사람들로부터 매우 심하게 공격받을 것이라는 점을 알 수 있다. 둘째, 자연법의 역사를 통해 어떤 상황에서 인간이 어떻게 행동해야 할지와 관련해 안이하거나 이데올로기적으로 경도된 일반 명제화에 빠지지 않도록 주의해야 한다는 것이다. 다른 한편, 자연법의 역사는 지혜를 추구하면서 형식 논리('비인지주의'의 경우—옮긴이)와 과학적 방법('실증주의'의 경우—옮긴이)에 사실상 배타적으로 의존하는 데 따른 한계 또한 드러냈다.

자연의 법

우리가 법학 수업에서 토의하지 않은 주제 가운데 하나는 자연의 법(The laws of nature)이다. 우리가 잘 알고 있듯이 법률가의 세계에서 자연의 법이란 존재하지 않는다. 그것은 지독히 부정확한 만화 캐리커처처럼 대중의 상상 속에 등장한다. 우리는 '정글의 법칙', '죽이느냐 또는 죽느냐' 그리고 '적자생존(적자는 특정 시대에 가장 강하거나 약삭빠른 사람 또는 동물로 잘못 인식된)'과 같은 용어에 익숙하다. 일반적으로 이런 말들은 인간 관념이 자연 세계를 부정확하게 투사한 것이다.

우리는 자연의 법을 동식물의 삶을 규율하는, 그러나 자명하게도 현대 인간 존재와 관련성은 거의 없는 물리적 세계의 측면으로 여기기도 한다. 달리 말하면, 우리가 '자연의 법'이라는 용어를 진지하게 사용하더라도, 이를 '실재하는 법'으로 인식하는 게 아니라 우주의 기능을 기술하는, 인간 세상과는 거의 관련 없는 원칙으로 인식하는 것이다.

그리하여 우리의 세속적 법철학은 인간 사회 밖에 놓여 있는 어떤 규칙과 규범 또는 고려 사항을 고려해야 할 필요성을 거의 일관되게 부정한다. 법은 전적으로 유리와 같이 깨지기 쉬운 '인간권' 내에서 만들어진다. 어느 시기나 성문법의 내용에서 중요한 것은 인간 공동체의 법적 확신이다. 언뜻 보기에 이는 전적으로 불합리한 것만은 아니라고 생각될 수 있다. 결국 인간의 법은 인간들이 썼고, 오직 인간에 적용될 것으로 의도된 것이다—가장 지적인 돌고래에조차 홀즈베리(Halsbury)의 일련의 영국법(Laws of England)이 무슨 소용 있을까? 모든 사회적 동물은 자신의 규칙을 가지고 위반자를 처벌한다— 사냥한

2부 우리가 아는 세계 **125**

동물을 먹는 사자들의 서열상 자존심 또는 침팬지의 복잡한 사회구조를 보라. 우리의 법은 좀 더 복잡한 판본(version) 정도가 아닌가. 우리가 인간의 법 또는 인권을 발전시켜 왔다는 것 자체가 문제는 아니다. 문제는 오히려 우리 법 시스템이 지구 시스템 내에 존재하고 있음을 우리가 더 이상 인식하지 못하고, 그 결과 우리 법 시스템과 지구 시스템 간의 어떠한 연결성 또는 연속성에 대한 필요를 못 보고 있다는 것이다.

이러한 기만을 그처럼 치명적이게 만든 것은 바로 진화과정에서 인간 종이 엄청난 능력을 부여받았다는 점에 있다. 우리는 창의성과 의식과 같은 보편적 특성을 영광되게 표현할 수 있지만 또한 해악을 끼칠 수도 있는 막대한 능력을 가지고 있다. 침팬지집단이 자신들의 서식지를 파괴하는 일탈적인 사회적 관행을 지속하더라도 이것이 다른 종들에게 중대한 영향을 미치지는 않고, 다만 장기적으로 침팬지의 절멸이라는 결과를 초래할 뿐이다. 그러나 우리의 능력은 환경을 통제할 수 있을 만큼 크다. 이 말은 우리 종이 진화적 운명(=절멸)을 겪기 전에 지구의 생명부양체계를 파괴할 수도 있음을 의미한다. 인간이 지구 시스템에 미치는 영향이 이 세기 동안 현재와 같은 수준으로 지속된다면, 2100년까지(가령 우리 아들 일부와 우리 손자들이 사는 동안) 현재 살아 있는 종의 3분의 1이 멸종할 것으로 예측되고 있다.[9]

치유하는 법

지배적인 인간 사회의 거버넌스 시스템이 위험할 정도로 제대로 기능을 하고 있지 못한 상태라는 것은 인간을 제외한 나머지 지구 공동체 성원들에게도 명백하다. 반면 우리 거버넌스 시스템이 우리도 좌절하게 하고 있다는 것을 많은 인간들이 모르고 있다. 우리 사회가 전체 건강을 위협하는 인간의 행위를 인지하고 이를 멈추는 데 계속 실패하는 한, 이러한 행위는 지속적으로 급증할 것이다. 조만간 우리는 재앙의 결과로 고통을 겪거나(지구 공동체의 나머지와 함께) 아니면 우리 자신을 규제하는 방법에서 매우 실질적인 변화를 일궈낼 것이다. 문제는 우리 사회가 선결적인 탈바꿈(=의식 전환―옮긴이)을 충분히, 그리고 신속하게 경험할 수 있을 것인가 하는 점이다. 거대한 숲, 고래의 산호초 그리고 수많은 희귀하고도 정교한 생명 공동체의 관점에서 보면, 이 물음에 대한 대답은 '아니오'일 것이다. 그러면 숲이나 산호초 등은 인간 행동에서 어떤 중대한 변화가 있기 전에 벌써 영원히 사라질 것이다. 우리 종과 수많은 다른 종들에게 이러한 물음에 대한 대답은 다음 두 세대의 생활기간 동안 판가름 날 것이다.

병폐의 증상을 인식하는 것이 치유의 첫 단계다. 질병의 기본 성격을 진단하고, 단순히 증상 치료 이상의 치료가 필요함을 자각하고 인정하는 것이 두 번째 단계다. 그러나 치유가 되려면 건강이란 어떤 것인지를 이해하고 건강의 조건을 회복하는 실천이 따라야 한다. 3부(6장에서 9장까지)에서 다시 한 번 건강한 인간의 역할을 어떻게 식별할 수 있는지, 이 역할을 지지하는 거버넌스 시스템의 특성이 어떠한 것인지를 논하고자 한다. 4부(10장에서 14장까지)에서는 현행 거버넌스 시스템을 '지구 거버넌스' 시스템으로 전환하려면 무엇을 할 수 있는지를 논한다. 5부(15장)에서 인간 사회와 거버넌스 시스템의 긴급한 전환을 위한 주장을 검토하고, 후기에서 지금까지 이뤄진 진전을 기록하면서 향후 나아갈 방법을 검토한다.

| 3부 |

지구 거버넌스

우리의 생태적 자아는 타인에 대한 윤리적 책임으로써
명료하게 경험되는 행성 지구에 대한 윤리적 책임감으로 성숙한다.
그것은 그 책임을 사회적 관계와 정치적 결정의 직물로 짜 엮으려 한다.
― 시어도어 로작(Theodore Roszax)

6장
위대한 법의 존중

산

창밖에 펼치진 테이블 산(The Table Mountain)은 늘 그러한 대로 조용하다. 몇 줄기 길고 흰 구름은 회색 바위투성이 표면에 걸쳐 잔잔하게 떠다니고 있다. 산 너머 바다로 해가 지면서 찬란하게 아름다운 한 줄기 빛으로 가득하고, 천천히 소용돌이치는 구름의 갈기는 더욱 빛났다. 청명한 저녁은 시원하고, 구름은 숲으로 뒤덮인 산비탈 쪽으로 떠내려가면서 더욱 푸르고 두터워 보인다. 부드럽게 이동하는 안개로 가득한 산은 갑자기 시야에서 사라진다.

땅거미가 내려앉자 숲과 안개조차 시야에서 사라진다. 산을 더 이상 볼 수 없지만, 산이 거기에 그대로 있다는 것을 나는 안다. 내가 산을 찾으려 한다면 찾을 수 있을 것이다. 산비탈을 오를 때 심장 박동이 빨라짐으로써 나는 산을 알 수 있다. 깎아지른 산은 내 근육을 팽창시킬 것이고, 산의 아름다움은 내 영혼을 뒤흔들 것이다. 준비되지 않았거나 부주의한 도보 여행자가 산 정상에서 갑작스런 안개를 만나 위험을 알아차리는 것처럼, 산은 우리가 존중해야 하는 물리적 실체를 가지고 있다.

그러나 이성적 사고만으로 산의 물리적 실재와 어떤 관계를 가지려 하면, 그것을 포착하기가 더 어려워진다. 그것은 어디에서 시작되고 또 어디에서 끝나는 것일까? 산은 무엇이고 그 범위는 어디까지일까? 산의 실재는 무엇으로 형성됐을까? 구름과 숲과 계곡은 그것의 일부일까? 그것은 나에게 무엇이고, 나는 그것에 무엇일까? 그것은 경외의 대상일까? 나에게 영감을 주는 여신 뮤즈일까? 아니면 단순히 보기 좋은 형태로 쌓인 사암(沙巖)과 화강암 더미일까? 나는 혼란 속에 사전적 정의('지구 표면의 커다란 자연적 융기')가 주는 편안한 추상 속으로, 우리 지역의 지도에 촘촘하게 가득 그려진 등고선으로 도망쳤다. 내 주변의 미시 기후와 내 머릿속에서의 의미 그리고 내 마음속에서의 기쁨을 공동 창조하는 데 산은 자신의 역할을 수행하며 언제까지나 지금과 같이 남아 있을 것이다.

위대한 법학과 지구법학의 구분

내가 산의 일부가 아니듯이, 산 또한 내 일부가 아니다. 우리는 서로 구분된다. 그러나 둘 다 같은 지구의 일부다. 동일한 아원자적 입자와 에너지가 우리에게 흐른다. 전체 안에서 구분된 채 있으면서도 전체의 일부가 된다는 것의 특성은 지구법학을 이해하는 데도 그대로 적용된다. 왜냐하면 지구법학에도 서로 다른 측면이 있기 때문이다. 한 측면에는 우주의 기능 방식을 규율하는 '법' 또는 원칙이 있다. 우주의 기능은 모두 같은 원천을 가진다는 의미에서 영원하고 통합되어 있다. 이 '위대한 법학(Great Jurisprudence)'은 우주 자체 안에서 분명히 드러난다. 예컨대, 중력 현상은 행성들의 정렬 속에서, 식물의 성장에서, 그리고 낮과 밤의 순환에서 표현된다. 모든 것은 현존하는 이러한 '법'의 드러남이다.

> 인간은 땅으로부터 자신의 법을 취한다. 땅은 하늘로부터 자신의 법을 취한다. 하늘은 도(道)로부터 자신의 법을 취한다. 도의 법은 있는 그대로의 그러함이다.
> – 『Tao The King(도덕경)』, 제25장.
> (참고로 이 부분 원문은 다음과 같다. 人法地 地法天 天法道 道法自然. 여기서 法은 본받다로 새긴다. 또한 자연이란 보통 말하는 자연 현상이라기보다는, 억지로 지어내는 행위가 아닌, "있는 그대로, 저절로 그러한 것" 즉 무위성(無爲性)을 자연으로 새긴다―옮긴이)

다른 측면으로, '지구법학은' 자신의 기원인 '위대한 법학'에 부합하기 위해 인간이 발전시킨 법철학을 지칭한다. 서술의 명료함을 위해 이 책에서는 '지구법학'을 이러한 좁은 의미로 사용하겠다. 그러나 진정한 지구법학은 '위대한 법학' 안에 깃들어 있으면서, 그것의 확장이어야 한다는 점을 인식하는 것이 중요하다. 양자는 그러므로 분리된 것들로 이해하기보다는 같은 패턴의 다른 측면으로 이해하는 것이 더 낫다.

위대한 법학의 본성

위대한 법학은 산과 같다. 그것은 있는 그대로의 그것이고, 그것의 묘사는 추상적 근사(近似)에 불과하다. 그것은 옳지도 그르지도 않고, 모든 것이 보편적 전체의 일부인 덕분에 모든 것 속에 내재하고 있다. 이러한 의미에서 위대한 법학은 우주를 규율하는 규칙 또는 원칙이라기보다는 우주의 어떤 특질로 이해하는 편이 더 낫다. 그것은 규칙 또는 원칙과 달리, 어떤 결론에 이르기 위해 적용되는 것이 아니다. 위대한 법학의 현존, 그리고 그 작동은 자연 세계의 현상 속에서 관찰될 수 있다. 그것은 설계 한도(design parameters) 같은 것으로 이해할 수 있다. 그 한도 내에서 우리는 인간 종을 위한 지구법학을 작업한다. 우리 종을 위한 실행 가능한 지구법학을 발전시키기 위해 위대한 법학의 안내를 받아야 한다면, 우리는 먼저 위대한 법학의 성격과 내용을 식별하는 데서 출발할 필요가 있다. 자연 세계(가령 그렇게 돼야 하는 것으로 우주의 기능 작용)는 우주의 핵심 본질에 이르는 데 최상의 안내자다. 지구법학을 재발견하여 우리 시대에 적합한 형태로 발전시키려면 반드시 우주의 근본 법칙과 원리에 대한 고찰에서 출발해야 한다. 왜냐하면 그것이 그 안에 인간의 법적 틀이 존재하는 궁극의 틀을 제공하기 때문이다. 실천적 목적에서 보면 이는 지구 위에서 자연 세계의 기능 작용에 대한 이해를 의미한다. 우리 자신을 더 넓은 지구 공동체로 다시 통합하려고 시도하는 과정에서 우리 발아래 땅이자, 우리와 더불어 공진화하는 것들의 뿌리와 발톱, 지느러미 그리고 촉수 아래 땅이 우리를 하나로 묶어주는 공통 지반이라는 점을 기억하는 것이 도움이 될 것이다. 그것은 우리의 공동의 집이고, 우리를 형성하는 재료이며, 또한 우리를 지탱하는 자양물을 제공한다.

인간 본성과 위대한 법학

특히 최근 수십 년 간 과학 공동체가 수집한 경험적 지식은 우주의 기능에 대한 귀중한 통찰을 제공한다. 그러나 나는 이성적 분석이 유용한 정보와 통찰에 이르는 유일한 방법이라고는 생각하지 않는다. 위대한 법학은 우주의 모든 측면 '안에 쓰여' 있다. 우리 종에 관한 모든 것, 뇌 크기에서부터 치아 형태, 미감과 색채감은 우주와의 상호작용, 그리고 공진화의 친밀함 속에서 함께 춤을 춘 동식물과 미생물과의 상호작용에 의해 형성됐다. 어떤 것이 달라졌다면—아마도 중력—우리도 달라졌을 것이다. 그러므로 어떤 의미에서 위대한 법학은 또한 우리 신체의 뼈와 근육, 힘줄, 그리고 사고의 패턴 안에 쓰여 있다.

우리 인간은 우주의 일부이므로 우리가 자연과의 공감 그리고 자기성찰을 통해 위대한 법학의 원칙을 이해할 수 있다고 해야 논리적으로 맞다. 달리 말하면, 4장에서 논의된 '자연법'에 대한 고전적 이해와 달리, '이성(최소한 이 용어의 좁은 의미에서)'의 사용 말고도 위대한 법학을 발견하는 다른 길이 있다. 지구법학의 발달에서 인간 존재 본성과 그 본성의 더 넓은 우주와의 유대를 고려하는 것이 중요하다. 지구법학과 위대한 법학 긴의 관계는 인간 본성과 자연 간의 관계와 같다.

위대한 법학의 특질

그러면 위대한 법학의 주된 특질은 무엇일까? 『우주 이야기(The Universe Story)』에서 브라이언 스윔과 토마스 베리는 우주 창조 원칙(Cosmogenetic Principle)을 언급하고 있는데, 우주의 모든 부분과 차원의 진화는 세 가지 특질 또는 주제로 특징지어질 수 있다고 상정한다. 분화(differentiation), 자기조직화(autopoiesis, 문자 그대로 'self-making'을 의미한다) 그리고 친교(communion)가 그것이다.1 저자들은 우주의 이러한 특성은 어떤 이론에서 연역된 것이 아니라 우주의 고찰에서 도출됐음을 지적한다. 따라서 우주에 대한 우리의 지식과 이해가 증가하면 그 특질에 대한 우리의 이해도 깊어질 수 있다.

위 용어들을 간단하게 정의할 수는 없지만, 이 책을 쓰는 목적 범위 내에서 간략히 정의해보면, 분화는 다양성, 변이성 그리고 복잡성을 향한 어떤 내재적 경향성을 지칭하는 것으로 이해할 수 있다. 자기조직화는 자기를 조직하고 자기를 의식할 수 있는 내재적 능력을, 또 친교는 우주의 모든 측면들의 상호연결성을 각각 지칭하는 것으로 이해할 수 있다. 우주는 다른 측면 내지 부분으로의 분화와, 그러한 다른 부분을 구조화하는 자기조직화 그리고 그것들을 서로와의 관계 형태로 조직하는 친교를 통하여 자기 스스로 질서를 세운다.

시스템으로서의 지구 또한 점점 더 복잡한 조직 차원으로, 단속(斷續)적으로, 진화하고 있다. 새로운 차원에서는 새로운 특질이 나타나고, 그 결과 새로운 시스템은 그 전의 낮은 차원의 시스템의 단순한 합이 아닌 부분들의 총합보다 훨씬 큰 무엇이 된다.

테이블 산맥에 걸쳐 있는 산들을 종종 답사하는 얀 스뮈츠(Jan Smuts, 1870~1950)는 다음과 같이 썼다.

물질과 생명 이 양자는 단위구조로 구성돼 있다. 그 구조들의 질서 잡힌 집단화는 우리가 몸 또는 유기체라고 부르는 자연적 전체를 생산한다. 우리가 모든 곳에서 만나는 '전체성'의 이러한 특성은 우주 안에서 근본적인 그 무엇을 가리킨다. 전일성(Holism)……은 여기서 이러한 근본적 요소를 나타내기 위해 창안된 용어다.2

스뮈츠는 비유기성 물질이 생명을 낳고, 생명은 다시 정신을 낳는다고 주장한다. 각 상위의 차원은 하위의 차원을 합한 것보다 크고, 그 차원의 구성 부분으로 환원될 수 없다고 한다.

지구를 이처럼 살아 있는 유기체 간의 상호작용, 그리고 살아 있는 유기체와 환경 간의 상호작용에 의해 함께 창조되고, 진화하는 시스템으로 바라보는 관점은 다수의 가설과 발견에 의해 지지, 강화돼 왔다. 이 가운데 나사 출신의 과학자 제임스 러브록이 제시한 '가이아 이론'이 있다. 그는 지구를 마치 친숙한 유기체와 같이 하나의 효과적인 자기 규율 시스템으로 여겨야 한다고 설득력 있게 주장했다.3 수억만 년 동안 지구가 대기의 화학적 구성을 안정화시켜 왔고, 지구의 표면 온도는 생명이 살기에 가장 적합한 수준으로 유지돼 왔음을 밝히는 증거들이 확실히 더 많이 제시되고 있다. 예를 들면, 지구 대기의 약 21퍼센트가 고반응성을 지닌 산소로 조성되어 있는 반면에 메탄은 1.7ppm 수준으로 비교적 항상적인 상태로 유지되고 있다. 햇빛에 산소와 메탄이 반응해 이산화탄소와 물을 생산한다. 메탄을 이 수준으로 유지하려면 살아 있는 유기체들이 1년에 약 5톤의 메탄을 생산해야 한다. 지구 생명이 이를 중단한다면 지구의 모든 요소는 서로 반응을 지속하다 이윽고 더 이상 반응이 불가능해져 지구 행성은 산소 내지 물이 없는 뜨거운, 최악의 거주 여건을 지닌 장소가 될 것이다.4

런던 대학의 버크벡 칼리지에서 이론물리학 교수로 재직한 데이비드 봄(David Bohm)의 이론도 마찬가지로 지구가 충만한 가능성을 향해 꽃봉오리를 '맺고' 있다는 식의 개념에 잘 들어맞는다. 봄은, 마치 홀로그래피 사진 조각들이 전체 그림 이미지를 갖고 있는 것처럼, 전체 시스템의 각 부분도 전체를 감싸고 있다고 주장한다. 그는, 시스템의 각 부분 내에 감싸여 우리에게 보이지 않는 질서의 전체 시스템은 자연스럽게 드러날 수 있다고 주장한다. 마치 라디오 신호에서는 보이지 않는 시각적 이미지가 텔레비전에는 명확히 보이는 것처럼 말이다.5

가톨릭 사제 피에르 떼아르 드 샤르뎅(Pierre Teilhard de Chardin)과 『자각하는 지구(The Awakening Earth)』6의 작가 피터 러셀과 같은 이들도 지구를 초유기체(super-organism)1)화하는 방향으로 진화하고 있는 유기체로 본다. 에너지 차원에서 물질로, 물질에서 다시 생명 차원으로 도약했다는 것은 이제 지구가 질서 잡힌 지구 의식의 한 형태로 도약할 태세를 갖추고 있음을 의미한다.

---

1 전체를 부분들의 산술적 집합으로 보지 않고, 부분을 전체의 부속으로 보지 않으며, 부분이 곧 전체이고 전체가 곧 부분이라는 유기적 전체론을 개미 사회에서 가장 극명하게 볼 수 있음을 뜻한다. 즉 개미는 자신의 생존의 요구에 따라 행동하기보다는 외부, 즉 콜로니전체의 요구에 따라 행동한다고 보일 때가 많다. 이처럼 집단 전체가 유기적으로 행동한다고 해서 이를 "초유기체(Superorganism)"라 부르기도 한다.

이런 식의 개념이 마치 억지로 뜯어 맞춘 듯해 믿기지 않을 수도 있을 것이다. 지구를 유기체로 간주할 수 있다는 러브록의 가설을 접했을 때 조소하듯 웃음이 났던 것을 분명히 기억한다. 그때 나는 실리적인 해상운송 전문 변호사가 되길 꿈꾸고 있었다. 나중에 러브

> 생명은 지구를 전투로서가 아니라 네트워킹으로 받아들인다. 피상적 차이 아래 우리 모두는 박테리아 공동체를 걷는다……세계는 살아 있는 미소한 존재들로 이뤄진 점묘적 풍경으로 희미하게 빛난다.
> - 마굴리스(Margulis)·세이건(Sagan), 『마이크로 코스모스(Micro cosmos)』, p.15, p.191

록의 진중한 과학적 주장들을 읽고 나서 한때 그런 편견을 가졌던 것을 후회했다. 현재까지 그 가설을 지지하는 충분한 증거들이 제시됐고, 그 가설은 이제 하나의 과학이론으로 받아들여졌다. 예컨대, 린 마굴리스(Lynn Margulis)와 같은 과학자는 해양 조류(algae)와 같은 미(微)유기체가 지구의 대기가 안정적으로 조성되도록 돕고 있음을 보여주고 있다. 그녀는 진화과정이라는 것이 한 종이 다른 종으로 갈라지면서 촉진되지 않고 독립된 개별 존재들이 복잡한 실체를 형성하기 위해 '공생관계(symbiogenesis)'로 결합함으로써 촉진됐다고 주장한다. 달리 말하면 진화에서 경쟁보다는 협력과 상호의존이 더 중요하다는 것이다.7

그러나 현 단계에서, 우리 시대에 지구법학을 발전시키려 할 때 자연 시스템이 에드워드 골드스미스(Edward Goldsmith)가 '전체 유지'적 특성이라고 부른 그러한 특성을 나타내 보이고 있음을 유념해야 한다고 말하고 싶다.8 달리 말하면, 적정하게 기능하는 시스템의 각 측면은 전체의 건강과 통합성에 이바지하는 방식으로 행위한다. 만약 이것이 사실이 아니라고 한다면 전체 시스템은 모든 구성 부분에 부정적

결과를 미치며 쇠퇴하기 시작할 것이다. 자기 규제는 살아 있는 유기체 또는 유기체들의 공동체의 필수 부분이다. 자신의 구성 부분 또는 구성원들이 전체에 이익을 주는 방식으로 기능하도록 보장하는 방식으로 자기 자신을 규제할 수 없는 유기체 내지 공동체는 궁극적으로 해체될 수밖에 없을 것이다. 이 말은, 생명력 있는 자기 규제 시스템은 전체에 해를 주는 행동을 찾아내 이를 바로잡을 수 있는 되먹임 메커니즘을 그 시스템 내부에 반드시 가져야 한다는 의미다.

물론, 회의주의자들은 지구가 적정하게 기능하는 자연 시스템이라면 우리가 걱정할 필요가 없다고 주장할지도 모르겠다. 앞에서 말한 입장에 따른다면 우리가 지구를 잘 '관리'하지 못하면 어느 시점에서 우리 자신이 절멸되든지 아니면 우리 성원 수가 격감하는 결과가 초래돼 결과적으로 균형 내지 '항상성(homeostasis)'을 회복할 수 있기 때문이다. 개인적으로는 이것이 위로가 된다고 생각지 않는다. 오히려 우리가 너무 늦지 않게 정교하고 적정한 자기 규제 메커니즘을 진화시킴으로써 이러한 장기간의 교정(=절멸 내지 인구의 격감―옮긴이)을 피할 수 있다고 생각한다. 그러나 우리가 그렇게 하더라도, 문제는 과도기 동안 지구가 얼마나 더 많은 생명을 영원히 잃을 것인가 하는 점이다.

위대한 법학의 인도

위대한 법학이 인간의 법시스템과 법학에 가지는 함의를 이해하려면,

의식적으로 준거점(reference point)을 순전한 인간중심적인 준거점으로부터 탈행, 전환해야 할 필요가 있다. 이러한 전환은 지구가 태양의 주변을 도는 것이지 그 반대가 아니라는 코페르니쿠스의 발견에 비견될 수 있다. 당시 정부 당국을 비롯해 수많은 이들은 지구가 그리고 궁극적으로 인간 존재가 우주의 중심이 아니라는 사실을 받아들이는 게 두려운 나머지 코페르니쿠스에게 그 발견(주장)을 철회하도록 강요했다. 그들은 자신들이 그렇게 하더라도 그것이 실재에는 아무런 영향을 끼치지 못하리라는 점을, 또한 코페르니쿠스가 옳더라도(옳은 것으로 판명됐다) 그것이 자신들이 생각한 재앙이 아니라는 점을 깨닫지 못한 것이다. 사실, 유일한 피해는 당시 교회와 사람들이 소중히 간직하고 있던 기만적인 자기 과장에 입은 상처. 마찬가지로 인간 법학이 위대한 법학에 종속돼야 한다고 받아들이는 것이 위협적으로 보일 수 있지만, 사실은 이것이 항상 진실이었다.

그러면 우주의 주요한 특질(가령, 위대한 법학)은 지구법학의 발전에 어떤 함의를 가지는 것일까?

첫째, 우리가 위대한 법학이 인간 법학에 갖는 타당성과 관련성을 인정한다면, 법학과 법의 궁극 원천은 인간권에서 벗어나 인간의 통제 너머로 이동, 변화해야 한다. 달리 말하면, 토마스 베리가 간결하게 지적한 것처럼 "우주는 제1의 입법자(lawgiver)다".**9** 위대한 법학을 좇은 정치권력이 시비(是非)와 정당성의 최고 결정권자가 된다. 이는 처음에는 위협적으로 보이는데, 특히 권력을 유지하고자 하는 현행 정치적·법적 제도에는 더욱 그러하다. 그러나 이는 인간권 내에서 성취 가능한 어떤 것보다 훨씬 더 큰 것을 성취할 수 있는 지구 공동체로 재진입하는 데 따른 대가라는 점을 인식하는 것이 중요하다.

둘째, '권리'의 궁극 원천은 우주이지 인간 사회가 아니라는 점을 받아들인다면, 인간 법학은 당연히 더 크고 더 중요한 위대한 법학 안에 깃들어 있으면서 그것에 기속돼야 한다. 달리 말하면, 우리의 법이론과 법이 규제하고자 하는 것의 한계를 인식해야 한다.

셋째, 인간의 법과 거버넌스 시스템은 인간 사회뿐 아니라 더 넓은 생태 공동체와 지구 자체의 건강과 통합성에 이바지하는 인간 행동을 증진하도록 설계돼야 한다. 자기 규제를 수행하는 공동체 내지 생태계는 더 큰 시스템의 한 부분이고, 이 시스템 자체는 또한 더 큰 시스템의 한 부분이 된다. 따라서 '전체성 유지'라는 기준에 따라 거버넌스 시스템을 평가하고 설계하는 과정 속에서 우리는 또한 통합된 공동체에서 질서를 세우고 구조를 만들게 된다. 이러한 의미에서 '전체성 유지 원칙의 적용'은 통합성의 회복을 의미한다.

넷째, 일률성을 부여하려는 우리의 욕구를 재평가하고, 자기 규제 시스템의 다양성, 말하자면 지구 민주주의를 기쁘게 받아들여야 한다. 우리가 아는 바로는 일률적인 경우에서보다 다양성이 인정되는 곳에서 안정성과 창조적 진화가 일어난다. 대부분 법 시스템은 일률성을 부과하려는 시도에 많은 에너지를 소비한다. 지구화라는 것도 일률성을 증진시키고 문화적·지역적 차를 줄이는 데 기반한다. 일률성에 대한 우리의 욕구는 어느 정도까지는 환경(가령 우리 주변의 모든 것)을 비롯해 모든 것을 관리할 필요에 대한 확고한 믿음에 뿌리를 두고 있다. 관리자의 시각으로 보면 대량으로 결정이 이뤄지게 하려면 반드시 실제 세계의 복잡성을 추상적 근사(近似)로 축소, 환원시켜야한다. 한 가지 예로 세계 은행 관리자들은 자신들의 관리 범위 아래 있는 모든 프로젝트의 각각의 뉘앙스를 이해하는 데 충분한 시간을 사용할 수 없다. 그들에게 필요한 것은 범주와 분류로, 그것을 가지고 대량으로 의사결정을 일반화하고 촉진할 수 있게 된다.

지구법학이 '분화'라는 특성에 부합하고자 한다면(그래야 한다), 인간의 우월성에 기초를 둔 관리적 접근법을 거부하고, 다양한 접근법이 번성할 수 있는 그러한 환경의 창출을 추구해야 한다. 일단 모든 것의 본질적 개체성을 인정하는 전제에서 전체 유지적 방식으로 행위함으로써 이러한 접근법을 존중한다면, 우리는 더 이상 다양성 또는 '일탈'을 허용하면 우리 사회 시스템은 깨지게 되는 것이 아닐까 두려워할 필요가 전혀 없다. 사실 우리 공동체와 우리 자신 안에서 창의적이고 자기 질서를 만드는 선천적인 힘을 기르기 위해 더 큰 표현의 자유를 허용하려면 일부 영역에서는 법적 통제에 대한 강조를 줄일 필요가 있다.

여기서 어떤 것이 '전체 유지'적이고 또 어떤 것이 그렇지 않은지를 어떻게 식별할 수 있는가 하는 것이 하나의 중심 문제가 된다. 친교가 핵심이 되는 것이 바로 이 지점이다. 친교는 관계들의 그물 또는 우주 전체의 다른 측면들 간의 줌으로 이해할 수 있다. 이런 의미에서 친교는 우주를 형성하는 '질료'다. 우주의 필연적 통합성 때문에 이 상호 연결성은 늘 존재한다. 그러나 친교의 질은 저마다 다르다. 강하게 연결돼 서로에게 도움되는 상호작용을 하는 관계를 친밀한 관계라고 할 수 있다. 그것이 지속적으로 이뤄지려면, 그 관계에서 관련된 모두에게 이익을 주는 교환과 상호성과 같은 특성이 나타나야 한다. 이것은 포식자-피식자 관계만큼 인간의 연인 사이에서도 마찬가지다. 이 말은 어떤 관계 내지 공동체에 가장 친밀하게 관련된 사람은 서로에게 유익한 조건을 '거래 협상'하는 가장 좋은 자리에 있다는 말이다. 만약 관계가 상호이익적이라면 역동적 균형이 생겨 그 관계는 지속되고, 전체성 유지에 기여할 것이다. 대부분 사안에서 우리는 우리의 언어를 말하지 않는 인간 이외의 존재와의 관계에 관련될 것이므로, 친밀성을 증가하기 위해서는 우선 지구 공동체의 다른 성원들의 요구에 민감해지는 법을 배워야(또는 다시 배워야) 한다. 그러자면 먼저 우리가 누구인지부터 알아야 한다.

7장
우리가 누구인지 기억하기

우리는 어디에서 왔는가?

나는 아프리카의 어느 지역 출신이다. 줄루에서는 누군가를 맞이할 때 이름을 확인하자마자 "Uphumaphi(너는 어디 출신이니)?"라고 묻는다. 많은 아프리카 사람들에게는 그 사람의 뿌리가 어디에 있고, 그 또는 그녀가 어디에서 사는지를 확인하는 것은 그 사람이 누구인지를 이해하는 데 근본적으로 필요한 일이다. 줄루와 소사(Xhosa) 문화 공동체에서는 한 아이가 태어났을 때 영적이면서 동시에 경제적인 마음에서 아이의 탯줄을 소 축사 안의 땅속에 묻는다. 이러한 관행의 맥락에서 이해한다면, 그 전통적인 맞이함은 깊은 의미를 지닌다. 그것은 당신이 속한 공동체의 고향에 관한 물음이자 동시에 당신이 지구 위에 뿌리를 내린 곳에 관한 물음이다. 이 때문에 시골 줄루랜드에 펼쳐진 초록 언덕과 따뜻한 안개 자욱한 아침을 떠나 도시에서 살더라도 여전히 자신이 속한 지역(장소)을 언급하면서 전통적인 물음에 대답할 것이다.

  인간 존재는 대략 7백만 년 전 아프리카에서 기원했다. 초기 인류의 조상(hominid)의 몇몇 다른 종들은 동아프리카 그레이트 리프트 계곡과 남아프리카 그리고 최근에는 서아프리카에서 발견되고 있다. 그러나 최초의 인간 유사의 조상은 보통 오스트랄로피테쿠스(Australopithecus africanus, 이들의 유물이 요하네스버그 인근 스터크폰타인에 있는 깊은 석회동굴에서 발견됐다)라고 한다. 오스트랄로피테쿠스는 호모 하빌리스(Homo habilis)로 진화한 이후 호모 에렉투스(Homo erectus)를 거쳐 약 50만 년 전 마침내 호모 사피엔스(Homo sapiens)로 진화한 것으로 여겨진다. 우리가 아는 한, 이러한 종들은 약 첫 5~6백만 년 동안 아프리카에 국한돼 살았다. 약 5만 년 전 인간사는 제러드 다이아몬드(Jared Diamond)가 우리의 '위대한 도약(Great Leap Forward)'[1]으로 언급한 것과 더불어 시작됐다. 풍부한 고고학적 유물이 지금은 크로마뇽(Cro-Magnons)으로 불리는 지역에서 발견됐다. 우리 조상들은 약 1백만 년 전 아프리카에서 퍼져나가기 시작한 것으로 보인다. 당시 더 진화한 크로마뇽인들은 약 4만 년 전 유럽에 진출해 거기에 이미 거주하고 있던 네안데르탈인을 대체했다.

  크로마뇽인들은 모두 수렵·채집인이었는데 사람들이 야생동물을 가축화하고 야생식물을 작물로 경작하면서 식량을 생산하기 시작한 것은 약 11,000년 즈음이다. 수천 년 동안 농사와 수렵·채집은 대체적(代替的) 생존전략으로 공존했다. 어떤 집단은 농사를 아예 택하지 않았고, 다른 집단은 완전히 농사로 전환했고, 또 다른 집단은 수렵·채집을 농사로 보충했으며, 일부 집단은 오랫동안 농사를 택한 후 다시 오랫동안 포기하기도 했다2.

  시간이 지나면서 다양한 이유로 균형추가 농사 쪽으로 기울어졌다. 야생의 식량을 수집, 가공·저장하는 기술이 개선되면서 인구밀도는 높아졌다. 이것이 더 많은 식량에 대한 수요로 이어졌다. 한 공동체가 적당한 작물과 그 작물을 재배하고 가공·저장하는 기술을 갖고 있다면, 농사는 수렵·채집보다 헥타르당 섭취 가능한 칼로리를 더 많이 산출했다. 농사를 지으며 한 장소에 머무르면서 탄생과 다음 탄생 사이의 기간은 단축되고 인구밀도가 증가하면서 식량 수요도 증가했다. 이러한 역동성은 상당히 강해 초기 농부들은 더 많은 시간을 식량을 확보하는 데 써야 했는데, 공급량보다 인구가 더 빨리 증가해 수렵·채집을 한 자신들의 조상보다 영양 상태가 좋지 않았다. 인구와 식량 공급 간의 관계는 영역을 확장하려는 지속적인 압력을 낳았다. 식량 생산자들의 밀집된 인구는 식량 생산으로 전환하지 않은 수렵·채집인을 축출할 수 있었는데, 이러한 경향은 지금까지도 지속되고 있다.

  광대한 수많은 인간 역사에서 우리 종은 수렵·채집인으로 또는 식량 생산자로 또는 그 둘의 결합으로 자연과 친밀한 관계 속에서 작은 부족집단을 이루며 살았음이 분명하다. 우리 부족 조상들이 '자연과

> 카렌족(Karen) 아이가 태어났을 때, 신생아의 아버지는 태반, 탯줄 그리고 샌들을 숲 속 깊은 곳으로 가지고 간다. 거기서 큰 나무를 정하고, 나뭇가지의 구부러진 곳에 태반을 비롯한 산후의 것들을 걸어둔다. 나무는 생명과 장수를 상징하는데 아이에게 사는 동안 자신의 건강과 안녕은 그 나무의 건강과 안녕과 관련됨을 환기시킨다……아이가 걷고 이해하기에 충분한 나이가 되면 아버지는 딸 또는 아들을 숲으로 안내해 그 생명수를 보여주고, 이 고대의 존재를 양육하고 돌봐야 한다고 가르친다.
>
> -세리 통막(Seri Thongmak), 데이빗 헐스(David L. Hulse),『변화의 바람: 세계 유산과 조화하는 카렌족 사람』, 미얀마와 태국 고산지역의 카렌족 사람에 관하여

조화 속(이는 자신이 살았던 환경에 중대한 장기적인 손상을 일으키지 않았음을 의미한다)'에 살았는지 여부는 상당히 논쟁 중인 물음이다. 초기 수렵·채집인들은 오스트레일리아, 뉴기니 그리고 북아메리카에서 소위 '거대 동물(megafauna)'이라 불리는 큰 동물을 절멸에 이르게 했을 것이라는 (다투어지는) 증거가 확실히 있다. 그 동물들이 인간이 그 지역에 도착한 그 무렵에 사라진 것으로 보이기 때문이다. 현대와 고대의 모든 수렵·채집 사회가 생태적으로 건전했다는 확고한 증거는 거의 없다.

농업 생산(특히 대규모 경작)과 생태 손상 간의 관계는 더 확실하다. 실제 몇몇 고대의 식량 생산 문명은 자신들의 환경을 훼손함으로써 쇠퇴했다는 상당한 증거가 있다. 초승달 형태의 비옥한 메소포타미아 지역은 나무 언덕을 밀어내고 토지를 관개했는데 염분을 함유한 지하수면이 상승하면서 작물 뿌리에 영향을 줄 정도였다. 한동안 밀에서 염분에 강한 보리(barley)로 경작 종을 변경하면서 식량 생산을 지탱할 수 있었다. 고고학자들은 남부 메소포타미아에서 밀 대 보리의 비율은 기원전 약 3,500년부터 꾸준히 감소해 기원전 약 1,700년에는 밀은 더 이상 재배되지 않았다고 한다. 아이젠베르크는 토양 속 염분의 증가(이는 저지대 토지에 먼저 나타났을 것이다)는 정치권력이 "수메르에서 악카드와 바빌론으로, 다시 바빌론에서 니느웨"[3] 등 (티그리스-유프라테스) 강 하류에서 상류 방향으로 점진적으로 이동하게 만든 한 요인이었음을 시사한다고 한다. 오늘날 그 지역 토지의 상당 부분은 염분으로 인해 보리와 밀의 산출량이 고대보다 적다. 그러나 남아메리카 인디언과 같은 일부 사회는 환경을 파괴하지 않고도 자신들의 농사 관행을 유지하며, 1천 년 동안 우림(rainforest)을 '경작'할 수 있었던 것 또한 사실이다. 결국 어떤 인간 사회가 자신의 환경을 훼손하는지 아닌지를 결정하는 핵심 관건은 사냥·채집을 하느냐 아니면 경작을 하느냐 하는 문제가 아니라 그것을 '어떻게 하는가'이다. 농사와 인구 성장 간의 연계는 소수 작물 중심의 경작에 기초한 대규모의 농사는 야생지를 경작지로 형질변경하게 하려는 압력을 지속적으로 산출했음을 의미한다. 최근 들어 '현대'의 농사 관행은 더욱 야생과의 접촉을 약화시켰다. 주요 식량 소매상과 긴밀히 연결된 채, 트랙터, 제초제, 비료 그리고 잡종 내지 유전자 변형 씨앗과 같은 값비싼 투입에 지나치게 의존하는 대규모 '농업 비즈니스'의 성장으로 말미암아 소규모 농가와 농업 노동자들이 축출되면서 수많은 농촌지역에서 인구가 갈수록 줄고 있다. 동시에 도시의 기하급수적 성장과 인구의 슬럼화가 가속화되고 있다.

  지난 과거에 무엇이 일어났는지 생각하는 것이, 지금 우리는 누구이고 또 우리(와 우리 사회)는 앞으로 어떻게 될 것인가를 생각하는 데 큰 영향을 미치리라는 점에서 지난 수백만 년 이어온 인간사를 피상적으로나마 훑어보는 것은 타당하다. 일부 사람들은 기술과 과학의 덕택으로 최소한 우리 가운데 일부는 질병으로 죽기도 전에 크고 사나운 무엇에 잡아먹힐지 두려워하며 더러운 옷을 입은 채 불 주위에 웅크리고 앉아 있는 대신 수세식 변기에 편안히 앉을 수 있게 됐다며 우리는 올바른 경로 위에 있다고 믿는다. 또 다른 이들은 생태적으로 현명한 우리 조상이 한때 거주했던 에덴의 동산에서 쫓겨나 지금은 비대해진 몸으로 텔레비전 앞에 느긋하게 누워 있다고 혹은 빈민가에서 더러움과 폭력의 한가운데서 생존을 위해 악을 써가며 살아간다고 비난받는, 끔찍하게 부패하고 영혼 없는 인간 껍데기가 됐다고 믿는다. 세 번째 관점은 인간은 생래적으로 파괴적인 성향의 피조물로 고대의 인간 문화가 자신들의 거주지를 우리처럼 파괴하지 않은 유일한 까닭은 충분한 거주지가 없었거나 아니면 그렇게 할 충분한 기술 능력을 갖지 못해서였다고 한다. 위 진영들은 저마다 인간 역사에 기대 자신의 관점이 올바름을 증명하려는 경향이 있다.

    나의 관점은 현대 산업 사회 또는 후기 산업 사회의 파괴적인 관행에 견줘 원주민 사회의 미덕을 격찬하는 일부 현대 '환경운동가'는 원주민 문화의 '생태친화성(greeness)'을 때때로 과장해 진술한다는 것이다. 이 일부 사람들을 우리가 에덴에서 축출시킨, 본성적으로 현명한 '우아한 야만인'으로 묘사하려는 유혹은 매우 강할 수 있다. 다른 한편, 현대 사회가 이러한 '원시'문화로부터 배울 수 있는 유익한 것이 있다는 생각을 힐난하는 논평가가 상당수 있다. 그러나 그 사람들 가운데 많은 이들은 자신들이 조롱하는 견해의 소유자에 비해 원주민에 관한 정보를 거의 갖고 있지 않다. 그들 자신의 문화적 편견이 종종 그들의 작품에서 매우 적나라하게 드러난다.

원주민으로부터 받은 영감

나는 인류학자도 생태학자도 아니다. 인간문화가 생태적으로 건전한 방법으로 영위될 것인지 아닌지 확실하게 결론을 내릴 만한 전문성도 없다. 그러나 아프리카 관습법과 아프리카, 라틴 아메리카와 그 밖의 다른 지역에서 원주민문화를 체험한 나 자신의 경험과 이해가 제한적이라는 점을 감안하더라도 원주민문화로부터 배울 수 있는 것들이 상당히 많음을 인정하기에는 충분하다. 21세기의 지배 문화는 이러한 원주민의 거버넌스 시스템으로부터 우리 시대를 위한 더 지구중심적인 거버넌스 구조를 발전시키는 데 유용할 수 있는 중요한 원칙과 기법을 배울 수 있으리라 확신히 믿는다. 커다란 거버넌스 위기에 직면해 있는 현재와 같은 시기에 우리는 얻을 수 있는 모든 영감을 필요로 한다. 이러한 공동체의 지혜 대부분은 이미 소실됐고, 여전히 남은 가용한 지혜조차 압도적인 지배 문화가 점진적으로 확산되면서 수많은 사례에서 급속도로 사라지고 있다. 그러므로 원주민 사회를 보호하고, 거기에서 배움을 추구하는 것이 근본적으로 중요해졌음에도 그렇게 하지 않는다는 것은 극도로 오만하고 어리석으며 죄라고 여기질 정도로 무책임한 짓이다.

인간 거버넌스에 관한 원주민들의 지식의 가치에 회의적인 사람도 원주민들의 문화를 면밀히 고찰해야 할 이유가 최소한 세 가지 정도 있다고 본다. 첫째, 어떤 문화는 상당히 오랜 시간을 넘어 살아 있는 존재들과 살아 있지 않은 존재들로 구성된 더 넓은 공동체의 한 부분으로 스스로를 성공적으로 존속하게 만든, 인간 행위를 규제하는 법과 그 밖에 다른 수단을 어떡해서든 진화시킨 것으로 보인다. 달리 말하면, 그들은 대체로 우리가 하는 것과 같은 그러한 환경 훼손을 피하는 데 성공한 것으로 보인다. 이는 우리는 모르고 있지만, 알면 도움이 될 수 있는 것을 그들은 알고 있음을 시사한다.

원주민들의 지혜의 기원은 태고 시대에 뿌리를 두고 있지만, 그것은 누적적이고 활동적인 문화적 경험이다. 그것은 도서관을 샅샅이 뒤지는 한 개인 전문가의 발견물이 아니라, 토지와 직접적으로 접촉, 교감하면서 배운 지혜이다. 자연의 날 것의 요소는 계몽의 진정한 원천이다.

우리가 우주와 무한히 연결돼 있다는 발견은 우리에게 존재감과 착근감 그리고 만족감을 준다.

-무탕 우르드(Mutang Urud),
켈라빗(Kelabit) 부족사람, 보르네오

둘째, 지속가능개발 지구정상회의가 증명한 바와 같이 지구 공동체의 나머지와 관계를 개선할 수 있는 방식으로 우리 자신을 규율하는 방법에 관해 그럴듯한 새로운 아이디어가 결핍됐다. 여기서 우리가 다루려는 근본 문제인 우리와 지구의 관계는 인류 자체만큼 역사가 오래된다. 수천 년을 넘어 성공해 온 다른 인간 거버넌스 기법이라는 환상적인 보고(寶庫)에 자문을 구하지 않는다는 것은 어리석은 일이다.

셋째, 상당히 오랫동안 인간권 내에서 사고하는 거버넌스의 사실상의 단작문화(monoculture) 속에서 질식되다가, 그 문화 밖에 놓인 우주관과 세계관에 노출되는 경험은 영감을 불러일으키며 생기를 북돋운다. 이러한 거버넌스 시스템은 다른 패러다임에서 나온다. 그것은 우리 자신의 사고의 틀을 재구성하고, 어떤 것의 가능성에 관한 사고의 지평을 확장하는 데 도움을 줄 수 있다. 다른 종의 이익을 고려하는 거버넌스 시스템을 발전시키는 방법을 숙고할 때 서구 유럽문화에서 자란 사람들에게 커다란 걸림돌이 되는 것 가운데 하나는 우리가 다른 종과 대화를 할 수 없다는 점이다. 이는 그것들이 무엇을 원하는지 우리가 알 수 없음을 말하는데, 결국 우리는 그들을 위해 그들의 삶을 관리하는 역할로 돌아가도록 떠밀리는 것이다. 이는 또한 변호사들이 그들의 선호를 알아 예컨대 법정에서 '자연' 내지 고래를 대변해 그들의 권리를 보호하려 할 때 극복하기 어려운 문제를 제기한다. 나는 이 문제에 대한 해답을 갖고 있지 않다. 그러나 에얼리 센터에서 토의를 하면서 가진 저녁식사에서 인류학자로 콜롬비아의 아마조니안 인디언 공동체와 매우 밀접히 작업을 한 마르틴 폰 힐데브란트(Martin von Hildebrand)는 그가 잘 아는 한 집단의 매혹적인 우주관을 우리에게 소개해주었다.

그가 언급했던 여러 측면 가운데 하나는 '필수 에너지'의 흐름이 지속되고, 인간 공동체 내의 에너지와 그들이 사냥한 동물집단 내의 에너지 간의 적정한 역동적 균형이 유지되도록 보장하는 것이 각 공동체의 샤먼이 지는 책임 가운데 하나라는 것이다. 샤먼은 정기적으로 인간이 취할 것을 협상하기 위해 또는 지나치게 사냥을 많이 한 경우 그 균형을 회복하기 위해 무아지경 속에서 사냥된 동물의 보호 정령과 의사소통을 한다. 나는 이러한 사회를 우리의 모델로 삼아야 한다고, 또 우리의 재판관을 샤먼으로 바꾸어야 한다는 뜻을 암시하고자 하는 것은 아니다(비록 그 아이디어를 더 추구하는 데 장점이 있을 수 있겠지만). 내 주장의 요점은 단순하다. 이 사람들의 우주관 속에는 다른 종과 의사소통하는 방법에 대한 어떤 이해가 담겨져 있음

피폐화되지 않고 같은 장소에서 오랫동안 살아온 사람들은 '자연적'이지 않다. 그들은 현명하지만 운도 따른다. 그리고 오랫동안 같은 장소에서 살아왔기에 자연을 정교하게 조율해가며 다룰 수 있었다. 오늘날 여전히 주변에 존재하는 어떠한 원시인도 실제 원시적일 수 없다. 모두는 수천 년 간 시행착오를 경험해왔다. 다수의 사례를 보면, 수 세기 동안 그들은 같은 기본적 기술을 유지하며, 이를 통해 뒤틀린 것들을 처리해왔다―기술이 자연 또는 사람 또는 기술 자체에 거스르는 잘못된 방법을 지워왔다. 이 점에서 원시적인 것은 바로 우리 자신이다.
―아이젠베르크, 『에덴의 생태학』, p.371

을 알고 나서, 내가 그 전까지는 다른 종과 의사소통을 시도하려는 생각 자체를 단 한 번도 한 적이 없음을 깨달았다는 것이다.

나는 나 자신의 우주관에 조건 지워져 있었기에 다른 종들과의 의사소통이 가능하다고 믿지 않았다. 그리고 내 비전의 영역을 제한하는 문화적 틀을 인식할 수 없었다. 다른 문화는 이 문제를 다루는 방법을 발견했음을 알게 됐으므로 우리 또한 우리 문화와 시대에 적합한 방법을 고안할 수 있고, 또 같은 목적을 성취할 수 있다고 본다.

이 책 2장에서 21세기 세계를 지배하는 사회의 세계관 내지 우주관에 내재한 결함이 문제의 근원임을 주장했다. 거기서 주장한 바와 같이 우리에게 필요한 것은 지구와 절연되지 않은, 지구의 한 부분으로서 우리라는 새로운 이해의 '패러다임 전환'을 경험하는 것이다. 또한 이 새로운 이해로 채워진 거버넌스 시스템을 발전시킬 필요가 있다. 이것은 사람들이 지구에, 그럼으로써 우리 자신에 해를 가하는 방식으로 행동하는 것을 방지하는 데 효과적이다. 이러한 주장에는 한 사회의 우주관과 그 사회의 거버넌스 시스템 간에 어떤 긴밀한 연결점이 있다는 믿음이 내재해 있다. 이 주장이 타당하다면 우리의 우주관과는 전적으로 다른 우주관에 기초한 거버넌스 시스템으로부터 유익한 무언가를 배우는 것이 가능하지 않을까?

투카노인의 우주관

이 문제를 숙고하면서 한 가지 사례를 고찰하는 것이 유익하리라 본다. 제랄도 레이첼-돌마토프(Gerardo Reichel-Dolmatoff)는 콜롬비아 아마존 투카노 인디언(Tukano Indians)이 집단으로서 또는 개인으로서 자신들의 생존 가능성을 높이기 위해 자신들이 행하는 모든 것, 즉 그가 투카노 인디언들의 '적응 행동'이라고 부른 것을 형성하는 데 그들의 우주관이 매우 중요한 역할을 수행하고 있음을 설득력 있게 주장했다. 그는 논문에서 다음을 증명하려고 했다.

> 원시토착적 우주관과 신화의 구조는, 거기서 유래하는 제식행위와 더불어, 모든 점에서 일련의 생태적 원칙을 나타낸다. 이 원칙들은 환경 자원과 사회 수요 간의 지속가능한 평형을 유지하려는 지속적인 노력속에서 고도의 적응가치(adaptive value)를 갖는 사회경제적 규칙 체계를 만들어 낸다.[4]

투카노 인디언의 우주관은 특히 이러한 맥락에서 흥미롭다. 오늘날 지배적인 사회의 우주관과 달리, 개인은 저마다 자신을 상호관계의 보편적 네트워크의 한 부분으로 본다. 투카노 인디언 사회에서는 생태 균형의 보존이 대단히 중요한데, 그 균형의 보존이 투카노 인디언들 저마다에게 환경의 모든 구성요소와의 관계에서 협력하는 태도로 행동할 것을 요구한다고 이해한다. 세상은 인간과 사회, 동물과 자연 사이에서 지속적으로 흐르는 제한된 에너지 총량을 가지고 있다고 이해한다. 인간은 예컨대 섭식과정을 통해 동식물의 에너지를 사용할 수 있다. 그러나 필요한 만큼만 사용하고, 또한, 에너지의 흐름이 차단되지 않도록 또는 균형을 상실하지 않도록 보장하는 데 상당한 주의를 한다.

  이러한 우주관은 인디언의 행동 방식에 중대한 함의를 가지는데, 먼저 자신들에게 필요한 것 이상으로 숲에서 취하는 것을 가능하게 하는 기술을 발전시키는 데 거의 관심을 갖지 않았다. 반대로 자신들의 환경에 관해, 또 환경이 자신들에게 요구하는 것에 관해 더 많이 알고자 하는 데 관심을 뒀다고 레이첼-돌마토프는 설명한다. 인간이 단일한 자연의 한 부분으로 존재하기를 원한다면, 자신을 자연에 일치시키고, 자신의 요구를 자연의 이용가능성에 맞춰야 하므로 인디언이 가진 이러한 지식은 생존을 위해 필수적이라 할 수 있다. 투카노 인디언들이 그렇게 긴밀히 동물의 행동을 관찰하는 까닭 가운데 하나는 성공적인 적응행동의 측면에서 어떤 것이 가능한지에 관해 동물이 모델을 제시한다는 것 때문이다. 달리 말하면, 인디언들은 지구가 추는 춤 속에서 더 우아하게 움직이기 위해 능수능란하게 환경에 적응한 재규어에 영감을 받아 자신의 행동을 그와 같이 (환경에) 적응하게 할 수 있다. 같은 방식으로 투카노 인디언의 자연 세계와의 친밀성은 우리에게 무엇이 가능한지에 관해 영감을 주는 모델을 제공할 수 있다.

  투카노 인디언은 환경훼손을 예방하는 효과를 갖는 광범위한 행동 관행을 가지고 있다(물론 이것들은 다른 식으로 설명될 수 있다). 인구는 주로 식물로 만들어진 경구피임약 사용과 성생활의 절제로 통제되는데, 이는 대가족에 대한 사회적 불승인에 의해 지지된다. 수확도, 제례 음식의 제한과 사냥과 고기잡이를 위한 정교한 의식의 준비 요청을 비롯해 폭 넓은 방법에 의해 지탱 가능한 수준으로 유지된다. 그들의 이해에 따르면 사냥 동물은 '동물의 수호자(Master)'라고 언급되는 어떤 정령의 보호를 받는다. 그리고 사냥꾼은 수호정령으로부터 사냥허가를 받기 위해서 엄격한 요건을 준수해야 한다. 이러한 요건에는 성관계의 회피, 식량 절제의 준수 그리고 정화의식의 거행을 포함한다. 사냥 동물이 희소한 때 샤먼은 마약에 유도된 무아지경 속으로 들어간 다음 동물의 수호정령과 협상해 사냥을 허락받고, 그 보답으로 사냥으로 인해 상실된 에너지를 보충하기 위해 어떤 죽은 이의 영혼을 수호정령의 저장소에 보내기로 약속한다.

  샤먼은 특정 시기에 얼마나 많은 동물이 사냥될 수 있는지, 또 어느 물고기를 잡을지 결정하는 등 수확을 통제하는 데도 매우 적극적인 역할을 담당한다. 질병 또는 상해는 생태적 균형을 잃은 결과(예컨대 과도한 사냥으로 또는 어떤 희소한 자원을 낭비함으로)로 이해하므로, 샤먼은 손상된 생태계(부분)를 처치함으로써 사회의 기능부전을 치유하는 데 중점을 둔다. 이는 통상 환경의 과도한 사용 내지 바람직하지 않은 인구 증가를 피하기 위해 규범을 재정립할 것을 요구한다.

  투카노 인디언은 우주의 질이 꾸준히 저하되고 있다고 이해(물리학자들의 엔트로피에 대한 이해와 비슷하게)하고 있어 정례적으로 의식(儀式)에 관여한다. 이 의식이 진행되는 동안 우주의 모든 측면은 의식에 따라 재창조된다고 믿는다. 레이첼-돌마토프는 다음과 같이 설명한다.

> 우주와 우주의 모든 구성요소가 갱신되는 이러한 의식이 진행하는 동안, 사회의 장래 안녕에 관한 염려의 표현과 더불어 과거와 미래 세대와 유대의 재확립이라는 한 가지 목표가 핵심적으로 중요하게 된다. 의식은 사회

를 과거와 묶어주고 과거가 미래의 기초가 되도록 사회 집단의 일치와 연속성 그리고 정체성의 밀접한 결속에 중점을 둔다. 이러한 일체감이 생태적 책임성을 갖도록 동기부여하는 가치와 강력한 유인을 제공하는 것으로 보인다. 집단 계보의 장시간의 호명(genealogical recitals)과 의식과정에서의 대화는 강력한 유대기능을 가져, 다수가 이러한 의식 속에서 동·식물의 영이 자신들의 존재성, 상호연결성 그리고 상호의존성을 표현하며 참여한다고 여긴다. 여기서 우주 재창조의 의식에는 일반적으로 식물 성분의 마약의 집단적 사용이 수반된다는 점이 지적돼야 한다. 약에 유도된 무아지경의 상태 동안……참가자들은 신화적 과거와 유대를 정립하고, 사실상, 자신들을 성스러운 창조 때로 돌아가 거기에 참여하는 것으로 본다.5

'세대 간 형평'의 중요성을 전달하기 위해 대부분의 정부 또는 국제 공동체가 사용하는 애처로울 정도로 부적절한 수단, 방법과 투카노의 그것을 대비하면 그 물리적, 영적 그리고 정서적 깊이의 격차는 뚜렷하다. 환경 문제에 책임을 지는 외교관과 장관은 권력의 회랑(중요한 사항이 결정되는 정부의 상층부를 말한다—옮긴이) 안에서 지속가능성에 관해 뭔가를 소심하게 토해낸다. 그리고 미래 세대가 자신의 수요를 충족하는 능력을 훼손하지 않아야 함의 중요성을 언급한 국제 문서에 주석을 단다. 우리 시대의 사람들에게 역사의식과 집단의 목적의식을 제공하는, 공유된 신화적 과거 내지 창조 설화에 기대지 않은 채 권위를 가지고 말하기란 어렵다. 투카노 인디언의 문화는, 다른 한편, 수천 년 역사의 힘, 신화 창조자의 권위를 가지고 경험의 언어로 부족민들에게 말한다. 각각의 접근방법에 따른 결과는 자명하다.

원주민들로부터 배움

투카노 인디언은 강과 언덕 그리고 자신들이 사는 숲으로 복잡하게 엮인 정교한 우주관을 가지고 있다. 세계 전역에 걸쳐 있는 부족 또는 부족 집단의 우주관은 독특하지만, 뚜렷이 비슷하게 되풀이되는 주제가 있다. 투카노 인디언처럼, 다수의 부족 문화는

- 매우 실제적인 소속감과 살아 있는 이, 죽은 이 그리고 태어날 이는 물론 인간 이외의 존재를 포용하는 더 큰 맥락 내지 공동체의 한 부분이라는 인식을 가지고 있다.
- 다른 종들과 죽은 이를 비롯해 인간 이외의 존재와 친교를 나누는 정교한 수단과 방법을 발전시켰다.
- 인간에 기원을 두지 않는, 불변하다고 여기는 법 내지 원칙을 존중한다.
- 인간 존재는 (자신들이 한 부분인) 자연 세계의 적정한 기능을 보장하는 데 중요한 역할을 담당한다고 믿는다(예를 들어, 오스트레일리아 토착민은 노래를 불러 세상을 존재하게 하고, 그것을 창조된 첫날의 모습 그대로 유지할 책임이 있다고 믿는다).
- 자연 세계를 자신들에게 적합하게 변형시키려 하기보다 자신들의 사회적 관행을 자연 세계에 조화롭게 적응하게 할 필요를 상당히 의식한다.

- 환경의 다른 측면(특히 식량감으로 사냥하는 동물)의 존중과 낭비 또는 과잉의 회피를 크게 강조한다.
- 취함(taking)은 또한 줌(giving)을 요구한다는 상호주의의 중요성을 강조함으로써 우주 안에서 일종의 역동적 균형성을 유지하려 한다.
- 인간과 인간 이외 사회 간의 균형 내지 조화를 회복하기 위해 설계된 의식(儀式)과 절제하는 관행을 가지고 있다.
- 자신들의 신화적 역사, 세계관 그리고 법을 공동체 각 성원에 내면화하는 데 상당히 유념한다.

부족법(tribal laws)은 결코 창안된 법이 아니다. 그것은 항상 받은 법(received laws)이다. 그것은 결코 살아 있는 개인으로 구성된 위원회의 작업결과가 아니라, 사회 진화의 결과다. 그것은 무언가의 작용으로 새의 부리 또는 두더지의 발톱이 형성되는 것과 같은 방식으로 형성된다. 그것은 무엇이 '옳은지' 또는 '좋은지' 또는 '공정한지'에 관한 부족의 관심을 결코 반영하지 않는다. 그것은 단순히 그 특정 부족을 위해 작용한다.
-다니엘 퀸(Damiel Quinn), 『B의 이야기』, p.314

우리가 이러한 문화로부터 배울 수 있는 것에 관한 논의는 이 책의 범위를 벗어나지만, 잠재적으로 무궁무진한 연구 영역임이 분명하다. 21세기 후기 산업 국가에 사는 많은 사람들에게 투카노 인디언의 그것과 유사한 어떤 우주관을 채택하라고 설득하는 것은 생각하기 어렵다(그러나 사실 나는 G8 회의에서 세계 지도자들을 의식의 한 과정인, 약에 유도된 무아지경 속으로 이끎으로써 지구적 패러다임의 전환을 촉진한다는 아이디어에 어느 정도 마음이 끌렸음을 고백한다!). 그럼에도 원주민 부족 공동체가 제공한 수많은 작동 가능한 시스템 사례가 여전히 우리에게 유익하다고 나는 생각한다. 그들이 사용한 거버넌스 메커니즘이 21세기 고도의 기술 사회에서 적절하지 않다 하더라도 우리는 여전히 같은 목적을 달성하기 위해 대안 메커니즘을 개발하는 것이 필요하다.

우리가 어디에서 왔고, 또 누구인지를 기억하는 것은 지구 공동체 안에서 우리가 잃어버린 역할을 회복하는 데, 또한 우리가 무엇이 될지하는 비전을 창출하는 데 필수적이다. 여전히 자연 세계와 강한 유대를 유지하고 있는, 현존하는 부족 공동체는 우리에게 인간의 과거와 우리가 남긴 것에 관해 많은 것을 보여준다. 나아가 지구의 탄생과 그 너머까지 거슬러 올라간다면, 우리 모두는 전개되고 있는 더 큰 실재의 한 부분이라는 점, 분리는 환상이라는 점을 우리에게 환기한다. 회전하는 위대한 호(arc)인 행성 지구의 생명 이야기와 지속되는 우리의 공진화 속에서 현재 상황을 주시할 때 현명한 선택에 필요한 관점을 얻을 수 있을 것이다.

이누이트는 인간과 동물 간의 관계의 고갱이는 공유하는 환경에 참여하는 성원으로서 동물과 인간은 평등함을 인간이 인정하는 것이라고 강조한다……대지와 동물 그리고 (과거와 현재의) 공동체를 통합하는 생명을 통해, 이누크 사냥꾼은 그 자신의 정체성과 행동방향에 안정성을 제공하는 세계-이미지를 획득하고, 재구축하며 또 실행한다. 그는 단지 먹기 위해 사냥하지 않는다. 그는 사냥과정에서 공동체의 구조를 세우고 궁극적으로 세계에 대한 인지 모델을 구축한다. 그럼으로써 그는 규정되고 방향을 잡는다. 진정한 사람이 되는 과정(inummarik)이라는 것은 생애 동안 인간과 비인간인 환경 간의 상호작용의 순환과정에, 그리고 인간과 비인간인 환경에 대한 인지적 해석에 능동적으로 참여하는 것이다.

-알렌 스태어스(Arlene Stairs), 조지 벤첼(George Wenzel), 「나는 나이자 환경이다: 이누이트 사냥, 공동체 그리고 정체성」, 『원주민연구지(誌)』 3:1, 1992 겨울, pp.4~6

8장
권리의 문제

권리론

동물 또는 환경을 위한 권리를 언급하는 순간 현행 거버넌스 철학에서 지구법학으로의 이행에 내재하는 어려움이 의식의 전면에 부상한다. 법률가들은 대개 조소하거나 유머로 반응하는데 이는 아마도 그러한 명제는 우리가 알고 있는 법의 개념적 틀 밖에 놓여 있으므로 그것의 부당함은 자명하다고 무의식적으로 가정하기 때문이다. 1971년 「나무도 원고적격을 가지는가─자연물을 위한 법적 권리를 향하여」(이 장에서는 나무라고 언급한다)를 쓴 크리스토퍼 스톤(Christopher Stone) 교수는 미국의 법 시스템은 나무와 같이 자연의 한 측면을 마치 사람인 것처럼 그것의 이익을 위해 소송을 허용해야 한다는 자신의 제안을 법비평가들이 진지하게 고려하는 대신 어떻게 유모로 반응했는지 기록하고 있다.[1] Sierra Club v Morton 사건에서 더글라스 대법관이 그 논지에 찬동하면서 인용한 스톤의 논문에 많은 사람들은 정

반대로 반응한 것이다.2

권리의 문제

법원조차도 이러한 반응을 보였다. 나무의 소유자가 나무를 손상시켰다는 이유로 부주의한 운전자를 상대로 제소한 사건에서 오클랜드 미시건 카운티 항소심 법원은 소유자의 주장을 기각한 1심 법원의 판단을 유지하며 다음과 같이 판시했다.

> 나무에 배상하라는 소송을
> 우리는 결코 볼 수 없으리라 생각했다.
> 심하게 훼손된 나무의 간청에 근거해
> 청구가 준비된 소송.
> 본체가 찌그러진 자동차를 상대로
> 몸통이 심하게 손상된 나무는 다툴 준비가 되었다네.
> 다정한 보살핌을 지속적으로
> 영원히 요구할 수 있는 나무.
> 우리 세 사람은 꽃을 사랑하지만
> 1심 법원의 명령을 유지해야 한다네.3

스톤은 자신에 대한 학생들의 신용을 되찾으려는 시도로 나무가 권리를 가질 가능성을 진지하게 연구하기 시작했다며 논문을 쓰게 된

계기를 다소 자조적으로 밝힌 바 있다. 그는 재산법 강의의 활기가 점차 사그라지자 수강 학생들의 관심을 유지하려고 큰 소리로 다음과 같은 의문을 던졌다고 회상한다.

"급진적으로 상이한 법에 부추겨진 의식은 어떠할까?……자연이 권리를 가진다는 의식……그렇지, 강, 호수……"(그 아이디어에 예열돼) "나무……동물."**4**

"만약 강의가 한창일 무렵에 모호하지만 마음에서 우러난 결론을 말했다면" 학생들 사이에서는 큰 소동이 벌어졌을 것이다. 스톤은 자신의 아이디어가 그리 비논리적인 것이 아님을 증명하고자 논문 작업─그 명성답게 그 후 실제 사건(Sierra Club v Morton 사건)의 결론에 영향을 주었다─에 착수했다.

일련의 글을 비롯해 스톤의 독창적 논문은 우리가 지구 공동체의 다른 성원이 가지는 권리를 집행하기 위해 법원을 이용하고자 한다면 반드시 극복돼야 하는 다수의 실무상 어려움들을 검토했다(대부분의 법률가들에게는 법원이 인정하지 않는 것이라면 그러한 권리는 존재하지 않는다). 그러나 여기서는 지구의 다른 성원을 법정에 데려가 그것들을 명예 인간으로 대우하려는 시도에 따르는 복잡한 문제들을 검토하는 대신 '권리' 자체의 본성에 중점을 두고자 한다.

인간 이외의 존재들은 권리를 가져야 하는가?

지구중심의 관점에서 나오는 권리 문제에 관한 토마스 베리의 견해는 「권리의 기원과 분화 그리고 역할(The Origin, Differentiation and Role of Rights)」에 명확하면서도 간결하게 기술돼 있다. 지구 공동체의 다른 성원들도 권리를 가진다는 명제를 정당화하는 논증은 내겐 우아하면서도 설득력 있어 보인다.

본질적으로 모든 존재들의 권리는 가장 근본 원천인 우주로부터 도출된다고 그는 주장한다. 그의 표현에 따르면, 우주는 "객체들의 집합이 아닌 주체들의 친교(a communion of subjects and not a collection of objects)"이므로, 우주의 모든 성원은 권리를 가질 수 있는 주체이고, 따라서, 인간들이 권리를 갖는 만큼 권리를 가질 수 있는 권리를 가진다. 이러한 접근법이 지니는 미덕 가운데 하나는 오로지 어떤 '유정적인(sentient)' 또는 '상위'의 생명 형태만 권리를 가질 수 있다는 주장에 따르는 어려움(가령 오징어도 유정적인지 그리하여 권리를 가질 수 있는지, 또한 생명의 상위 형태와 하위 형태를 과연 어떤 기준에 따라 구분할 수 있을지 하는 과학적으로 또 윤리적으로 매우 논란이 되는 물음들이 제기될 수 있다—옮긴이)을 피할 수 있다는 것이다.

법률가들은 통상 '권리'라는 용어를 법정에서 집행될 수 있다는 의미에서 법적으로 보호되는 어떤 이익을 의미하는 데 사용한다. 그러나 그 용어는 법률가들에게조차 포착하기 쉽지 않은 용어다. 잘 알려진 바와 같이 미국 법학자 웨슬리 뉴콤브 호펠트(Wesley Newcomb Hohfeld)는 '권리'는 일상적으로 법률가와 판사들에게 최소한 네 가지 다른 법 개념, 즉 권리 소지자를 제외한 나머지 누군가에게 어떤 의무를 발생시키는 권리(rights), 특권(privileges), 권한(powers) 그리고 면제(immunities)를 언급하는 데 사용된다고 지적한 바 있다.5 어떤 사람이 이 용어를 엄격한 법적 의미에서 해석한다면, '벌레의 권리'와 같은 용어는 무의미함을 의미한다. 왜냐하면 법원은 벌레의 이익을 위해 주장된 어떠한 권리도 인정하지 않거나 집행하려 하지 않을 것이기 때문이다. 그러나 법적 허구로 창조된 인위적 법인(法人)에게 광범한 권리를 가지도록 하는 것은 법인을 불필요하게 행복하게 만드는 것이다. 지구 공동체의 어떤 다른 측면들의 권리의 인정이라는 관념은 문자 그대로 상상할 수 없는 것(unthinkable)이다(unthinkable, 크리스토프 스톤은 분명히 이것을 날카롭게 인식했고, 나무 논문은 'Thinking the unthinkable'이라는 제목이 붙은 절로 시작한다).

그러나, 베리는 '권리'를 법률가들이 통상 사용하는 것보다 더 넓은 의미로 사용한다. 2001년 4월 에얼리 회의에 참석한 그는 「권리의 기원과 분화 그리고 역할」에서 권리라는 용어의 사용에 관해 질문을 받았을 때 다음과 같이 설명했다.

> 우리는 권리라는 개념을 인간의 의무, 책임 그리고 핵심 본성을 이행하고 실현할 인간의 자유를 의미하는 것으로 사용한다. 이를 유추한다면, 다른 자연적 실체도 지구 공동체 내에서 자신들의 역할을 실현할 권리자격이 있다는 원칙을 의미한다.

지구는 주체들의 친교이고, 권리는 인간의 법학(human jurisprudence)에서 기원하는 것이 아니라 우주가 기원하는 데서 기원한다는 베리의 명제를 우리가 받아들인다면, 지구 공동체의 다른 성원들 또한 권리를 가진다고 승인하지 않으면서 인간은 인권을 가진다고 주장할 수 없다. 달리 말하면, 전체를 위한 권리가 존재함 없이 일부를 위한 권리가 존재할 수 없다는 의미에서 공동체 성원들의 권리는 불가분적(indivisible)이다. 사실이 그러하다면 공동체 내 인간 이외의 성원들의 법적 권리에 관한 논의는 법 시스템이 이 내재적 권리를 인정할 것인지 말 것인지 하는 선택에 관한 것이 된다. 달리 말하면, 우리가 법 시스템 내에서 사용해온 권리 개념이 공동체의 다른 성원들에게 적용할 수 없는 것이라면, 이는 단지 법 시스템이 다른 성원들의 존재 현실을 반영하기에 충분히 발전되지 않았다는 사실을 가리키는 것이다[지구 중심의 관점에서 보면, 흐를 수 있는 강의 권리, 유전적 오염으로부터 자유롭게 존속할 종(種)의 권리, 심지어 자신의 기후를 유지할 지구권 등을 인정할 수 없는 근시안적 철학은 도저히 믿을 수 없는 것이다].

  우리가 현행 법 시스템과 인간의 법학을 이러한 권리문제의 논의를 위한 출발점으로 사용한다면, 복잡한 법적 논쟁으로 얽혀들기 쉽다. 이 문제를 풀긴 어려운데 왜냐하면 이 문제는 인간중심적 세계관 자체에서 기인하는 것이어서 지금의 법학의 틀 또는 법의 틀 안에서는 문제 해결이 가능하지 않기 때문이다. 토마스 베리는 그 기원, 가장 깊은 제1의 원칙, 모든 근원의 근원에까지 거슬러 올라감으로써 이러한 어려움을 피하고 있다.

우리는 권리를 말해야 하는가?

일부 사람들은 권리 개념을 법원이 이해할 수 있는 방식으로 사용하지 않는 것이 과연 적절한 것이냐고 묻는다. 이는 타당한 물음이다. 내가 감옥 같은 현대 법학의 개념에서 벗어나려 시도할 때마다 언어가 우리를 어떻게 우리가 아는 세계에 옭아매려 하는지를 거듭 인식하게 된다. 이는 마치 우리가 어느 날 인간권 내에서는 존재하지 않는 어떤 색깔을 인간권 너머에서 일별(一瞥)한 것과 같다. 그 색깔을 어떻게 묘사할 수 있을까? 당신이 하나의 색깔로 부르는 그것을 다른 사람들이 자신의 팔레트에서 발견할 수 없다는 이유로 색깔이 될 수 없다고 지적할 수 있다. 한편 당신이 그것에 완전히 새로운 이름을 붙인다면 그것이 색의 한 형태라는 중요한 사실을 불명료하게 만들 수 있다.

이러한 어려움은 권리 개념을 사용해 지구 공동체의 인간 이외의 성원들을 포함하는 관계를 기술할 때에도 마찬가지로 생긴다. 우리가 인간과 법인(法人)이 가령 강이나 토지와 관계에서 권리를 갖는다고 주장한다면, 주체로서 강이나 토지도 인간과의 관계에서 권리를 가져야 함을 또한 인정해야 한다. 우리가 이를 인정하지 않는다면, 법적 용어(여기서는 권리—옮긴이)로 실재 상황을 정확히 기술하려는 시도를 방해하는 근본적 불평등을 계속 유지하게 될 것이다. 다른 한편, 설령 법이 가령 강이 권리를 보유할 능력을 가진다고 인정하더라도, 권리와 의무라는 어휘를 인간 이외의 주체와의 관계에까지 확장하는 것은 잠재적으로 혼란을 가져올 수 있다. '권리'나 '의무'와 같은 개념은 현행 법 시스템에 대한 우리의 경험 속에 주입돼 있어 기성 관념과 새로운 관념 간의 충돌 가능성이라는 부담을 안고 있다.

법적 의미에서 '권리(개념)'의 사용을 둘러싼 논쟁은 단순히 용어의 적확한 사용에 관한 문제가 아니다. 어떤 '권리'가 법 언어 안에서 인식될 수도, 기술될 수도 없다면, 거버넌스 시스템은 이를 인정하지 않거나 의사결정을 할 때 적정한 비중을 부여하지 않을 것이다.

인간을 포함한 지구 공동체 모든 성원들의 '권리'를 기술하기 위한 적절한 대안 용어가 부재한 가운데, 나 또한 지구 공동체의 다른 성원들과의 관계에서 그 개념을 사용하고 있다. 또한 우주에서 도출되는 지구 공동체의 성원들의 근본적 권리와 우리 법 시스템에서 창출된 그 밖의 권리 간의 구분을 강조하고자 '지구권(Earth right)'이라는 용어를 종종 사용해왔다. '권리'라는 어휘의 사용이 때때로 거슬리거나 부적절하게 들린다면, 그것은 우리의 법적 사고나 용어 사용법에 한계가 있음을 가리키는 것이다.

관계와 권리

권리는 관계라는 맥락 내에서 존재한다. 위에서 논한 바와 같이, 호펠트는 법이라는 것은 법적 관계라는 측면에서 분석될 수 있다고 봤다. 법적 관계 속에서 한 사람이 갖는 어떤 권리는 다른 사람이 부담하는 의무와 상응할 수 있고, 모든 권한은 책임과 상응할 수 있다. 이 분석에 모든 사람들이 다 동의하는 것은 아니다. 그러나 사람들이 더 이상 지구를 훼손하지 않게 하려면 자신을 어떻게 규율해야 하는지를 논하고 있는 여기서는, 일정한 관계 내에서 주장되는 권리를 논할 때 관계라는 맥락을 고려하지 않는다면 그러한 권리 논의는 무의미할 것이다. 그러므로 권리를 위한 맥락으로 관계성에서 출발하고자 한다.

주체 사이의 관계는 많은 다른 측면을 가질 수 있으므로 그 맥락이나 목적에 따라 많은 방식으로 기술될 수 있다. 예컨대, 나와 내 아들과의 관계는 관계의 질이라는 측면('우리는 가깝다')에서, 생물학적인 측면('그는 나의 자손이다')에서, 또는 법적 측면에서 기술될 수 있다. 법적 관점에서 우리 관계의 성격은 우리들 저마다에 내재한 본성(그것이 관계에 영향을 주는 한에서)과 서로에 대한 관계에서 갖는 역할에 따라 결정된다. 관계의 기본 성격은 법이 우리의 생물학적 관계를 인정한다는 사실에 의해 결정된다. 그러나 법적 관계는 서로에 대한 저마다의 개별 역할(이는 시간의 경과에 따라 변할 수 있다)에 따라 영향을 받는다. 내 아들이 아직 어린 동안 나는 아이를 부양하고 지원해야 할 법적 의무가 있다. 그러나 어느 날 내가 나이가 들고 몹시 가난해진다면 이 상황은 역전돼 이제 아들이 나를 부양해야 할 법적 의무를 지게 될 것이다. 따라서 각 주체의 법적 권리나 의무는 오로지 특정한 관계라는 맥락 속에서 존재하고, 관계 당사자 저마다의 고유한 품성과 밀접하게 관련된다.

거버넌스의 관점에서 본다면, 어떠한 관계를 분석하고 기술하는 가장 중요한 방법은 법적 측면인데 이는 거버넌스 시스템의 제도가 법적 분석을 사용해 그 관계에 관여할지 여부를 결정하기 때문이다. 내가 아들과의 관계를 절연하더라도 국가는 관심을 갖지 않는다. 그러나 아들이 보살핌이 필요한 동안 아들을 부양할 의무를 이행하지 않는다면, 아들은 국가권력에 호소해 내가 부양의무를 이행하도록 강제할 수 있는 권리를 가진다. 달리 말하면 법 언어는 사람들이 다른 사람들과의 관계에서 어떻게 행동해야 하는지, 그리고 법적 관계의 조건(terms)을 준수하지 않는 경우 그에 따른 결과는 무엇인지를 규정한다.

법적으로 인정된 관계에 참여할 능력을 가진 주체로 법이 인정하지 않는 존재를 다루는 경우에는 상황이 다르다. 예컨대, 주인으로부터 학대를 금지하는 법조항이 없다면 주인이 개를 때리더라도 처벌받지 않을 것이다. 법이 개의 학대를 금지하지 않는다면 이웃들은 학대를 방지하기 위해 간섭할 아무런 법적 권리를 가질 수 없다. 오히려 개 주인이 자신의 정원에 들어와 개 학대에 간섭하는 이웃을 경찰에 신고할 수 있는 권리를 가진다. 물론 많은 나라에 동물의 학대를 금지하는 법이 있다. 그런 경우에는 주인이 개를 때리면 어떤 사회적 기관이 개입할 수 있고, 벌금이 부과되는 등 주인은 처벌받을 수 있다. 그러나 이 시나리오에서 학대받지 않을 법적 권리가 개에게 주어진 것은 아니라는 점을 인식하는 것이 중요하다. 개는 법적 주체가 아니므로 법은 사람과 개 사이의 관계를 기술하진 않는다. 법적 분석은 단지 인간과 국가기관의 권한 범위와 권리·의무만을 다룰 뿐이다.

지구권

인간이 권리를 갖는 지구 공동체의 유일한 성원이 아니고, 그러한 권리의 원천이 인간의 법이 아니라고 한다면, 우리는 스스로에게 다음과 같이 물어야 한다. 전체로서 지구는 어떤 권리를 갖는가? 그리고 지구 공동체의 다른 성원들은 어떤 권리를 갖는가? 이러한 물음들은 필연적으로 인간의 권리를 규정하는 의미를 갖는다.

지구 시스템 내에서 전체로서 지구의 안녕이 다른 무엇보다 더 중요하다. 지구 생물권의 구성요소들은 단 하나 예외 없이 지구 생태계 내에서만 생존 가능하다. 이는 지구 공동체의 성원들 저마다의 안녕이 전체로서 지구의 안녕에 의존하며, 또 이것에 우선할 수 없음을 뜻한다. 따라서 지구법학의 제1원칙은 개인이나 인간 사회의 이익보다 전체 공동체의 생존과 건강, 그리고 번영에 우선권을 주는 것이어야 한다. 이 원칙의 실현이 사실상 인간의 장기적 이익을 보장하는 가장 나은 방법이다. 우리는 지금까지 지구 공동체의 일원임을 제대로 인식하지 못했고, 이 때문에 우리는 마치 그 반대가 진실인 것처럼 믿고 또 그렇게 행동해왔다.

이를 전통적인 법적 용어로 표현하는 한 가지 방법으로 오늘날 대부분의 법 시스템에서 국가와 시민 간의 관계를 유추해 표현하는 것이다. 우리는 국가 그리고 그것을 창설하는 헌법을 시민이 갖는 모든 권리(다만 시민이 아닌 한 인간으로서 가지는 권리 즉 인권은 예외가 될 수 있다)의 원천으로 본다. 국가는 시민에게 충성을 요구하고 국가를 파괴하려는 시민을 반역자로 규정한다(반역자는 부과할 수 있는 가장 극단적인 형태의 처벌을 받을 수 있다). 지구법학이 이러한 모델을 따라야 한다고 제안하는 것은 아니다. 그러나 우리가 인간과 지구 사이의 관계를 법적 언어로 표현하려고 하면, 이러한 관계의 주요 성격과 근본적인 중요성이 강조되어야 한다는 점이 어느 정도 전달된다. 그것은 평등한 자 사이의 관계가 아니라 전체와 부분 사이의 관계다. 따라서 부분의 욕구와 필요가 존중돼야 하지만, 이것을 전체의 권리와 저울질하려는 시도는 부적절하다. 전체의 권리는 타협될 수 없는 것이다.

우리 인간이 지구에 보여야 하는 '충실함'은 그러므로 세포가 몸에 보여야 하는 그것에 비유할 수 있다. 세포의 의무는 세포의 진화 목적인 기능을 실행하는 것이고 몸 전체의 건강에 이바지하는 방식으로 계속 활동하는 것이다. 이것이 멈춘다면 세포는 죽거나 암으로 변한다. 이와 유사하게 지구 시스템의 기능에서 우리의 적절한 역할을 수행하고 지구의 통합성 내지 전체성을 유지하는 방식으로 행위하는 것이 지구에 지고 있는 우리의 의무다. 우리가 이렇게 하지 않는다면 우리를 그리고 궁극적으로 우리 종을 지탱시키는 지구 공동체를 배반하는 것이다.

지구 공동체 성원들의 권리

지구(그리고 실제로 우주)는 지속적으로 변화하기 때문에 지구는 상호관계의 방대한 네트워크이자, 과정(process)으로 이해될 수 있다. 물리학자는 산, 강, 인간, 백합과 잠자리는 일정 기간 동안 특정한 방식으로 자신을 재배열하는, 동일한 아원자 입자들로 구성된 지구의 다른 측면들이라고 말한다. 그러나 우리의 감각에 따르면 우리는 주변 세계와 다르다. 즉, 세계는 정반대로 저마다 수행해야 할 고유한 역할을 가진 다른 실체들로 만화경을 이루고 있다. 어떤 의미에서 명백히 모순되는 양자의 관점은 모두 옳을 수 있다. 이는 부분의 총합보다 더 큰 전체를 창출하는 시스템의 수많은 다른 구성요소 간의 상호작용이다. 나보다 앞선 다른 사람들과 마찬가지로 부분들 간의 관계에 의해 창출된 전체로서의 지구에 대한 감각의식을 전달하기 위해 다른 성원들로 구성된 공동체를 은유로 사용해왔다. 우리는 이러한 관계를 어떻게 거버넌스라는 개념과 법의 언어로 번역할 것인가?

토마스 베리는 다음과 같이 제안한다. "지구 공동체의 모든 구성요소는 세 가지 권리를 갖는다. 존재할 권리, 서식지에 대한 권리 그리고 지구 공동체가 부단히 새로워지는 과정에서 자신의 역할과 기능을 수행할 수 있는 권리를 갖는다." 종합하면, 이러한 '권리들'은 다른 성원들과 전체로서 공동체와의 관계에서 공동체의 각 성원들의 역할과 기능의 본질을 기술하고 있다. 이러한 권리를 인정하는 것은 공동체의 성원은 저마다 공동체의 부분으로 존재할 수 있고, 또 공동체의 다른 성원과의 관계에서 계속해 자신을 표현할 수 있는 양도 불가능한 권리를 갖는 한 주체임을 인정하는 것과 같다.

누군가 이를 법적 용어로 인정하든 아니든 간에 전체로서의 시스템(가령 지구)이 공동체 성원 저마다에게 자신의 정체성을 유지하고, 공동체의 다른 성원들과 관계를 가질 것을 요구함은 분명하다. 이러한 관계는 전체의 건강을 위해서도 또한 성원들 저마다가 자신을 분명하게 규정하는 데도 결정적이다. "사람은 사람들로 말미암아 사람이 된다(A person is a person because of people)"는 남아프리카공화국 호사족(Xhosa)의 말은 우리는 다른 사람들과의 관계를 통해서 완전한 인간성을 경험한다는 것을 뜻한다.

권리 용어를 빌려 말한다면, 공동체의 성원들은 저마다 공동체의 한 부분이 될 권리와 공동체 내에서 구분되는 개별 실체로 인정받을 권리를 갖는다고 말할 수 있다(구분되는 고유한 존재로 인정받지 못한다면 공동체의 성원이라기보다 단순히 더 큰 실체의 한 부분이 될 것이다). 또한 성원들 저마다는 공동체의 다른 성원들과 관계를 맺을 수 있어야 하고, 이러한 방식으로 자신의 역할을 규정하고, 공동체에 이바지할 수 있어야 한다. 이러한 '구분되는 고유한 존재로 인정받을 권리'는 따라서 '자결권(right of self-determination)'이라 불리는 것과 밀접하게 관련된다.

예컨대, 탈식민화의 과정 동안 식민지 제국의 일부였던 신생국들은 세계 공동체 내에서 고유한 실체(가령 독립국가)로 대우받을 권리를 위해 투쟁했다. 이러한 권리가 일단 인정되면 신생국은 대내적으로 자신을 규율할 권리를 갖고, 다른 나라들과 관계를 맺기 위해 교섭할 권리를 갖는다. 지구 공동체의 성원들도 그것이 종(種)이든 공동체든지 간에 유사한 권리를 갖는다고 인정돼야 한다.

최근 수십 년간 많은 원주민 공동체는 서로 간에, 또한 지구 공동체의 다른 성원들과 어떻게 관계를 형성해야 하는지를 규정하는 외부의 법과 문화의 강제를 받지 않고, 스스로를 규율하며 자신들의 거주지 내에서 살 수 있는 권리를 인정받기 위해 투쟁해왔다. 대체로 이러한 공동체들은 지배적인 문화에 어떤 '인권'을 자신들에게 확장해줄 것을 요구하지 않았다는 지적은 중요하다. 그들은 지배적인 문화(국가 정부로 대표되는)가 서로 간의 관계, 그리고 전체로서의 지구 공동체와의 관계에서 인간의 적정 역할에 관한 자신의 관념을 일방적으로 부과하려는 시도를 중단할 것을 요구했다. 국가 정부가 원주민 공동체에 그러한 자결권이 있음을 받아들인다면, 이는 필연적으로 자신의 영향력과 권력의 범위를 제한, 축소하고, 원주민 공동체에 더 큰 범위의 자율성을 허용함을 내포하게 된다. 같은 식으로, 인간의 법학이 우리 시대의 지배적인 문화가 지구 공동체의 다른 구성요소들이 저마다 자신의 진화적 역할과 기능을 수행하는 것을 방해할 어떠한 권리도 없음을 인정하는 것이 첫 단계다. 이것이 강과 동식물이 갖는 지구권의 정확한 내용을 확정하려는 시도보다 더 중요하다고 생각한다.

지구권의 침해

지배적인 문화의 가장 위험한 오해 가운데 하나는 공동체의 다른 성원들이 갖는 지구권의 침해에 대해 인간 거버넌스 시스템은 이를 처벌하지 않으므로 지구권의 침해에 대해 아무런 제재가 없다고 여기는 것이다. 그러나 자연은 지구권을 준수하지 않은 것에 대응해 나름의 수단과 방법을 가지고 있다. 각각의 침해는 지구 공동체를 침해하고, 나아가 인간과 공동체의 나머지 간의 관계를 훼손한다. 우리 인간이 진화하고, 유전적으로 부호화돼 공동체의 일부가 됨으로써 공동체와 의식을 공유한다. 그 결과 지배적인 인간 사회의 지구 공동체로부터 관계 단절의 증대는 상실감과 공허감의 증대로 이어진다. 공동체의 다른 성원들과의 관계가 존중과 경외의 관계에서 착취의 관계로 대체되면서 전체 지구 공동체의 아름다움과 복잡성이 감소됐을 뿐 아니라 우리 자신조차 왜소화됐다.

권리의 기원과 분화 그리고 역할
(The Origin, Differentiation and Role of Rights)

1. 존재가 기원하는 곳에서 권리가 발생한다. 존재를 결정하는 것이 권리를 결정한다.
2. 현상 질서 속에서 우주를 넘어서는 존재의 맥락은 없기에 우주는 자기 준거적 존재로, 자신의 활동 속에서 스스로 규범을 만든다(the universe is self-referent in its being and self-normative in its activities). 이러한 우주는 파생하는 모든 존재양태의 존재와 활동에서 일차적인 준거가 된다.
3. 우주는 객체들의 집합이 아니라 주체들의 친교다. 주체로서 우주의 모든 성원들은 권리를 가질 수 있다.
4. 행성 지구 위의 자연계는 인간의 권리와 동일한 연원으로부터 권리를 갖는다. 그 권리는 우주로부터 존재에게 주어진 것이다.
5. 지구 공동체의 모든 성원들은 세 가지 권리를 갖는다. 존재할 권리, 거주할 권리, 지구 공동체의 공진화 과정에서 자신의 역할과 기능을 수행할 권리가 그것이다.
6. 모든 권리는 특정 종에 국한된 제한적인 것이다. 강은 강의 권리를 갖는다. 새는 새의 권리를 갖는다. 곤충은 곤충의 권리를 갖는다. 인간은 인간의 권리를 갖는다. 권리의 차이는 양적인 것이 아니라 질적이다. 나무나 물고기에 곤충의 권리는 아무런 소용이 없다.
7. 인간의 권리는 다른 존재양식이 자연 상태로 존재할 권리를 파기할 수 없다. 인간의 재산권은 절대적이지 않다. 재산권은 단지 특정한 인간 "소유자"와 특정한 일부 "재산" 간의, 양쪽 모두의 이익을 위한 특별한 관계일 뿐이다.
8. 종은 개체 형태나 양, 우마나 물고기 떼 등과 같은 집단 형태로 존재한다. 따라서 권리는 단순히 일반적인 방식으로 종이 아니라, 개체나 집단과 관련된다.
9. 여기서 제시된 권리들은 지구 공동체의 다양한 성원들이 다른 성원들에 대해 갖는 관계를 수립한다. 행성 지구는 상호의존적인 관계로 상호 밀접하게 연결된 하나의 공동체다. 지구 공동체의 모든 성원들은 직·간접적으로 스스로의

> 생존에 필요한 영양 공급과 조력·지원을 위해 지구 공동체의 다른 성원들에게 의존한다. 포식자와 피식자 관계를 포함하는 이 상호 영양 공급은 지구의 각 요소가 포괄적인 존재 공동체 내에서 갖는 역할에 필수불가결한 것이다.
> 10. 인간은 특별한 방식으로 자연 세계를 필요로 할 뿐 아니라 자연 세계에 접근할 권리도 갖는다. 이는 물리적 요구는 물론 인간의 지성이 요구하는 경이로움과 인간의 상상력이 요구하는 아름다움 그리고 인간의 감정이 요구하는 친밀성을 충족하기 위한 것이다.
>
> 토마스 베리, 2001.[6]

인권

인간은 매우 다양한 범위의 권리를 가질 수 있다. 그러나 우리가 '인권'이라는 용어를 사용할 때는 우리의 인간성을 규정하는 핵심 특성과 관련돼 특별한 보호를 받을 가치가 있다고 여겨지는 특정한 범주의 권리를 의미한다. 비록 법률가들이 이러한 권리의 많은 것은, 말하자면 권리장전에 기원을 두고 있다고 주장하더라도, 대부분 사람들은 가령 생명권(the right to life)과 같은 핵심 인권을 내재적인 것으로 여긴다. 달리 말하면, 우리는 그것을 지구권으로 여기는 것이다. 다양한 권리의 세부 내용에 관해 논란이 있을 수 있다. 그러나 사람들은 대부분 모든 인간이 다른 사람들로부터 존중되는 어떤 근본 권리를 가질 자격을 지니고 있고, 누군가의 이러한 권리를 박탈하려는 시도는 '위법하고' 도덕적으로도 잘못된 것이라고 믿는다. 인권을 보호하기 위해 시행되는 법은 우리에게서 이러한 권리를 박탈하는 것을 더 어렵게 만들고자 이러한 핵심 권리를 반영하고, 명료화하며, 나아가 추가하는 것으로 이해할 수 있다.

  인권의 보호는 또한 우리 본성을 완전히 표현하는, 각자 삶에서 저마다의 역할을 수행할 자유를 보장하는 것으로 이해될 수 있다. 가족을 구성할 자유 없이, 자신을 자유롭게 표현할 자유 없이, 자의적 구금으로부터 안전할 자유 없이는 우리의 인간성을 충분히 표현할 능력은 제한된다. 국가나 정당(일부 국가의 경우)이 우리에게 이러한 자유를 행사할 자유를 허용하지 않는다면, 그들은 우리의 인권을 침해한 것이라고 말한다. 오늘날 전 세계의 사람들은 인권 침해가 어디서 일어나든지 상관없이 이에 저항할 것이다. 기본적 인권의 침해는 또한 우리 공동의 인간성의 침해로 이러한 권리를 부인하는 자에 저항하는 것은 우리의 집단 책임이라는 인식에서 나오는 어떤 연대의식이 우리에게 있다. 집단 학살과 인종 차별/격리(apartheid)와 같은 최악의 체계적 인권 침해의 일부만을 '인류에 반하는 범죄(crimes against humanity)'로 우리는 규정한다. 인류에 반하는 범죄는 매우 심각하게 여겨지는 범죄로 통상적인 법 규정의 일부는 그 적용이 배제된다. 예컨대, 범죄로 기소된 자는 범죄가 저질러진 나라에서 그 나라의 법에 따라 재판을 받아야 하는 것이 통상의 법 규정이지만, 인류에 반하는 죄를 저지른 자는 어디서든 재판에 회부될 수 있다.

  우리가 지금 여기서 사람이 아니라 강에 관해 얘기하고 있다고 하자. 그러면 기본적 강(江)권(가령 인권에 상응하는 강의 권리)은 흐를 권리(right to flow)일 것이다. 수체(水體)가 흐를 수 없다면 그것은 강이라 할 수 없을 것이고, 흐를 능력(충분한 물이 주어져)은 강이 강으로 존재하는 데 필수불가결한 것이다. 그러므로 강의 관점에서 보면 강을 가로지르는 댐을 지나치게 많이 건설하고, 강에서 지나치게 많은 물을 끌어다 써 바다로 흘러들어 가지 못하게 된다면 이는 강의 지구권에 대한 침해가 될 수 있다.

인권의 제한: 이론

인간의 법학이 위대한 법학으로 통합되고 부합하게 하려면 우선 인간의 법학이 위대한 법학의 원칙에 위반하지 않아야 한다. 그리고 인간의 법학의 범위가 제한적이라는 점을 인정해야 하는데 이는 인간의 법학이 자신이 규율하는 분야를 넘어서는 어떤 현안이 있다고 스스로 인정해야 함을 뜻한다.

달리 말하면, 인간(또는 다른 어떤 종)이 지구 공동체 내에서 전체를 유지하는 역할을 수행하려면, 분명히 인권이 지구 공동체의 다른 성원들의 권리에 의해 제한돼야 함을 인정해야 한다. 이는 앞서 언급한 '자기결정권'이 실효성을 가지려면, 지구법학이 자신의 한계를 인정해야 하고, 인간의 거버넌스에 초점을 맞추어야 함을 의미한다. 우리 앞에 놓인 과제는 인간의 법학을 발전, 확장시켜 인간의 법학이 지구 공동체의 모든 성원들을 위한 법학으로 기능하도록 하는 것이 아니다. 이러한 시도는 말하자면 일종의 '신식민주의(neo-colonialism)'로 지구 공동체의 모든 성원들을 위해 심각하게 얘기하며 규율하려는 인간과 다름없다. 우리가 해야 하는 것은 인간의 법학과 거버넌스가 지구의 자기 거버넌스라는 더 큰 체계의 일부라는 사실을 제대로 인식해, 인간의 법학의 범위를 제한하고 그것이 다른 거버넌스 시스템을 존중해야 할 필요에 관해 좀 더 나은 인식을 발전시키는 것이다.

그러므로 인간을 위한 출발점은 지구 공동체의 각 성원이 지구 공동체 내에서 저마다의 역할과 기능을 수행할 자유의 한가운데 있어야 한다는 원칙이다. 이러한 자유가 존재하려면 지구 공동체의 다른 성원들이 자신의 역할과 기능을 수행하는 것을 막을 권리를 인간이 가져서는 안 된다. 이는 생태계 내에서 자신의 역할과 기능을 더 이상 수행할 수 없을 정도로 댐으로 강을 가두는 것을 저지하거나 종의 서식지의 파괴를 방지하는 거버넌스 시스템을 수립해야 함을 의미한다. 그러나 이것이 예컨대 한 종이 역할과 기능을 계속해 수행하는 것을, 심지어 계속해 존재하는 것을 우리가 절대적으로 보장해야 함을 의미하지는 않는다. 종의 절멸은 인간의 개입 없이도 일어나기 때문이다. 그러나 우리가 멸종을 초래할 수 있는 조건을 창출하는 것은 또 다른 문제인데 이 경우는 문제된 종이 자신의 역할과 기능을 수행하는 자유를 우리가 명백하게 제한하거나 박탈하는 것이기 때문이다.

인권과의 형량과 제한: 실무

지구법학이 제기하는 도전과제 가운데 일부는 인간에 의한 지구 공동체의 다른 성원들의 기본적 지구권(fundamental Earth rights)의 침해를 방지하는 거버넌스의 수단과 방법을 발전시키는 것이다. 우리 종이 어떻게 베리가 말한 바 있는 지구 공동체의 다른 성원들이 "지구 공동체가 부단히 새로워지는 과정에서 자신의 역할과 기능"을 수행할 권리를 침해하지 않도록 보장할 수 있을까?

예컨대 얼룩말을 보자. 얼룩말이 자연에서 자신의 역할과 기능을 수행할 '권리'를 인간의 지구법학이 인정하더라도, 이것이 곧바로 얼룩말을 사자로부터 보호할 권리를 제공하는 것은 아니다. 사자는 인간의 지구법학의 관심거리가 아니고, 설사 관심거리라 하더라도 지구법학이 사자에게 적용되지 않으며, 무엇보다 얼룩말의 자연적 역할과 기능의 일부는 사자에게 영양을 공급하는 것이기 때문이다. 얼룩말을 먹는 사자가 그 얼룩말의 생의 종말을 의미한다 하더라도, 그것은 얼룩말이 사자의 창자를 통과하면서 종으로서의 역할과 기능을 계속해 수행함(그리고 그 종의 지속적인 생존에 기여함)을 의미한다.

다른 한편, 지구법학이 인간 사냥꾼에게 얼룩말을 사냥할 권리를 부여하는가? 그것은 상황에 의존하므로 내 대답은 "상황에 따라 다르다"는 것이다. 공동체들은 저마다 서로 다른 지구법학의 판본을 갖고 있다. 부쉬맨/샌(Bushman/San) 사냥꾼이 음식을 얻기 위한 것이라면 그 대답은 '그렇다'일 것이다(그러나 자신들의 지구법학의 관점에서 예컨대 적절한 의식을 준수하지 않았다면 대답은 '아니오'가 될 수도 있다). 그러나 갈색 줄이 있는 부드러운 가죽을 생산하기에 태아가 적합할 것이라는 바람 속에 여분의 돈을 더 벌고자 수태한 암컷 얼룩말을 사냥하는 경우라면 그 대답은 '아니오'가 될 것이다. 앞의 사례에서 사냥은 지역의 지구 공동체 내에서 관계의 친밀성을 강화할 것이다. 반면에 뒤의 사례에서는 사냥은 야생동물을 상품으로 여기는 사람의 낭비적이고, 다른 종의 권리를 존중하지 않는 해로운 행위가 될 것이다. 물론 이 양 극단 사이에 판단하기 어려운 사례가 있을 수 있다. 투가노족이 한 것처럼(7장을 보라) 우리는 위대한 법학이 명하는 바에 따라 이러한 결정을 행하기 위한 보다 정교한 메커니즘을 발전시킬 필요가 있다.

얼룩말 사냥의 옳고 그름은 대부분 나라에서 그렇게 자주 발생하지는 않는다. 따라서 앞서 살펴본 강의 권리의 사례를 숙고해보자. 규모가 작은 인간집단이 강 주변에 정착해 가사(家事) 용도로 강을 이용해 소와 농작물에 물을 대기 시작했다고 가정하자. 지구법학적 용어로 말하자면 인간의 강물 사용은 사람과 강 사이의 관계를 강화해주기 때문에 좋은 일이라 할 수 있다. 사람들이 강에서 취수하는 물은 강의 전체 흐름에 커다란 영향을 주지 않고, 수생태계는 인간과 가축에서 기원한 인과 질소 등 영양물질의 증가에서 이익을 얻는다.

시간이 지나면서 강둑에 정착한 인간집단의 규모가 증가하고, 도시로 발전한다고 가정하자. 이제 부근에 대규모 농장이 들어서, 펌프로 관개용수를 대량으로 취수한다고 하자. 이로써 강의 흐름이 줄어든다. 곧 지자체는 강에 댐을 설치해 도시 거주자들 사이에서 점차 늘어가는 물 수요를 충족시키는 데 충분한 물을 확보하고자 한다. 이때부터 강과 인간 사이의 관계는 불편해지기 시작한다. 우리 자신의 관계에 비춰 아는 바와 같이, 서로 주고받는 관계가 좋은 것이다. 주는 것 없이 받는 것은 어느 정도의 기간 동안에는 관용될 수 있다. 그러나 장기적으로 주고받음 사이의 균형은 필수불가결하다. 당사자들 가운데 한 명이 지나치게 많이 취해 다른 이의 필요에 부정적 영향을 끼치기 시작할 때 그 관계는 기능부전의 상태에 빠지거나 폭력적으로 변하게 될 것이다.

 지구법학의 측면에서, 일단 강이 흐를 수 있는 기본적 지구권이 위협받게 된다면 법체계는 그 권리를 위협하는 인간의 행위를 금지해야 한다. 따라서 이러한 이해를 반영하는 법이라면 그러한 행위는 금지될 것이다. 그러나 흐를 수 있는 강의 능력이 아직 위험에 처하지는 않았다고 하자. 반대로 강이 자주 범람해 땅 없는 사람들이 강둑을 따라 지어놓은 오두막 판잣집을 쓸어버려 사람들이 죽었다고 하자(이곳은 도시지역 내에서 접근 가능한 물을 가진 개방지를 발견할 수 있는 유일한 지역이기에 그들은 여기에 정착했다). 그러면 강은 수로화돼야 하는 것일까? 그것은 강의 권리를 침해하는 것이 아닐까? 수로화되더라도 강이 흐를 수 있는 권리(지구권)는 유지되므로 수로화는 인권의 보호를 위해 정당화될 수 없는 것일까?

 이 물음에 대한 대답은 무엇을 강의 핵심 특성으로 볼 것인가에 따라 달라진다. 다행히도 강은 자신의 특성을 어느 정도 발신(發信)하고 있다. 흐를 필요가 있는 강은, 상류에서는 용존산소량이 높은 고에너지의 물보라를 일으키며 바위를 돌진하려 하고, 하류에서는 느릿느릿하게 구불거리며 흘러가는 그러한 구분되는 경향을 가지고 있다는 점을 우리는 잘 안다. 강은 양안을 따라 미기후(微氣候)와 수생태계를 조성하며, 때때로 범람하기도 한다. 강은 자신이 파괴한 것에 대한 보상으로 영양 풍부한 세사(細沙)를 공급하고, 홍수범람원을 자신의 영토로 획정한다. 달리 말하면 범람하는 강은 확실히 자신의 특성에 따라 그렇게 하는 것이다. 이는 강에게 우선권을 주어(적어도 상습적인 홍수 범람원 내에서는), 사람들은 그 밖의 공간에서 거처를 제공받아야 한다는 것을 의미한다. 범람을 방지하고자 강을 수로화하는 것은 땅돼지가 자칼 접근 방지용 펜스 밑에 구멍을 파지 않도록 하기 위해 총으로 쏴 죽이는 것과 다르지 않다. 땅돼지가 땅돼지인 한 땅을 팔 것이고, 강이 강인 한 범람할 것이다. 이는 생태계에 기여하는 그들의 핵심 본성의 일부로, 야생의 법이 보존해야 하는 바로 그 야생성이다.

지구법학은 우리가 땅돼지를 절멸시키거나 강을 더 이상 강이 아닌 사실상 콘크리트로 박스화된 하수관이 될 정도로 강을 통제하는 그러한 방식으로 대응하지 않을 것을 요구한다. 지구법학은 강이나 땅돼지의 독특한 특질을 인정하고 축복할 수 있는 야생의 법을 우리가 발전시키고 또 실행하기를 요구한다. 이는 범람원 내에서 거주지를 건설하는 것을 저지하거나, 또는 범람을 억제·방지하고자 습지를 복원함으로써 토지가 없는 사람에게 적합한 토지를 마련하는 것을 의미할 수도 있다. 수로화는 더 이상 선택지가 아니다. 나는 인간이 독창성을 발휘해 지구의 나머지와 공존하는 더 좋은 방법을 발견할 수 있으리라 믿어 의심치 않는다.

지구법학의 관점에서 본 권리

지구법학은 그러므로 지구와 지구의 기원(=우주—옮긴이)에서 출발함으로써 권리에 관한 물음에 접근한다. 이는 지구 공동체의 모든 성원들을 결합시키고, 공동체를 규정하는 공통 기반이 된다. 이 출발점으로부터, 한 존재가 된다는 것은 어떤 양도 불가능한 '권리'를 갖는 것이라는 결론이 나온다. 이러한 지구권은 다음과 같은 것으로 이해될 수 있다. 공동체 내에서 구별되는 한 성원으로 만드는 것이 무엇인지를 규정하는 것, 그리고 지구 이야기 속에서 그 성원이 공동체 내에서 계속 자신의 역할과 기능을 수행하기 위해 허용돼야 하는 자유를 기술하는 것. 이러한 권리는 공동체의 다른 성원들과의 관계 안에서 표현된다. 이러한 상호작용은 공동체의 다음 차원을 강화하는 방식으로 공동체 내의 특정 차원에서 서로 다른 권리들을 제한하고 균형을 맞추게 된다. 개별적 차원에서는 영양을 제공받을 포식자의 권리는 피식자의 생애 종말을 의미할 수 있다. 그러나 이러한 역동적 균형의 유지는 둘 다 한 부분으로 존재하는 생태계의 안정성과 순기능에 기여하고 있다. 건강한 생태계 내에서 여우나 토끼가 특정한 날에 죽더라도, 여우와 토끼가 그 일부가 되는 생태계가 지구 이야기 속에서 한 부분을 담당하는 '권리'는 유지된다.

지구법학에 기반한 거버넌스 시스템은 지구 공동체의 인간 이외의 성원도 '권리'를 가질 수 있음을 인정하는 개념적 틀을 포함하고 있어야 한다. 또한 이러한 권리를 기술하기 위한 언어와 이러한 권리를 전면적으로 인정하기 위한 법 메커니즘을 고안해야 한다. 우리는 적당한 정도의 겸손과 관점을 가지고 이러한 과업에 접근해야 한다. 여기서 쟁점은 자주 인식되는 것처럼 우리 인간이 다른 종이나 환경에 권리를 부여하는 방식으로 거버넌스를 설계할 것인지를 결정하는 것이 아니다. 다른 종이나 환경은 이미 그러한 권리를 갖고 있지만, 우리의 법체계가 이를 인지할 수 없으므로 그러한 권리가 보이지 않을 뿐이다. 따라서 여기서 도전과제는 우리가 종을 조직하고 규율하는 철학 기반을 다시 개념화해 발전시키고, 나아가 그것이 상호 연결된 주체들의 우주라는 현실에 더욱더 밀접하게 일치시킬 수 있는지 하는 것이다.

다른 권리들에 우선하는 지구권

우리는 모든 권리에 같은 지위나 비중이 주어져서는 안 된다는 것을 인정해야 한다. 우리는 이미 생명권과 같은 기본적 권리와 가령 계약을 체결할 권리 또는 법정에서 이 계약을 집행할 권리를 같은 저울대에서 이익형량(balancing)을 할 수 없다는 점을 인정한다. 그러나 우리는 모든 지구권에 대해 동등한 접근법을 적용하지 않는다. 예컨대, 국제무대에서 WTO라는 교역 규범은, 제한적 범위에서 국제환경협약에 의해 보호되는 수많은 지구권, 심지어 인간 공동체의 권리와 이익 형량되고 있다. 통상적으로 교역 규범이 우선한다. 지구법학이 실효성을 가지려면 전통적인 법학에 의해 지지되는 일부 권리는 폐지되거나 현저하게 변용돼야 한다. 예컨대, 우리가 우주를 객체들의 집합이 아니라 주체들의 친교로 본다면, 토지나 생물체를 인간을 위해 소유되고 사용되는 재산으로 규징하는 것은 지구 공동체에 도움이 되지 않고, 오히려 파괴적임이 그 즉시 분명해진다. 재산권의 이러한 성격은 인간 주체가 일방적으로 지구 공동체의 다른 모든 측면들을 객체로 지배하는 것이 올바르고 적절하다는 세계관을 반영하고 있는 것이다. 사실 지배적인 법철학은 지구 공동체의 나머지를 객체로 규정함으로써 지구 공동체에 대한 우리의 착취적 관계를 정당화하고 촉진한다. 나아가 법적으로 인정되는 '권리'를 갖는 두 주체 간의 쌍방향적 관계의 출현을 가로막는다.

자연의 상호주의 관계가 일방향의 착취 관계로 개념적·법적으로 변환될 때 거기서 불균형이 발생한다. 토지나 생물체를 자신이 원하는 대로 할 수 있는 재산소유자의 사실상 제한되지 않는 권리는 균형을 잃은 위험천만한 힘을 표상한다. 이러한 불균형에 따른 파괴적인 결과는 매우 분명한데 14장에서 더 자세히 다루겠다.

누군가 잠깐 동안 인간권 바깥으로 나갈 수 있다면, 지구의 모든 측면들의 내재적 권리와 권리의 기원에 관한 베리의 소견이 진실하다는 것을 분명하고 쉽게 이해할 수 있을 것이다. 사실을 모호하게 하는 것은 이 문제가 지닌 법적 논의에 깔린 강한 인간중심적인 색조다. 권리를 보유하는 주체들의 우주라는 사고는 인간권의 법 전통에 기울어진 사람에게는 매우 급진적으로 들릴 수 있다. 이것이 매우 기이하게 보이는 까닭은 자연과의 관계에서 드러나는 우리의 자폐증상과 수만 년 우리 부족사에 대한 지배적인 문화의 기억상실증에서 연유한다. 원주민의 관점에서 보면, 사람들이 기업과 같은 가상의 존재를 고안해 그것에 커다란 권한을 부여하고, 자신들의 자연 거주지를 황폐화 하는 기업에 인생의 상당 부분을 바친다는 생각이 훨씬 더 도착적으로 보일 것이다.

9장
지구 거버넌스의 요소

지구법학

6, 7, 8장에서 나는 지구 거버넌스의 다른 측면들을 논했다. 위대한 법학(6장)의 맥락을 인정해야 할 필요에서 시작해, 지구 거버넌스(7장)를 실행하고 있는 인간 공동체의 지식에 의지할 필요에 주의를 기울였으며, 나아가 그것이 어떻게 우리에게 새로운 방식으로 권리를 이해할 것을 요구하는지를 논했다(8장). 이 장에서 나는 지구법학과 지구 거버넌스의 주된 특징의 일부를 개관하기 위해 이러한 다른 측면들을 함께 묶어보려 한다.

지구 공동체의 일부로 자신을 규율하는 방법에 관한 특정 인간 공동체의 이해를 지구법학은 반영해야 한다. 그리고 자신이 그 일부를 구성하고 있는 위대한 법학의 특질을 드러내야 한다. 달리 말하면, 건강한 인간의 지구법학은 특정 종에 고유한 위대한 법학의 상세한 기술이어야 한다. 그것은 책 속의 어느 한 면에서, 법조항에서, 또는 단

하나의 씨앗 안에서도 발견될 수 있다. 전통적인 작물용 씨앗의 유전자에는 수천 년은 아닐지라도 수백 년 간 특정 장소에서 가장 잘 자라는 것을 면밀히 관찰한 인간 선택의 결과가 담겨 있다. 이는 실제 의식적인 공진화다. 수많은 농부 세대와 지역 환경 사이의 긴밀한 협력 관계는 농부의 노력을 보상하기에 충분한 영양상 요구와 미(微)기후의 변화에 대처하기에 충분한 회복력의 요구를 담아, 진화하는 장소에서 이용 가능한 토양의 영양과 물 그리고 햇빛에 적응한 특정 씨앗들을 생산한다.

씨앗은 그러나 전체 이야기를 담고 있지 않다. 인간에 의한 씨앗의 지속적인 번식에서 핵심은 전통 지식과 재배와 수확·저장 그리고 조리법에 관한 관행이라는 맥락이다. 이와 더불어 특정 재주(기량)와 기술력, 그 과정을 기념하고 경배하는 의식(儀式)과 같은 문화적 행위다. 종종 씨앗의 교환 자체는 사회의 결속을 강화하는 수단으로 활용된다. 수많은 공동체에서 경작용 씨앗은 이러한 결속을 강화하는 방식으로 의도적으로 교환된다. 반면에 식량용 곡물은 자주 상품으로 팔린다. 사람과 지구 사이에 긴밀한 관계가 있는 경우 인간 문화의 성격과 다양성은 자연과 동식물 그리고 토양의 다양성과 분리될 수 없다.

그러나, 이 지구중심적 관행의 발전에는 시간은 물론 투카노족과 같이 의식적으로 인간의 행위를 지구에 적응하게 하는 과정에 지속적으로 참여하려는 오롯한 마음이 요구된다. 이것이 인간이 지구에 흔적을 남겨서는 안 됨을 의미하는 것은 아니다. 그것은 불가피하다. 사실 투카노와 다른 아마존 인디언 집단조차 외부인에게 원시림으로 보이는 아마존 열대우림을 의도적으로 그리고 중대하게 변경했다. 차이는 목적 내지 의도에 있다. 특정 사회·생태 시스템의 제약 속에서 더 많은 식량 생산을 통해 인간 공동체에 혜택을 주는 방식으로 다양하게 개량, 발전된 씨앗과 증권거래소에서 거래되는 주식 가격을 높이려는 목적으로 대량 생산돼 소유되는 유전자 변형 씨앗 사이의 세계는 철저하게 다르다. 유전자 변형 씨앗은 특정한 환경조건에 맞추기 위해서가 아니라 특허된 제초제와 공존하기 위해 인간에 의해 조작되고 또 수익을 증가시키기 위해 개량된다. 이는 긴밀한 장기적인 관계, 지구 공동체 성원 간의 무한한 친교의 소산이 아니라 유리와 같은 불모(不毛)의 기업 실험실에서 급조된 결합의 소산이다. 이 세계에서 진화 경험으로부터 축적된 지혜와 생명 형태의 온전성은 아무것도 아니고, 오직 CEO의 주식매입선택권(stock option)이 모든 것이 된다.

현재 지구를 지배하는 인간문화가 자신의 세계관을 바꿔, 인간의 역할은 주로 더 큰 지구 시스템과 과정에 맞추고 이에 이바지하는 것으로 이해한다면, 그때부터 거버넌스의 목적은 변할 것이다. 국내 및 세계 총생산과 이를 위한 국제 무역을 해마다 증가시키는 것은 더 이상 중요하지 않을 것이다. 인간의 순영향이 생명그물의 약화가 아닌 강화를 보장하기 위해서는 우리의 거버넌스에 관한 노력은 사회에 대한 심상(心象)을 재구축하는 데, 그리고 규제 체계를 더 정교화 하는 데 중점을 둬야 한다. 인간 거버넌스 시스템에서 지구법학의 주된 역할은 거버넌스 시스템(이는 윤리, 법, 제도, 정책 및 행위 등등을 포함할 수 있다)의 개발과 이행을 지도하는 철학적 기초를 제공하는 것이다. 법과 관련해, 몽테스키외를 빌려 말하면 법의 정신(the spirit of the law)처럼 기능하는 것으로 보일 수 있다. 그 정신은 법의 핵심에 야생성을 회복시킬 것이다. 이 장에서 나는 특정 인간 사회를 위한 지구법학을 특징짓는 특성의 일부를 확인할 것이다.

법과 권리의 원천과 정당성

지구법학의 근본은 그것을 형성하고 작동하는 방법을 결정하는 더 큰 맥락 내에서 존재하고 있음을 인정하는 데 있다[시스템 사고(system thinking)적 용어로 말한다면, 시스템의 어떤 구성요소가 어떻게 기능하는가를 결정하는 것은 시스템이라는 더 넓은 맥락이지 그 반대가 아님을 인정해야 함을 의미한다].

법철학의 맥락에서, 이러한 통찰은 법률가가 중심적 관심을 두는 두 가지 쟁점, 즉 법의 원천과 정당성에 심오한 함의를 가진다. 법은 사회에서 권력 행사를 규제하는 기능을 담당한다. 이 때문에 어떤 국민 또는 어떤 제도는 왜 법을 만들고, 또 그 법이 수여한 권력 행사를 어떻게 통제할 수 있을지를 설명하는 이론을 갖는 것이 중요하다. 예를 들면, 많은 나라들은 그 사회의 건국 아버지들(그들은 보통 거의 예외 없이 남성이다)이 협력해 헌법을 기초하는 그런 역사의 어느 한 순간을 가리킬 것이다. 헌법은 보통 입법부가 규정된 절차에 따라 헌법 자체와 충돌하지 않는 법률을 만들 수 있음을 규정한다. 이렇게 만들어진 법은 다양한 국가공무원과 그 밖의 다른 것에 권력을 부여한다. 권력은 그것을 부여한 법에 따라 엄격하게 행사돼야 한다. 서구의 법 시스템에서 권한을 부여한 법에 의해 설정된 범위를 넘어서는 공무원의 행위는 권한 유월로 기술되는데 이 행위는 효력을 가질 수 없다. 이러한 방식으로 그 사회는 법이 정당한지 아닌지 그리고 공권력(보통 개인의 자유를 제한하는 데 사용되는)의 행사가 유효한지 아닌지를 결정하는 시스템을 확립하게 된다.

그러나, 인간의 법학(심지어 지구법학)이 상위질서인 위대한 법학에서 나오는 것이라면, 정의상, 인간의 법학은 제한적인, 하위종속적인 것이 된다. 그러므로 첫째, 인간의 법학의 범위는 위대한 법학에 의해 획정된다. 예를 들면, 다른 종의 권리가 위대한 법학에서 직접 생긴다면, 인간 법학은 이 권리를 유효하게 제한하거나 취소할 수 없다는 결론이 뒤따른다. 둘째, 인간의 법학과 그 구체적 표현인 헌법과 법은 위대한 법학에 부합해야 한다는 점에서 종속적이다. 따라서 위대한 법학에 부합하지 않는 범위 내에서 정당하지 않은 것으로 여겨지고, 인간의 법학 아래 행사된 권한은 비유하자면 국내 법체계에서 권한 유월로 다루어지는 행위와 같아진다.

어떤 법체계에서 특정 규칙은 상위법체계(보통 자연법)와 충돌된다는 이유로 유효하지 않은 것으로 또는 실제로 법이 아닌 것으로 다뤄져야 하는 범위(정도)를 둘러싸고 오랫동안 법이론적 쟁점으로 다투어져왔다. 여기서 위대한 법학 또는 지구법학과 관련해 이 논쟁을 재고하기를 제안하는 것은 아니다. 내 입장은 단순하다. 우리가 개념적으로 우리 거버넌스 시스템이 우선 위대한 법학에 또한 우리가 발전시켜야 하는 지구법학에 부합해야 한다고 받아들인다면, 우리는 이를 달성하기 위해 법과 그 밖의 다른 메커니즘을 발전시켜야 할 필요가 있다는 것이다.

옳고 그름의 분별—윤리의 문제

지배 문화의 법학과 법 특히 형사법체계는 우리가 옳고 그름을 분별할 수 있음을 전제로 한다. 적지 않은 경우 그 분별선은 모호하지만, 그 선의 그른 쪽에 있다면 결과는 가혹할 수 있다. 도덕적·윤리적 신념은 한 사회가 받아들일 수 있다고 여기는 것과 그렇지 않은 것에 영향을 준다. 실제, 정확히 그 분별선이 어디에 그어지게 될지는 법률 또는 계약의 정확한 문구, 증명될 수 있는 '사실관계', 관련된 사람의 심리상태(고의 또는 과실을 말한다—옮긴이)에 관한 법원의 견해, 그리고 그 사람이 어느 정도 '합리적'으로 행위했는지를 포함한 다양한 요소에 의해 결정된다.

환경법 영역에서조차 사람이 지구의 다른 측면에 해를 끼친 데 대해 제제를 받을지 여부는 인간 행위의 기준을 규정하고 있는 문서의 해석에 따라 결정될 가능성이 있다. 따라서 인간 또는 더 전형적으로 회사의 권리는 손상된, 일련의 관계들을 규정하는 지구 공동체의 맥락과는 독립적으로 결정된다. 예를 들면, 어떤 회사는 법이 정한 배출허용기준을 초과해 폐수를 배출하는 경우 벌금형을 선고받을 수 있다. 우리 거버넌스 시스템은 대체로 생태적 관점에서 상황을 고려하고 또 그 배출이 강과 생태계(인간을 포함할 수 있는) 기능에 미치는 영향을 조사할 정도로 충분히 정교하지 않다. 스톤은 자신이 "사람 이외의 것들(Non-persons; 정확히는 권리능력을 갖는 법적 주체로 인정되는 '자연인'과 '법인'이 아닌 것들을 말한다—옮긴이)"이라고 부르는 것과 관련해 수치 기준(numerical standard)에 근거해 허용되는 것과 허용되지 않는 것

사이의 경계를 획정하는 대신, "우리와 사람 이외의 것들과의 관계를 규율하고, 그 관계의 핵심을 포착하려는 법 규정으로 우리가 전환할 수 있는지"가 더 도움이 될 것이라고 시사한다. 예컨대, 강에 관해 말한다면 ppm으로 표시되는 기준이나 어떤 불투명한 지표를 사용하는 대신 강의 '강다움(riverhood)'이 위협을 받게 될 것인지 라는 측면에서 그 쟁점을 검토하는 것이다.1 이러한 접근방식은 비현실적이고, 집행상의 어려움으로 인해 오히려 더 많은 오염자들이 오염행위에 따른 결과를 회피하게 될 것이라는 주장이 제기될 수 있다. 우리의 현재 거버넌스 구조의 한도 내에서는 그럴 수 있다. 그러나 그러한 실천 상의 문제가 이 문제들에 대한 접근법의 철학적 기초를 바꿔야 한다는 점에 영향을 주진 않는다. 일단 우리가 이를 받아들인다면, 지금과 같은 인간의 창의성으로도 그러한 접근법을 신속하게 실행할 수 있는 새로운 방식을 찾아낼 것이다. 한 예로, 스톤이 언급한 것처럼, 미국 환경법은 이미 이러한 접근법을 실행하는 데 요구되는 것에 근접한 구제조치를 담고 있다. 해양포유동물보호법(the Marine Mammals Protection Act)은 알락돌고래와 같은 멸종 위기 해양 포유동물을 보호하기 위해 어획과 같은 인간의 행위가 특정 서식지 내 '최적 지속가능한 개체군(optimum sustainable population)'을 위협하는 경우 법원이 개입할 수 있다고 정하고 있다. 법원은 어획이 이 지점에 도달하는 경우 '상업적 어획가능선과 알락돌고래 사이에 이익을 저울질하는 것은 더 이상 적절하지 않고, 이 시점부터는 알락돌고래의 보호가 우선되어야 한다'는 취지로 이 규정을 새겼다.2

    지구 공동체의 인간 이외의 측면에 해를 가하는 인간의 행위가 그

룻된 것으로 판단되는 경우, 우리 거버넌스 체계는 보통 벌금을 부과하거나 다른 인간에게 피해배상의 지급을 명하는 것으로 대응한다. 그런데 이는 그 특정 맥락 내에서 전체를 유지하는 건강한 관계를 어떻게 회복할 것인가 하는 근본 쟁점을 다루지 않는다. 현재 많은 나라들의 환경법은 오염원인자가 이른바 '정화'비용을 지불하도록 명하고 있다. 이 조항은 물리적 훼손 일부를 복구함으로써 생태 공동체와의 관계를 강화하는 방향으로 일정 정도 나아가게 할 것이다. 그러나 불행하게도 실제로 그러한 조항은 보통 사고 재발의 가능성을 줄이는 방식으로 오염원인자와 가령 강 사이의 건강한 관계성을 회복하는 대신 공공기관이 오염원인자를 상대로 그가 초래한 비용에 대한 배상 청구를 허용하는 방식으로 설계돼 있다.

지구법학은 단순히 인간 사이가 아니라 지구 공동체 모든 성원 사이의 관계를 유지, 강화하는 데 관심을 가진다. 이러한 맥락에서, 옳고 그름 간의 엄격한 구분에 기초한 사고는 일반적으로 도움이 되지 않고, 특히 그 구분이 오로지 인간이 결정한 유연하지 않은 기준에 근거한 경우에는 더 그러하다(어떤 경우에서든 많은 기준들은 인간 사회의 장기 이익에서가 아니라 인간 사회 내 유력한 이익단체들이 자신들의 단기 이익이라고 보는 것에 근거해 결정된다). 우리의 관심이 지구 공동체의 통합성 또는 전체성을 유지하는 데 있다면, 어떤 행위가 전체 시스템의 통합성과 건강성 그리고 구성 부분 간 관계의 양질성 또는 친밀성을 증가시키느냐 또는 감소시키느냐 하는 정도에 따라 평가하는 것이 더 유익할 것이다.

이 접근법은 알도 레오폴드(Aldo Leopold)의 유명한 대지윤리(land

ethic)와 비슷하다. "어떤 것이 생물 군집(biotic community)[2]의 통합성, 안정성, 그리고 아름다움을 보존하는 경향을 지녔다면 옳다. 그러나 그 반대의 경향이라면 그르다.[3]

이와 비슷하지만 더 개인적인 맥락에서, 베리는 11세 소년 시절 집 근처 작은 샛강을 건너 우연히 오후 태양 아래 목초지에 한 무더기로 피어 있는 흰 백합을 발견한 경험을 기술했다. 이 장면은 그의 생애에서 매우 중요한 시금석이 되었다. 이 경험 이후로 자신은 어떤 것이 좋은지 혹은 나쁜지 하는 판단은 흰 백합이 펴 있던 그 목초지 장면에 의거했다는 점에서 그 경험은 규범적인 것이었다고 설명했다. 그는 다음과 같이 말했다. "변화하는 자연의 순환 안에서 이 목초지를 보존하고 증진하는 것은 좋다. 반대로 이 목초지를 거슬러 부정하는 그 어떤 것도 좋지 않다. 내 생의 지향은 이처럼 단순하다."[4]

스톤은 자신의 저서『지구 윤리와 그 밖의 윤리(Earth and Other Ethics)』(1987)에서 그가 언급한 것을 도덕적 다원주의를 찬성하는 논거로 삼았다.[5] 그는 모든 상황에서 '정답'을 결정할 때 적용가능한 통일된 원칙을 고안하려는 전통적 접근법을 거부했다. 우리에게는 다른 원리와 다른 접근방법을 가진 다양한 도덕적 틀이 필요하다고 그는 주장한다. 이는 어떤 윤리적 혹은 도덕적 틀이 적절함을 뜻하기 보다는 틀의 다양성이 중요하다는 것을 인정하고 존중해야 함을 의미하는 것이다.

---

[2] 어떤 지역에 서식하고 있는 복수의 생물종에 있어 개체군의 집합으로 단순한 개체군의 집합이 아니라 생물종간의 다양한 상호관계에 의해 조직화된 집단의 단위. 생물군집은 그것을 구성하고 있는 종 수, 각 종의 상대적 개체수, 다양성, 안정성이라는 속성을 갖는다.

> 윤리는 생태적으로는 존재하기 위한 투쟁에서 행동의 자유의 한계가 된다. 윤리는 철학적으로는 반사회적인 행동에서 사회적인 행동을 분별하는 것이다. 이는 하나의 것에 관한 두 가지 정의다. 윤리는 협력적인 양식(樣式)으로 진화하려는 상호 의존적인 개체 내지 집단의 경향성에서 기원한다. 생태학자는 이를 공생이라 부른다…… 지금까지 진화한 모든 윤리는 "개체는 상호 의존하는 부분들로 구성된 공동체의 한 성원이다"는 단일한 전제에 의존하고 있다. 개체의 본능은 그를 공동체 안에서 자신의 자리를 차지하기 위한 경쟁으로 내몬다. 개체의 윤리는 그러나 그에게 또한 협력할 것을 촉구한다(아마도 경쟁하기 위한 자리가 존재하도록 하기 위해)
> -알도 레오폴드, 『모래 군(郡)의 열두 달』, 1948

나는 우주가, 춤과 같이, 모든 관련된 것들 간의 협력관계의 덕택에 존재한다고 우리가 인정하면, 우리 거버넌스 체계는 지구 공동체 성원 간의 친밀한 관계를 지지하고, 키우는 데 중점을 둬야 한다고 본다. 또한 관계에 중점을 둔다는 것은, 좋은 것 혹은 나쁜 것은 그것이 지구 공동체를 구성하는 유대를 강화하는지 아니면 약화하는지 그 경향성을 살핀 다음 행해야 함을 시사한다. 달리 말하면, 전체의 통합성과 아름다움 그리고 그것의 지속적인 '전개'에 기여하는 것은 그렇지 않은 것에 우선해야 한다. 그리고 어떤 것이 어디에 해당하는지를 결정하는 방법은 위대한 법학에 부합하다는 조건을 전제로 다양할 수 있다. 위대한 법학 자체는 다양성을 인정할 뿐 아니라 요구하기도 한다.

균형, 상호성 그리고 정의

지구법학은 자연 세계에서 균형의 중점적인 중요성을 고려해야 한다. 이 균형은 정의의 저울의 각 저울대가 어느 한 쪽으로 기울어지지 않은 수평 상태라기보다, 항상 변화하는 유동 상태인, 우주의 '창조적 비평형(creative disequilibrium)'을 말한다. 항상 움직이고 변화하고 그러면서도 장기간 한 방향으로 움직이지 않고 평형을 찾기 위해 또는 패턴을 재정립하기 위해 거꾸로 소용돌이치는 그러한 것, 음과 양의 상징이 시각적으로 증명하는 것처럼, 음이 우세하면 양은 약해지고, 또 어느 순간 그 반대가 되기도 하면서 반응과 대항 반응의 순환은 전체를 유지한다.

이러한 균형의 문제에는 상호성 원칙이 관련되는데 취함(taking)에는 반드시 내어줌(giving)이 있어야 하기 때문이다. 좋은 농부라면 다 아는 바와 같이, 우리가 토양에서 무엇인가를 취한다면 반드시 그것을 보충하는 영양분을 줘야 한다. 그렇지 않으면 토양은 불모상태가 될 것이다. 원시 부족문화에서 이 원칙은 특히 사냥과 수확과 관련해 여러 가지 제의라는 수단을 통해 인정되고 존중된다. 세계 전역의 수렵인은 생명의 희생으로 자신의 가족이 살 수 있음에 대해 사냥물 또는 죽어가는 동물에 감사를 드리고, 자신도 지구 시스템에 육신을 돌려줌으로써 영양분과 에너지를 넘겨야 할 차례가 언젠가 도래할 것임을 인정하는 작은 의식(儀式)을 가지고 있다. 그러한 의식을 통해 이 상호성 원칙은 사람의 마음속에 계속 간직될 수 있고, 지구 공동체 필수 성원으로 기능하는 데 필요한 존중과 겸손이 표현된다. 우주가 에너지 또는 영이 드나드는 순환으로 이해되는 경우 특정 지점을 넘어 축적하려는 것은 불균형을 추구하는 것과 같다.

현재 우리의 법학은 인간의 권리 간 균형이 중요하다는 생각을 일정 정도 승인한다(정의는 보통 이 관념을 반영해 권리 간의 균형상태로 이해된다). 상당수 법학자와 정치학자는 거버넌스 체계 안에서 권리와 책임을 연계하는 것이 중요함을 인정할 것이다. 권리 내지 특권이 크면 클수록, 그것에 수반돼야 하는 책임도 커질 수밖에 없다. 우리는 책임이라는 대항 균형 없이는 억제되지 않은 권력이 불가피하게 권력 행사 대상 자체를 파괴할 것이라는 사실을 경험으로 안다. 더욱이, 키케로가 인정한 것처럼, 한 사람의 무제한적인 권력은 나머지 모든 사람의 자유를 파괴할 것이다. 그러나 다른 종과 지구와 관련해 인간은 멋진 재능과 큰 힘을 가진 창조물로 태어난 존재라는 특권은, 다른 종과 지구와 관련해 그 권한에 상응하는 커다란 책임 없이는 존재할 수 없다는 현실에 우리는 눈감고 있다. 달리 말한다면, 공동체에서 인간의 역할은 가공할 힘과 책임을 다 포함하고 있다. 그리고 상호성 원칙은 우리가 지난 과거 지구로부터 막대하게 취한 것을 미래에 돌려주도록 요청하고 있다.

지구 거버넌스

세계 민주 국가는 '국민을 위한 국민의 정부'임을 자랑한다. 그러한 천명에 수많은 시민들은 어쩌면 코웃음 치며, 사실은 '다수를 희생해가며 오직 기업을 위하는 '엘리트의 정부'임을 의미한다고 조롱할 것이다. 그러나, 한 발짝 물러서서 지구중심적 관점에서 정부의 역할을 숙고해보면, 인간 거버넌스에 대한 관념이 더 넓은 지구 공동체에는 입에 발린 소리조차 하지 않음을 금방 알 수 있다. 설사 진정한 '국민을 위한 국민에 의한' 정부라 할지라도 의식적으로 인간의 안녕이 유래하는 지구의 안녕을 지향하고 우선시하지 않는다면 파괴적인 정부가 될 수 있다.

지구 거버넌스는 그러므로 국민의 국민에 의한 '지구를 위한' 정부다. 이는 우리에게 거버넌스와 민주주의에 대한 이해를 확장해 단지 인간만이 아니라 전체 지구 공동체를 포용할 것을 요구한다. 이 관점은 인도의 지구 민주주의 운동(Earth democracy movement)에 잘 반영돼 있다. 반다나 시바(Vandana Shiva) 박사는 이 운동에 관해 다음과 같이 썼다.

> 지구 민주주의는 인간을 지구 가족(Vasudhaiva Kutumbkam)의 한 성원으로, 또한 다양한 문화들을 우리 삶을 풍요롭게 하는 문화 다양성이라는 모자이크의 일부로 재맥락화한다.[6]

지구 거버넌스는 장기적으로 우리가 의식적으로 인간의 안녕이 유래하는 지구의 안녕을 지향하고 우선시하는 방식으로 우리를 규율하지 않는다면 인간에게 번영은 없을 것이라는 인정에 정초해 있다. 전체 시스템에서 우리의 안녕이 나오기 때문에 전체 시스템의 건강을 우선한다는 취지에서 지구를 위한 규율은 결국 우리 자신을 위한 규율인 것이다. 사실 지구 거버넌스가 요구하는 장기의 전일적 접근법이 단기의 정치적 목표와 정치 혜택의 추구에 기초한 현재의 거버넌스 시스템보다 훨씬 더 인간에 유익할 것이다. 그러나 지구 거버넌스는 지구의 모든 측면들을 전부 다룰 것을 암시하는 것이 아님을 이해하는 것이 중요하다.

지구 거버넌스의 목적을 달성하기 위해 인간 거버넌스 시스템은 우리가 자유를 행사하면서 다른 지구 시민들의 안녕을 파괴하지도, 또한 그들의 진화적 역할과 기능의 수행을 방해하지 않도록 보장하는, 인간의 행위를 이끄는 방법을 포함하고 있어야 한다.

지구법학은 그러한 거버넌스 시스템을 위한 철학적·이론적 기초를 제공하고, 야생의 법을 육성할 것이다. 지구법학은 사회마다 다양할 것이다. 그러나 변형된 저마다의 지구법학은 다음과 같은 비롯해 공통의 요소를 공유할 것이다.

- 지구 공동체 모든 성원들의 기본적 '지구권'의 원천은 인간 거버넌스 시스템이 아닌 우주임을 인정
- 지구 공동체 내 인간 이외의 성원들의 역할과 기능을 인정하고 또 부당하게 그 역할과 기능의 수행을 방해하지 않도록 인간의 행위를 제어하는 방법
- 전체로서 시스템을 위해 가장 좋은 것에 의해 결정되는 지구 공동체 모든 성원 간의 상호성과 역동적 평형성(지구 정의) 유지에 대한 관심
- 인간의 행위가 지구 공동체를 구성하는 유대를 강화하는지 또는 약화하는지에 따라 그 행위를 승인하거나 불승인하는 접근법

| 4부 |

야생지로의 여정

모든 생명은 해양에서 나왔다.
우리들 저마다의 생명은 자궁의 양수에서 나왔다.
조류의 밀물과 썰물은 우리의 날숨과 들숨처럼 살아 있다.
당신이 당신의 본성과 리듬 속에 있을 때 파괴적인
그 어떤 것도 당신에게 영향을 끼치지 못한다.
신의 섭리는 당신과 함께하는 '하나'에 있다.
그것이 당신에게 새로운 지평을 환기시키며 거기로 데려다줄 것이다.
영적이라는 것은 리듬 안에 있다는 것이다.
―존 오도나휴(John O'Donohue), 『영혼의 동반자(Anam Cara: A Book of Celtic Wisdom』

10장
지구법학을 찾아서

3부에서 나는 지구법학이 취할 수 있는 형태에 대한 느낌을 전달하려 했다. 다음 다섯 장(10장부터 14장까지)에서는 우리가 어떻게 하면 지구법학의 방향으로 나아갈 수 있을지를 탐구하고자 한다.

지구법학을 발견한 내 자신의 경험은 오래간만에 야생지를 정처 없이 돌아다닌 듯한 것이었다. 그것은 두려우면서도 신나고, 불안정하고 동요하면서도 깊은 만족감을 주는 그런 경험이었다. 나는 지구와의 관계에서 현행 거버넌스 시스템의 기능부전에 절망하는 모든 이들에게 지구법학을 추천하고자 한다. 야생지와 마찬가지로 지구법학과 야생의 법은 영혼의 양식이 될 것이다.

차에서 내리기

유럽에서 10여 년을 보낸 나는 1991년 가족과 함께 내 고향 남아프리카공화국으로 돌아왔다. 2001년 봄 버지니아 에얼리 센터(Airlie Center)에서 열린 토마스 베리와의 토론회에서 로버트 그린웨이(Robert Greenway)를 처음 만났다. 1960년대 이후로 야생의 경험의 심리적 측면을 탐구하고 있는 로버트는 나에게 마지막으로 야생에 있었던 때가 언제였는지를 물었다. 느닷없는 물음에 나는 놀라면서도 덤불숲지대를 피상적으로 접하는 정도를 넘어서는 경험을 한 지 여러 해가 지났음을 깨닫고, 그 즉시 다시 유대를 가지리라 마음먹었다. 에얼리 센터 토론회에는 남아프리카공화국 더반 야생지도자양성학교(the Wildness Leadership School) 교장으로 덤불숲지대에서 생애의 상당 기간을 보낸 부루스 델(Bruce Dell)도 참석했다. 미국에서 함께 귀국한 우리는 가능한 한 이른 시간 내 함께 여행하기로 약속했다.

2001년 9월 움폴로지 동물보호구역(Umfolozi game reserve)으로 5일간 답사를 떠났다. 부루스가 이끌고, 줄루랜드에서 온 지역민 만들라 부텔리지(Mandla Buthelezi)가 지원한 답사였다. 우리는 보호구역 근방에 주차한 뒤 차에 시계를 둔 채 배낭을 메고 부루스와 만들라의 안내에 따라 덤불숲지대로 진입했다. 미처 몇백 미터 가기도 전에 전방의 수풀 속에서 작은 새가 경고음을 울리며 날아올랐다. 소등쪼기새로 사냥감이 되는 큰 동물들의 친구이자, 경험 있는 보호구역 관리인에게는 감출 수 없는 신호다. 부루스와 만들라가 급하게 보내는 신호에 따라 우리는 얼어붙은 듯 멈춰 섰다. 거의 동시에 소등쪼기새의 경고를 수신한 큰 뿔 달린 머리가 불과 수 미터 떨어진 우리 앞에서 흔들렸다. 운 좋게도 우리는 덤불 숲 뒤에서 머리를 떨군 채 졸고 있는 코뿔소의 엉덩이 뒤쪽에 바람 부는 방향으로 서 있었다. 안내자들의 경계하는 태도와 덤불숲의 신호에 대한 이해 덕분에 우리는 조용히 코뿔소 무리 주위를 우회해 안전하게 이동할 수 있었다. 몇 분 뒤 관목 속에 감춰져 있던 늙은 버팔로 수컷도 피할 수 있었다.

불과 얼마 뒤 사자의 자취를 본 우리들은 매우 위험한 장소로 여겨지는 그런 곳에서 느낄 수 있는, 자신이 작고 보잘것없다는 그런 연약함을 느끼기 시작했다. 비록 관리인은 총을 소지하고 있었지만, 기술의 힘을 포기한 채 차량이 제공하는 안전을 버린 우리들은 상황이 우리의 통제 밖에 놓여 있음을 상당히 의식하게 됐다.

다음 며칠 동안 우리의 감각은 변했다. 우리가 지금 어디에 있는지, 몇 시나 됐는지, 또 어디로 향하고 있는지 따위를 정확히 알고자 하는 마음을 내려놓자, 우리가 가졌던 두려움은 서서히 소속감으로 대체돼 갔다. 우리 모두는 저마다 다른 방식으로 깊고, 예기치 않은, 부분적으로는 비현실적인, 이 세계의 일부이고자 하는 열망을 경험했다. 우리를 안전하게 지킨 것은 총이 아니라 덤불숲에 친숙한 안내자의 경험적 지혜였다는 사실이 확실해졌다. 우리는 또한 수많은 형태로 여기 이 장소가 우리가 온 곳보다 외려 더 안전하다는 점을 충격적으로 깨달았다. 여기에는 웅덩이를 오염시키거나 질병으로 더럽힐 인간이 없기에 우리는 그 물을 마실 수 있었다. 이곳에는 야생 시자나 하이에나, 하마와 악어가 존재했지만, 다른 창조물에게 우리 존재를 경고하는 모닥불 곁에서 안전하게 노숙할 수 있었다. 도시에서 이 같은 행위를 한다면 대체로 심각한 공격을 받거나 나쁜 일을 당할 위험에 노출될 것이다.

지금, 21세기 벽두에, 우리는 우리 자신을 규율할 방법에 관한 새로운 비전을 간절히 염원하고 있다. 아름다운 우리 행성 지구가 급격하게 훼손되고 있고, 여섯 번째 대멸종의 초기 단계에 접어들었음을 입증하는 수많은 증거들은 인간의 행동 방식에 뭔가 끔찍한 오류가 있음을 시사한다. 진정한 지속가능한 인간 거버넌스의 유일한 살아 있는 모델로 우리에게 가용한 것은 매우 제한된 기술을 가진 채 자연과 조화롭게 살고 있는 몇몇 남은 원시 공동체의 삶이다. 우주 여행과 전 지구적인 의사소통이 가능해진 나노 기술의 시대에 이러한 사회를 모방할 수 있다고 제안하는 것은 그리 설득력이 없어 보인다.

지금까지 거버너들(정부, 국제기구, 힘을 가진 사기업)의 반응은 더 많은 기술과 더 많은 자연의 '통제'에서 안전을 보장받으려는 것이었다. 이러한 접근법은 야생지에서 차 안에 머무는 것과 엇비슷한데 확실히 안전감은 주지만, 환경과 상호작용할 수 있는 가능성은 제한되고, 무엇보다 장기적으로 삶을 지탱하는 자양물을 확보할 수 없다. 조만간 석유는 바닥날 것이고, 식량을 구하기 위해 위험을 무릅쓰고 나가거나 아니면 차 안에서 '안전하게' 죽어야 한다. 야생지에 둘러싸인 기술적 거품(=자동차—옮긴이) 속에 갇혀 있는 동안에도 이것을 이해하는 데 어려움은 없다. 그러나 오늘날 야생지는 이미 자동차 세계에 의해 상당 부분 파괴됐다. 우리가 야생지를 도로와 도시로 둘러싸면 쌀수록 우리가 왜 차에서 벗어나야 하는지를 이해하기란 쉽지 않다. 아스팔트 주차구역에 주차된 차 속에 앉아 있는 것이 일상인 상황에서 모든 나무가 이미 사라져버렸다면 차에서 내릴 지점이 없는 것과 같다.

우리가 차에서 내려 야생지로 걸어 들어가는 것이 두려운 이유 가운데 하나는 그것이 전통적인 지혜에 반하기 때문이다. 전통적 지혜는 우리에게 '야생'은 위험한 것이고, 우리에게 필요한 것은 적절히 통제되고 위생적이며, 모든 우연한 사태가 보험에 담보된 그러한 세상임을 말하고 있다. 사실, 우리 사회의 전통 '지식'은 우리 사회가 기초하고 있는 편견과 오류를 압축하고 있는 주요 방해물 가운데 하나다. 새로운 거버넌스 형태를 찾는 과정은 우리에게 우리 사회가 진실한 것으로 가정하는 것들 가운데 많은 부분을 인식하고, 물음을 던지며, 궁극적으로는 폐기할 것을 요구한다. 하지만 사회적으로 구축된 파편화된 지식뿐 아니라 우리 문화 자체를 넘어서 사고하기란 매우 어렵다.

치유된 국가 바라보기

우리가 미래에 관해 생각할 때 과거와 현재로부터 추론하는 경향이 있다. 그런데 거버넌스에 관한 우리의 접근방식을 전면적으로 바꾸고자 한다면 이것은 별 도움이 못 된다. 과거로부터 추론하려는 경향을 피하는 데 도움이 되는 방법 가운데 하나는 생각을 미래로 도약시켜 내가 달성하고자 한 것을 달성했다면 그것은 대체 어떤 모습일까를 상상하는 것에서 출발하는 것이다. 예를 들면, 살아가는 존재들로 이루어진 공동체의 생산적이고 귀중한 성원으로 사는 인간 사회를 상정하고, 그러한 인간 공동체가 가질 수 있는 법과 거버넌스 메커니즘은 어떠한 것일지 상상하는 것이다. 그린웨이가 언급한 '치유된 국가'가 어떠한 것일지를 상상한다면, 지금의 사회를 바라보면서 무엇이 우리를 바람직한 미래의 건강한 국가로 가까이 데려갈지 혹은 거기서 멀리 떼 놓을지 알기가 훨씬 쉬워진다.

이 접근법에는 물론 한계가 있다. 내가 속한 문화와 내가 받은 양육과 훈련은 나를 추상적 개념과 이론으로 나아가게 하는 경향이 있다. 내가 추상적 개념화와 이론화를 추구하면서, 존재 지반으로부터 너무 솟구쳐 나가려는 나 자신을 억제하는 것이 지속적인 도전과제임을 깨달았다. 지구 섬 연구소(Earth Island Institute)의 칼 앤서니(Carl Anthony)가 주장한 바와 같이, "추상적 개념은 즉각적 경험과 성가신 구체적 특정물로부터 거리 둠을, 그리고 주어진 감각적 실재를 현실과 동떨어진 상징으로 대체함을 의미한다. 그러나 실제 복잡성(real complexity), 이것이 생태학에 관한 거의 모든 것이다."[1] 거버넌스를 '생태학적' 방식으로 사고하는 데는 실제 적용 가능한 기초 이론은 물론 정서적이고 물리적인 차원에서의 참여가 요구되리라 생각한다. 땅을 이해하려면 물결 모양처럼 부드럽게 손가락 사이로 빠져나가는 흙의 섬세한 풍만함을 느끼며 감탄할 수 있어야 한다. 지구법학을 식별하는 데에는 상상과 논리를 넘어 참여가 분명히 요구될 것이다. 또한 지구법학의 의미를 충분히 느끼려면 손가락 끝과 마음을 모두 사용해야 한다.

생태학적 사고

나는 종국적으로 이러한 더 복잡하고 생태학적인 방식으로 지각하고 이해하려는 태도가 후천적 본성이 되기를 바라지만, 그 순간에도 계속해 나 자신의 사고과정을 감시해야 할 필요가 있음을 안다. 이 점에서 지금까지의 삶이 나에게 가르친 몇 가지 단순한 교훈을 마음속에 간직하는 것이 도움되리라 생각한다. 첫째, 나 자신이 가진 편견을 확인, 파악하고, 겸손의 중요성을 기억함으로써 자신의 마음을 자유롭게 하는 것이 중요하다. 둘째, 늘 제1원칙으로 되돌아가 그 단순한 진리를 깊이 되새기려 한다. 셋째, 배우는 방법을 배워야 할 필요가 있고 새로운 접근법에 열려 있어야 한다고 나 자신에게 계속 환기한다. 마지막으로, 나 자신이 횡단하려는 지형에 능숙하고 지식을 가진 사람에게 귀 기울이고 그에게서 안내받는 것이 무척이나 귀중하다는 것을 안다.

편견에 대처하기

내 신념 가운데 많은 것이 내 것이 아니라는 사실을 17세 무렵 뉴질랜드 한 학교의 로터리 청년 교환 학생으로 있었을 때 처음으로 인식했다. 동료 학생이 나에게 나이지리아 펜팔 친구의 누이 사진을 보여줬을 때 일이다. 그는 우리가 같이 아프리카에서 왔으면서도 내가 자신의 펜팔을 모른다는 사실에 실망하는 기색이었지만, 곧 마음을 추스르고 펜팔의 매혹적인 누이에 관해 열변을 토하며, 조만간 그녀의 사진을 학교에 가져오겠다고 했다. 며칠 뒤 사진 속에 웃고 있는 그녀의 얼굴을 본 순간, 나는 그녀가 아름답고 성적으로 매력적이라는 친구의 말을 듣고 당연히 백인일 것으로 여겼음을 깨달았다. 그 순간 내 가정(假定)이 드러낸 명백한 어리석음이 강력한 힘으로 나를 강타했다. 나이지리아 소녀가 백인일 가능성은 희박함에도, 내가 자란 백인 남아프리카공화국 사회의 세계관은 나를 백인이 아닌 젊은 여성이 성적으로 매력적일 수 있는 가능성에 눈멀게 한 것이다.

그와 같이 가정한 나 자신에 충격을 받고, 또 두려웠다. 어떻게 내가 깨닫지조차 못한 채 그런 어리석은 가정을 할 수 있었을까? 내가 어떻게 내 자신의 사고방식을, 내가 자란 인종 차별(아파르트헤이트) 사회로부터 무비판적·무의식적으로 받아들이게 됐을까? 나는 이른바 이종 간의 결혼('mixed' marriages)을 금지하는 법조차 지지하지 않았다! 지나가는 무리 속에서 매력적인 여성을 무의식적으로 힐끗거리며 남아프리카공화국 거리를 걷고 있는 여드름이 난 학생 시절의 나를 회상했다. 그러자 내가 무의식적으로 피부 색깔에 근거해 대부분의 여성을 훑어봤음을 충격적으로 새롭게 깨달았다. 말할 것도 없이, 그때까지 그러한 무의식적인 편견에 의해 어떤 결핍 상태에 있었던 것은 바로 나 자신이었다. 당시 그러한 무의식적인 선별을 통해 얼마나 많은 아름다운 존재가 내 의식에서 배제되었을지 궁금하다. 우리가 다른 존재와 형성할 수 있는 관계의 성격에 대해 저마다가 가진 편견에 따라 매일 결핍되는 정도를 나는 단지 추측할 수 있을 뿐이다.

토마스 베리의 작품과의 첫 만남에서도 나 자신이 가진 편견의 일부가 드러났다. 한편으로, 그의 글의 아름다움과 간명한 논리는 지적·정서적 차원에서 명징한 반향을 불러일으켰다. 그러나 다른 한편으로, 그가 말한 바가 지닌 함의를 생각할 때면 본능적으로 너무 급진적이고 또 너무 환경에 편향적인 결론 같아 보여 뒷걸음질치고 움츠러들었다. 나는 그 전에도 동물의 권리로 환경법에 접근하는 방식은 의도는 좋지만 종내에는 도움이 되지 않고, 오히려 잠재적으로 과학적인 보존 방법에 역효과를 낳으리라 여겼다(죽어가는 서커스 사자를 다시 아프리카로 데려가는 것은 동물 애호가에게 환영받을 만한 일일 수 있으나, 야생의 사자 무리를 대량의 죽음에 이르게 할 수 있는 질병을 유입시킬 수도 있다). 또한 동물의 권리를 서구 법체계 내로 받아들이는 데 따른 어려움을 의식하고 있었다. 스톤과 같은 학자들의 주장에도 불구하고, 동물의 권리는 물론 나무와 산과 강의 권리 또한 인정해야 한다는 생각을 법원은 분명히 비현실적인 것으로 여겼다.

내가 처음 대학에 입학했을 당시의 느낌을 나는 여전히 기억한다. 당시 나는 지적으로도, 정서적으로도 소위 '좌파'에 속한 학생들의 관점에 끌렸다(사실 1980년대 남아프리카공화국은 사실상 모든 정치적 견해가 아파르트헤이트 정부의 우파적 관점을 제외하고 '좌파'였으리라 생각된다). 그러나 나는 이러한 주장들의 급진적 결과라고 여긴 것을 반박하는 주장을 거의 6개월 동안이나 계속했다. 어떤 주장이 설득력을 잃으면 또 다른 주장을 하고 또 하다가 결국은 내가 다퉜던 주장이 더 낫다고 받아들이게 되었다. 그러나 내가 전에 가지고 있던 입장을 버리는 데 그렇게 오랜 시간이 걸린 까닭은 중·고등학생 때 의식하지 못한 채 받아들인 신념, '급진적'이거나 '좌파'적인 것은 그르거나 혹은 나쁘다는 신념 때문이었다. '급진적'인 것에 반대되는 의미에서 '합리적'인, '좌파'에 반대되는 것으로 '분별 있고 균형 잡힌' 사람이라는 자기 이미지의 설정은 사실상 나의 이해를 방해했다. 나 자신을 지적·정서적으로 변모시켜 남아프리카공화국에서 아파르트헤이트와 백인의 특권을 끝장내기 위해 적극적으로 싸우려면 먼저 내면에 감춰진 편견을 인정하고 그것을 버리는 한편 자기 이미지를 수정해야 했다. 인간의 우월성과 특권 버리기는 이와 비슷한 자기 조정을 요구한다.

이러한 아이디어들을 우연히 접한 수많은 사람들 특히 법률가들은 지구 중심적 접근법의 명료함에, 또한 내가 그 접근법의 핵심이라고 믿는 진실에 끌리면서 비슷한 혼란을 경험할 것이다. 스스로를 분별력 있고 어느 정도 존중받는 현대 인간 사회의 한 성원으로 여기는 사람들에게조차 이러한 책을 읽는다는 것이 창피한 감정을 불러일으킬 수 있다(이 책을 로펌이나 관공서 사무실 또는 여타 '양식(良識)'의 요새에서 읽는 경우 어쩌면 책의 겉면을 종이로 감싸려고 할 것이다). 확실히 거대한 도전 앞에서 물러서려는 유혹과 어리석다며 기각될 것에 대한 두려움으로 지적 타협과 진부함으로 빠지려는 유혹은 강력하고 또 이해할 만하다. 두려움을 넘어 더 크고 전도유망한 미래로 나아가려면 이러한 유혹은 극복돼야 한다.

지구법학의 발견과 발전은 어느 정도 겸양을 요구한다. 전체를 강화할 수 있는 인간의 역할을 식별하려면 겸손해야 할 필요가 있다. 달리 말하면 우리 각자는 팀플레이어가 되는 것을 배워야 할 필요가 있다.

전체와 더불어 출발하기

우리가 법과 인간의 거버넌스에 관한 이해를 전면적으로 재개념화하려면, 제1원칙으로 돌아가 시작점에서 출발하는 것이 중요하다. 종교적 신념과 상관없이 우리가 아는 모든 것의 궁극 원천은 우주다. 설사 우주에 앞서 존재하는 것이 있더라도 불가해한 그것에 관한 우리의 생각은 믿음에 근거할 수밖에 없다. 따라서 우주라는 기원이 가장 유익한 출발점이라고 생각된다. 그러면 우주는 우리가 한 부분이 되는 '전체'가 된다. 또한 매우 실제적인 방식으로 우리는 거주지인 지구의 한 부분임을 기억하는 것이 중요하다. 우리는 지구 위에 있다는 사실뿐 아니라 지구에 속해 있음을, 또한 우리 존재와 자아실현이 지구로부터 유래한다는 사실마저 잊고 있다. 토마스 베리는 다음과 같이 말한다.

> 인간은 지상의 존재 내지 우주 안의 존재라기보다 지구 차원의, 아니 우주 차원의 존재다. 인간의 존재양식은 이러한 사물들의 포괄적 질서인 우주의 지지와 인도에 기초해 형성된다. 우리는 우주 안에 있는 다른 모든 존재들의 직접적인 관심대상이다. 궁극적으로 어떤 중요한 현안에 관한 지침은 이러한 포괄적 원천으로부터 나와야 한다(『지구의 꿈』 195쪽).

지적 차원에서 우리가 단일한 시스템의 일부임을 이해하기란 상대적으로 쉽다. 서구 물리학자조차 동일한 원자와 아원자가 월요일에는 토양의, 화요일에는 식물의, 그리고 수요일에는 우리의 한 부분임을 확인해준다. 그러나 이 핵심적 단일성(oneness)의 진실을 어떤 깊은, 비(非)지적인 차원에서 '틀어쥔다'는 것 또는 안다는 것은 특히 자연 세계와 긴밀한 접촉이 없는 사람에게는 어려울 수 있다.

나는 피터마리츠버그(Pietermaritzburg)라고 불리는 중간 규모의 남아프리카공화국 도시 근교의 언덕에 자리 잡은 소규모 농가에서 자란 특권을 누렸다. 우리 집은 대규모 농장과 영양, 원숭이, 호저와 일단의 동식물들, 그리고 새들의 서식지인 토착적 덤불숲지대가 혼합된 풍광에 둘러싸였다. 어린 시절 언덕을 걷고 개울가에서 놀았던 경험을 통해 나는 자연 세계에 연결돼 있음을 느끼며, 자연 세계에 공감할 수 있었다. 그러나 20세가 돼서야 내가 전체의 한 부분임을 의식으로 이해할 수 있었다. 이소포(Ixopo)에 있는 선(禪)불교 센터에서 걸으며 명상하는 도중에 불현듯 내가, 몸속의 하나의 세포인 것처럼, 단일한 전체의 한 부분이라는 사실을 명징하게 알아챘다. 나는 이것을 설명할 수 없고, 또 항상 이 깨달음에 일치되게 행동할 수 없다. 그럼에도 그 순간부터 그 사실을 '뼈 속 깊이 알게 됐다'. 이러한 관점에서 보면 내가 강을 오염시키는 행위는, 마치 내 팔을 난도질하는 것처럼, 자기 파괴적인 것이다. 그러므로 내가 회피 가능한데도 샛강을 오염시켜야 하는지 하는 문제는 제기되지 않는다. 샛강을 오염시키지 않으려는 결정은 법이나 도덕 원칙을 지키려는 마음에 근거한 게 아니다. 그것은 오염시키는 행위가 단순히 말도 안 되는 짓이기 때문이다.

근원의 탐구

은퇴한 전직 교수로 런던에 사는 친구는 내게 무언가를 환기시키는 것을 즐겨한다. "제1원칙으로 돌아가라!" 대부분의 상황에, 특히 제한된 지식으로 복잡한 상황에 직면한 경우 이는 훌륭한 조언이 될 수 있음을 잘 안다. 그 당시, 나는 '국제적 법률 전문가'로 정례적으로 활동하고, 또 개도국에 파견돼 거버넌스 시스템에 조언을 하거나 새로운 입법 제정에 도움을 줬다. 이는 수 주 안에 한 나라의 거버넌스 시스템(법을 비롯해)에 관련된 요소를 이해하고 대처할 것을 요구한다. 확실히 그 기간은 충분하지 않다. 보통 무엇을 해야 할지를 모른다는 것이 문제가 되는데, 달리 말하면 내가 아무리 많은 것을 발견하더라도, 항상 내가 알지 못하는 더 중대한 법이나 사실이 있을 수 있다. 그러나 해당 나라가 달성하려는 것을 주의 깊이 생각하고, 이를 제1원칙으로 환원하는 경우 올바른 질문을 하게 된다는 것을 안다. 그것은 중요한 사실 일부를 인지 못했더라도, 나의 권고가 도움이 되거나 원칙적으로 올바를 수 있는 가능성이 상당함을 뜻한다.

이러한 조언은 지구법학의 탐색—우주의 궁극 신비와 우리 이해력의 한계 안에 직면한 탐색—에도 적용될 수 있다고 본다. 이 때문에 나는 이 책의 상당 부분을 우주와 실재의 본성에 관한 이론을 논하는 데 할애했는데 이는 법과 거버넌스에 관여한 많은 사람들에게는 다소 부적절하게 보일 수 있다. 물론 이러한 이론은 잘못된 것일 수도 있고 아니면 내 이해가 부정확할 수 있다. 또 어떤 이론은 시간이 지나면서 변경될 수 있음도 의심하지 않는다. 그럼에도 나는 기본적으로 우리의 접근법이 우리가 지구와 우주의 본성이라고 아는 것으로 돌아가 우리의 거버넌스 시스템을 이 원칙과 조화시키는 것이 중요하다고 생각한다.

내 친구의 조언은 또한 문제를 해결하려면 증상을 치료하려 들기보다는 문제의 근원(radix)으로 돌아간다는 의미에서 근원적 접근법을 취하는 것이 중요함을 환기시킨다. 이것은 학생운동가로서 내가 배웠던 그런 것이기도 하지만, 안정된 사회에서 안락한 자리를 잡은 사람들에게는 상당히 위협적인 생각일 수 있다는 것은 여전히 놀랍다. 이는 아마도 개혁가와 달리 근본주의자는 문제가 시스템적인 것으로 증명되는 경우 전체 시스템을 발본적으로 변혁하고자 할 가능성을 배제할 수 없기 때문일 것이다.

배우는 방법 배우기

분리라는 망상과 인간이 주인이라는 신화의 영역이 존재함에도, 우리 인간은 여전히 지구에 속한다. 이는 우주가 작용하는 방식을 통해 자기를 표현하는 위대한 법학을 이해할 수 있는 내재적 능력이 우리에게 여전히 있음을 의미한다. 물론 그러한 우리 자신의 능력을 강화하기 위해서는 약간의 작업이 필요할 수 있다. 운 좋게도 야생의 장소와 우리가 배울 수 있는 원주민 문화가 여전히 존재한다. 우리는 우선 배우는 방법을 배워야 한다.

지구법학의 전제의 수용은 법학과 법 그리고 거버넌스의 연구에 근본 함의를 가진다. 현재 우리는 자연이 치밀하게 배제된 법학도서관과 강의실에서 법학과 법을 배운다. 지구중심적 관점에서 보면, 이는 '제1의 텍스트(가령 자연)'를 참고하지 않은 채 철학과 법을 고안하고 있음을, 또한 그에 대한 해답을 갖고 있지 않은 도서관에서 해답을 구하고 있음을 의미한다. 많은 법률가와 로스쿨은 이 명제가 상당히 혼란스럽게 한다는 것을 알게 될 것이다(최소한 알아야 할 것이다). 예일과 옥스

퍼드, 소르본이 채택한 접근법이 잘못일 수 있다는 것이 실제로 가능한 것일까? 많은 사람들의 경우 그러한 불경스런 명제를 진지하게 숙고하는 것보다 지구법학의 사고를 전적으로 거부하는 편이 더 쉬울지 모른다.

우주의 언어는 기본적으로 경험적인 것이다. 우주는 뜨거움과 차가움, 아름다움과 두려움으로, 사건의 패턴, 상징과 연관성의 언어로 우리에게 말한다. 우리가 이 언어를 '듣고자' 한다면, 우주에 관여해야 한다. 지금까지는 학습과 과학적 합리성이 우리를 이끌어왔다. 우리는 또한 자연과 직관, 그리고 정서에 관한 경험을 총괄할 필요도 있다. 우리가 다시 한 번 더 생태적으로 읽고 쓰는 사람이 되려면, 또한 지구에서의 삶을 규율할 원칙을 재인식하려면 야생성과 자연 그리고 가능하다면 야생지에 공감하며 다시 연결되고 관여하려 노력해야 한다.

그다음으로 우리는 주의 깊게 관찰하고 귀 기울려야 한다. 삶과 이를 둘러싼 우주의 풍요로움을 충분히 경험한다는 의미에서의 '귀 기울임' 말이다. 우리 종의 역할과 우리 자신을 어떻게 규율할지를 재개념화하려면 우리 자신의 편견과 이론, 그리고 무엇이 가능한지에 관한 제한된 관점을 한쪽으로 치워야 한다.

이는 특히 서구 지향의 문화에서 자란 사람들에게 중요하다. 지배적인 문화의 신념과 세계관은 우리의 인식을 질식시켜 자연에 통합되는 방식으로 기능하는 사회를 상상하는 것조차 매우 어렵게 한다. 우리가 기댈 수 있는 직접적인 개인 경험이 없다. 우리 공동체가 다른 지구 가족 성원들과 서로를 강화하는 관계를 가진 이후 수백 또는 수천 년 흘렀다. 대부분 경우 이것이 어떻게 가능한지를 우리에게 가르쳐줄 수

> 크릭(Cree) 인디언의 가르침에서 '귀 기울임'은 그 밖의 다른 어떤 것보다 더 큰 의미를 가진다.
> 크릭 인디언들은 환경에, 바람에, 바위에 귀 기울이는 방법을 배운다. 우리는 모든 것에 귀 기울이는 법을 배운다. 일부 노인들은 젊은 사람들이 '귀 기울이는' 삶으로 다시 돌아가기 위해선 도움이 필요하다고 말한다.
> ─버논 하퍼(Vernon Harper), 북 크리족, 캐나다

있는 구술 전통은 오래전에 단절됐다. 그 결과 인간 역사에서 99퍼센트 동안 널리 수용된 생물권 내에서 인간의 역할에 관한 관점은 21세기 도시형 인간에게는 기이하고, 위험하게 급진적으로 들린다.

따라서 윌리엄 블레이크(William Blake)의 말을 빌린다면, 배우는 방법을 배우려면 먼저 인식의 문을 깨끗이 해야 한다.2 삶의 직접적인 경험 속으로 들어오게끔 우리는 노력해야 한다. 그리고 경험한 것을 해석할 때 문화라는 색깔로 덧씌워진, 세상을 바라보는 렌즈가 일으킬 수 있는 잠재적 왜곡효과를 경계해야 한다. 이는 쉬운 일이 아니다. 우리가 우주의 노래를 명료하게 들을 수 있게 되기까지는 어느 정도의 전념과 고도의 주의가 요구된다. 이러한 점에서 잘 훈련된 실천적인 현자의 지도가 불가결할 것이다.

인간으로서 우리는 불가피하게 인간처럼 사고할 수밖에 없지만, 지구에 대해 지금보다 더 공감하는 이해에 이르려면, 다른 관점으로 세상을 보려고 시도해야 한다. 우리 종과 문화의 정신적 족쇄를 뛰어넘고자 한다면, 또 더 넓은 공동체에 충분히 관여하고자 한다면 레오폴드가 제안한 바와 같이 산처럼 사고해야(레오폴드의 저작이다) 할뿐 아니라 나무처럼 숨 쉬고, 물처럼 마음이 흐르도록 노력해야 한다. 이는 우리가 지구가족의 다른 성원들과 서로를 지지하는 공생관계―이산화탄소와 산소의 주고받음, 영양물질과 에너지의 항상적 교환―임을 느

끼고 의식적으로 경험해야 함을 의미한다. 우리는 또한 은유적으로 말한다면 우리 자신의 의식이 깊고 깊은 토양 속으로 흘러들어가 머나먼 옛적의 광대한 지하수에 가닿도록 해야 한다. 우리가 새로운 앎의 방식을 실험할 자유를 우리 자신에게 허용하고 나서야 비로소 일정 정도 의식을 공유하는 능력이 단순히 낭만적인 수사 이상이라는 사실을 믿게 될 것이다.

하지만 우주의 지식이 우리를 둘러싼 세계에 대한 주의 깊은 관찰을 통해서만 얻어질 수 있는 것은 아니라는 점을 기억해둘 필요가 있다. 우주에 내재하는 속성은 우리 몸의 모든 세포 속에 깃들어 있다. 그 생명력은 매 호흡과 맥박으로 우리를 살아가게 한다. 그리고 우리 마음은 우리 몸 밖의 의식과 연결돼 있다. 이러한 까닭으로 우주를 듣고 이해하는 것은 우리 각자 안에 내재한 직관 또는 지혜에 주의깊이 귀 기울임을 의미한다.

> 자연 자체는 우리가 쉽게 이해할 수 있는 목소리로 말하지 않는다. 우리가 멸종 위험에 빠트리는 동물들과 새들도 우리에게 말하지 않는다. 이 세상에서 과연 누가 자연을, 또 모든 생명을 통해 창조하고 흐르고 있는 영적 에너지를 대변해 말할 수 있는가? 모든 대륙에는 당신과 같은 그러나 스스로를 대지로부터 또한 자연으로부터 분리시키는 않는 그러한 인간 존재가 있다. 자연은 바로 그들의 목소리를 통해 우리에게 말할 수 있다.
>
> -토마스 바냐차(Thomas Banyacya), 호피족 노인, 호피족 인디언 보호구역 내 마을, 북아리조나 사막

우리 사회는 올바르게도 경험적으로 검증 가능한 데이터에 근거해 취하는 조치를 존중한다. 그러나, 과학적 합리성의 만연으로 인해 불합리하게도 지식과 지혜가 다른 방식으로도 접근 가능하다는 점을 받아들이기를 종종 거부한다. 그 결과, 과학적으로 검증 불가능하고 일반 통념에 부합하지 않는, 깊은 개인적 경험에서 얻어진 지식에 근거

한 아이디어를 주장하려면 일정 정도 자기 확신이 요구된다. 그러나 우리가 생각을 발전시키고 평가하는 '과학적' 방법에만 전적으로 의지하려고 않는다면, 쉽게 합리성을 포기하지 않도록 하고, 또한 우리 자신의 에고와 편견에 휘둘리지 않도록 보장하는 방법을 필요로 한다는 점을 받아들이는 것이 중요하다. 매우 주관적인 경험으로부터 지나친 일반화의 위험 또한 분명히 존재하기 때문이다.

우주적 만병통치약에 대한 경계

위대한 법학을 반영함으로써 모든 법학 이론을 변화시킬 수 있는 '일거의 해결책(Great Solution)'의 고안이라는 유혹에 굴복당하지 않도록 경계해야 한다. 이미 우리는 지배적인 인간 문화를 엄청난 수준의 규모로 확대해 야생성과 다양성 그리고 오묘함을 희생시키고, 지나친 단순화와 획일화 그리고 천박화라는 대가를 치르고 있다. 공동체 규모가 엄청나게 증가하면서 관계들은 공동체를 점점 부박하고 소원하게 만들고 있다. 지구의 진화는 획일성이 아닌 다양성으로 나아가는 경향이 있음을 기억할 필요가 있다.

11장
삶의 리듬

시간과 타이밍

화음과 불협화음이라는 주제는 선율처럼 이 책 전반을 흐르고 있다. 삶과 자연 그리고 우주를 음악으로 은유하는 것은 마음과 귀 모두와 공명하는 것 같다. 실재로서 그리고 은유로서 음악은 불협화음을 치유하고 화음을 증진하는 데 소중하다. 아이젠베르크가 지적한 바와 같이 "눈은 개별화하고 귀는 통합하기에, 인간에게 음악은 그토록 오랫동안 우주와 하나라는 감각을 가져다주는 최상의 예술로 여겨졌다."[1]

음악은 리듬과 박자 그리고 타이밍에 관한 것이다. 타이밍은 시간과 관련되지만 현대 사회에서 우리가 익숙한 단선적이거나, 구두점을 찍거나, 쪼개어 팔거나 최종 마감시한이 결정된 그런 시간은 아니다. 그것은 청취에 관한 것으로, 심벌즈를 쳐야 하는 그 순간을 안다. 타이밍은 또한 순환하는 커다란 소리의 파동이 드럼 연주자와 춤과 일치 속에 있는 무용수를 휩쓸고 가기까지의 심장 박동과 같은 드럼 연주에 관한 것이다.

시간과 타이밍은 우리가 좀처럼 고려하지 않는 거버넌스의 차원이다. 우리는 우리 사회가 시간상 결정적 지점에 와 있다고 말하는데 이는 우리가 최종 시한—이 선을 넘어서는 경우 수많은 종의 죽음을 결정하게 될 선—에 근접하고 있음을 두려워하고 있음을 뜻한다. 이러한 단선적인 시간 이해는 시간에 관해 어떤 실재를 생기게 해 인간들 사이에서 상황이 시급하다는 감각을 불러일으키는 데 도움이 될 수 있다. 그러나 우리가 사고할 때 시간과 행위를 분리하지 않는 것이 도움이 되는 경우도 있다. 즉 사건을 무엇이 일어났느냐는 것 이상으로 그것이 언제 일어났느냐는 것으로 구성해 생각하는 것이다. 이는 마치 음악의 박자가 드럼을 치는 행위와 드럼을 치기로 선택한 순간, 이 둘로 구성되는 것과 같다. 이러한 관점에서 보면 우리는 행위를 하거나 하지 않는 올바른 순간을 결정하기 위해 우리 주변에 무엇이 일어나는지에 대해 주의를 기울려야 한다. 지구 거버넌스(그리고 생명)는 최종 시한과 일정 그리고 목표에 의해 파편화된 시간 속에 '행함(doing)'을 가능한 한 많이 눌러 담으려는 시도가 아니다. 지구 거버넌스는 주의 깊게 듣는 것, 충분한 시간 속에서 지혜가 저절로 떠오르게 하는 것, 그리고 행해야 할 순간과 행하지 말아야 할 순간을 인정하는 것에 관한 것이다. 지구 거버넌스는 어떤 것이 지금 행해지는지 또는 나중에 행해지는지에 따라 둘은 동일한 사건이 아니고, 또 우주에 미치는 영향도 상당히 다르므로 행해지는 시기의 중요성을 이해한다. 시간이 아니라 타이밍이 가장 중요한 것이다.

이것이 반드시 우리가 행동 계획과 일정표를 함께 폐기해야 함을 시사하는 것은 아니다. 실제로 거버넌스 체계가 이것들 없이 운용될 수 있을지를 상상하기란 무척 어렵다. 내가 지적하고자 하는 것은, 지구 거버넌스는 우주의 기능(작용)방식과 우리의 행동방식 간의 불일치를 간파할 수 있는 현실의 점검(reality check)이 필요한 또 다른 영역이라는 것이다. 지혜는 여유 있는 공간과 숙성할 충분한 시간을 필요로 한다. 이 때문에 나는 우리가 직면한 심오한 쟁점에 관해 어떤 위대한 지혜의 통찰이 지속가능개발에 관한 세계정상회담과 같은 큰 국제 회의에서 나오리라 생각하지 않는다. 준비 위원회와 장관회의 그 밖에 시간을 다 잡아먹는 잡다한 일정들이 정신없이 진행되다 폐회되고 마는 그러한 정상회담과 광적으로 일을 만드는 정부와 서로 경쟁하는 이익집단의 무리 속에는 지혜를 위한 공간은 없다. 곧 정상회담은 끝날 것이고 광적인 흥분상태는 잠시 후에 진정될 것이다. 우리 모두는 여전히 이해가 안 되지만, 지금까지 늘 그러했던 것처럼 빡빡한 시한 내에 행해야 할 것들에 관한 희망찬 새로운 약속들에 안도감을 가질 것이다.

시간과 돈의 전제(專制)

내가 근무하는 법률회사는 변호사들이 저마다 사건에 어느 정도 시간을 들여 일했는지를 기록하는 특별한 컴퓨터 프로그램을 사용하고 있다. 이 프로그램은 시간을 돈으로 환산하는 데 도움을 준다. 우리는, 그리고 잠깐이라도 이 문제를 생각하는 시민이라면, 우리가 제공하는 서비스의 가치를 서비스를 제공하는 데 들인 시간으로 측정하는 것이 어리석다는 것을 잘 안다. 그러나 의뢰인과 변호사는 모든 곳에서 그 시스템과 함께 존속한다(약간의 변이는 있지만). 이는 일을 하는 데 들인 시간이 측정 가능하고, 또 시간은 돈이라고 생각하기 때문인데, 성질상 우리의 특정 지식과 기술을 가격을 가진 상품으로 변환할 수 있는, 명백히 부적절하지만, 편리한 방법이기 때문이다(당신은 시간당 많은 돈을 주며 숙련된 미스 X를 고용하거나, 반값으로 미숙련의 미스터 Y를 고용할 수 있다).

대부분의 우리들처럼 나 역시 바쁘다. 이는 우리 세계에서 시간이 없음을 의미한다. 물론 나는 일할 시간이 있고 내 아이들을 위해 쓸 시간을 따로 남겨두기도 한다. 그러나 결코 충분한 시간을 가진 것 같지는 않다. 스스로에게 또는 친한 사람들에게 전념할 충분한 시간도, 휴일을 즐기거나 이 같은 책을 쓸 충분한 시간도 없다고 스스로를 설득한다. 내가 이러한 일들에 많은 시간을 쓰는 경우 시간을 낭비한다거나 허투루 산다고 느낀다. 시간이 지나면서 내 삶의 속도가 점점 빨라지고 있음을 느낀다. 내가 사는 문화는 이처럼 줄어드는 시간을 조금이라도 '낭비'하지 않게 하려고 더 많이 일하도록 장려한다. 사실 시간이 전혀 없다고 말하기 전에 이는 단지 시간의 문제라는 느낌이 든다.

하지만 그 어느 것도 진실이 아니다. 물론 운수 나쁜 날에 사무실에서 그것(=시간이 없거나 부족하다는 것—옮긴이)은 정말이지 실제적인 것으로 여겨져 그것이 진실이라고 맹세할 수 있고 또 당신에게 그것을 증명할 수 있다.

둘 중 어느 것도 정확히 나에게 해당하지 않는다. 때때로 나는, 다른 사람이 각종 기술로 둘러싸인 삶(techno-lives)에 분주해하며, '장미향을 음미할 시간을 가지는 것'의 중요성에 대해 별 설득력 없이 말하는 것을 듣곤 한다. 그것은 자연과 다시 연결됨의 가치와 실제 세계에서 감각적인 경험의 가치를 재확인하려는 것처럼 들린다. 그러나 나와 마찬가지로 그들도 부지불식간에 인간권 내에서 그러한 행위를 하는 데 시간이 요구된다고 하는 이해에서 출발한다. 그러려면 존재의 제1의 목적에서 관심을 딴 곳으로 돌려야 한다. 약간의 시간을 들이는 데는 묵묵히 동의할 수 있지만, 많은 시간이 요구되는 것은 시간을 도둑질하는 것이고, 또 사회에 해야 할 기여를 실제 하지 않는 것으로 여긴다.

야생의 시간

수 년 전에 참석한 한 회의에서 제이 그리피즈(Jay Griffiths)와 잡담을 나누며 다소 '여유로운' 시간을 가졌다. 그녀는 주변에 별 신경 쓰지 않는 생기발랄한 여성으로, 말이 갖는 창조적 모호함을 반기고, 젠체하는 태도를 꺾어버리는 새주를 가졌다. 제이는 자신의 책, 『삐, 삐: 측면에서 본 시간(Pip Pip: A Sideways Look at Time)』을 나에게 줬다2. 그 책을 읽고 나서(시간이 없어 한 번에 다 읽지 못하고 일정 기간 동안 조금씩 읽어 나갔다) 나는 우리가 구축한 단선적인 시간 이해 방식이 현행 거버넌스 시스템을 유지하는 데 얼마나 중심적인 것인지 서서히 깨닫기 시작했다. 그녀는 자신의 책에서 그리니치 표준시 3시 30분에가 아니라 시간이 숙성됐을 때 무언가가 일어나는, 순환하는 자연의 풍부한 시간을 우리가 어떻게 버리게 됐는지를 명확히 밝히고 있다. 우리는 지금 고대 그리스인이 '크로노스(Chronos 또는 Kronos, 우연히 자신의 아이를 산채로 삼킨 것으로 유명한)'와 연계시킨, 양적으로 측정가능한 단선적인 시간 속에서 살고 있다. 우리는 타이밍의 신인 '카이로스(Kairos)'와 연계된 질적 측면은 잊고 있다. 이는 자연 세계로부터의 단절을 강화시킨 중요한 부분이다. 제이 그리피츠가 지적한 바와 같이 "자연은 한 때 가장 큰 공공 시계였다. 그 리듬은 자연의 사건 또는 계절을 같이 관찰하고, 같이 파종하고 수확하는 연대 활동의 '시간 공동체'를 만들었다."3

내 의식 속에서 이 책에서 기술한 생각들의 일부가 진화하는 과정을 추적해 원고지에 난삽하게 기록했던 지난 과정을 돌이켜본다면 거의 모든 생각들의 진화는 분명히 내가 시간을 측정하거나 계산하지 않을 때 일어났다. 내가 가장 명확하게 보거나 들었을 때는 '시간을 생산적으로 쓰'거나 열심히 일할 때가 아니라 단선적인 시간을 생각하지 않았을 때였다. 한밤중에 깨어나 시간을 꿈꾸듯 의식할 때, 아침 샤워에 감각이 깨어나는 중에, 혹은 우거진 숲을 통과하는 태양빛의 아름다운 현존 속으로 이끌려들었을 때였다. 분할되고, 측정되며 판매되는 연대기적 시간의 냉혹한 돌진에 반란을 일으키고자는 감정이 폭발하면서 '휴가를 냈을 때' 통찰 혹은 새로운 관점이 의식의 수면 위로 헤엄쳐 올라왔다.

시간을 단선적이고 질서 잡힌, 빠르게 지나가는 것 이외에 다른 식으로 사고하는 것은 어렵다. 그러나, 다시 제1원칙으로 돌아가 우주의 본성과 원주민 공동체가 자연 속에서 사는 방법을 고찰한다면, 지구 시간(Earth time)이 매우 어렵다는 것은 분명하다. 위대한 법학의 일부를 구성하는 시간은 앞으로 나아가는 것이기도 하지만 또한 신축적이고 순환적이기도 하다. 제이 그리피츠의 지적대로 그것은 살아 있는, 제약 없는 '야생의 시간'이다. 그것은 소진되지 않고 풍부하며, 또 아주 신축적이어서, 시인 윌리엄 블레이크의 표현대로 "한 시간에 영원을 담는" 것도 가능하다. 중요한 것은 최종 시한이 아니라 살아 있는 시간의 충분함과 풍부함이다. 열매를 따야 할 적당한 시간은 그것이 익었을 때다. 외부에서 정해진 일정은 무의미하다.

죽음으로의 질주

'야생의 시간'을 말하는 것은 현대에 사는 사람들의 귀에는 매우 추상적이고 낭만적으로 들린다. 시간은 풍부하다는 진실을 고수하는 데 어려움을 느낀다. 그렇지만 야생의 시간과 타이밍의 중요성에 대해 아무런 느낌도 없이 오로지 시계만으로 규율하는 것은 실제적으로 상당히 다른 결과를 낳는다. 크로노스의 현대의 심복인 속도를 고찰함으로써 이를 좀 더 쉽게 알 수 있다. 속도는 죽인다(Speed kills). 우리는 이를 알지만, 그것이 우리에게 실제로 일어나리라는 것을 믿진 않는다. 속도가 죽일 수 있음을 알면서도 화려하고 눈부시게 자아를 강화하는 형태로 다가오는 속도에 저항하기란 매우 어렵다. 속도는 또한 연대기적 시간을 돈으로 바꾸는 연금술사다.

위대한 법학의 야생의 시간 차원에 역으로 맞서 속도를 높이는 곳 가운데 하나는 유전자 변형 기술 분야다. 현재 변형되는 유기체는 특정한 지구 공동체의 일부로 진화의 영겁의 시간 속에 공진화했다. 계절의 바퀴가 돌면서 지구 공동체의 성원들은 다양한 방식으로 반복적으로 상호작용하며 서로를 형성한다. 시간이 지나면서 가장 성공적인 관계는 유지되고 그렇지 못한 다른 관계는 서서히 사그라진다. 이러한 방식으로 꿀을 먹는 태양새의 가느다란 부리와 그 서식지는 해당 지역 꽃들의 형태와 계절에 맞춰진다. 꽃들도 마찬가지다. 어떤 점에서 초기 인간은 의식적으로 인간에게 가장 유익한 속성을 드러낸 작물을 육종하고 동물을 가축화함으로써 씨앗과 가축의 진화 방향을 규정하기 시작했다. 그러나 이러한 행위는 그 공동체에 심각한 영향을 끼치지 않았고 공생관계의 새로운 형태로 이해될 수 있다.

몇몇 나라들이 법으로 유전자가 변형된 생명 형태에 법적으로 집행 가능한 재산권을 창설하면서 모든 것이 변했다. 이는 다음과 같은 몇 가지 효과를 낳았다. 첫째, 유기체를 변형할 수 있는 회사는, 유기체의 세포들 안에 새겨져 있는 지구 공동체의 축적된 경험을 비롯해 전체 유기체를 사유화하고 독점화할 수 있게 됐다. 제이 그리피츠는 이를 다음과 같이 유창하게 말한다. "특허법을 펜스 기둥처럼 활용하는 유전자 변형 공학은 모두가 공유하는 과거를 도둑질함으로써 소수의 다국적 '시간 지배자'들이 그 사유화로부터 이익을 거둘 수 있게 한다."[4]

둘째, 새로운 형태의 재산을 창설함으로써 이러한 법들은 탐욕스러운 거대 기업들을 위해 대항 불가능한 새로운 수익원을 창출한다. 물론, 재산은 돈으로 전환될 수 있다. 더 많은 돈을 벌기 위해 속도를 내는 것이 중요하다―시장에 최초로 진입해야 하고 늘 새로운 어떤 것을 가져야 한다. 시장 참여자가 매 분기마다 증가된 수익을 보고하리라 기대되는, 주식매입선택권을 가진 경영진에 의해 경영되는 공기업이라면 그 압박은 더 심하다. 속도를 높여라(Enter speed).

회사는 미친 듯이 돌진해 서로를 잡아먹기 시작하며 생명공학 기술의 '경쟁'에서 '주도권을 잡으려고' 한다. 소속당의 권력을 유지하려는 단기 목적에 사로잡힌 정치인들이 이끄는 정부는 경쟁에서 '뒤처지기 전'에 생명공학 기술을 개발해야 한다며 열을 올린다. 입법자들은 유전자 변형된 새로운 씨앗의 개발을 지연하거나 복제를 금지할 수 있는 법을 통과시켰을 때의 위험에 관해 언론사로부터 질타를 받거나 광범위한 사적 로비의 대상이 된다. 지연은 나쁘고, 속도는 좋다!

이것은 자본주의 세계에서 수많은 방식으로 일어나는 일상적인 시나리오다. 다만 우리가 지금 공동체에서 진화해온 것들과는 근본적으로 다른 생명 형태를 지구 공동체로 방출시키고 있다는 것이 큰 차이점이다. 이러한 새로운 유전자 변형 유기체는 수익을 극대화하기 위해 의식적으로 설계, 급조돼 대량 생산되고 있다. 그것들은 전형적으로 공학기술자들이 믿는 것이 인간이 일으킨 여러 문제들(대부분 대규모의 단작문화와 관계된)에 대한 효과 빠른 기술적 해결책이 될 것이라는 점을 반영한다. 토착 유기체들과 달리, 유전자 변형 유기체들은 살아남기 위해 장기간 동안 특정 지구 공동체를 강화하는 그 어떤 능력도 드러낼 필요가 없다. 물론, 일부는 지구 공동체에 유익한 것으로 증명될 수 있지만, 현재 장기간에 걸쳐 유익하리라는 믿음은 과학이나 논리가 아니라 주로 신념에 근거한다. 우리가 자연으로 방출하고 있는 유전자 변형 생물 유기체가 혹시라도 책임의식을 지닌 지구시민임이 판명된다면, 그것은 어디까지나 행운이지 설계의 결과는 아닐 것이다. 유전자 변형 유기체는 수익을 극대화하는 방향으로 설계됐지 지구 공동체의 통합성에 기여하는 방향으로 설계되지 않았기 때문이다.

유전자 공학기술에 관한 논란이 증명하는 것 가운데 하나는 우리 거버넌스 시스템이 위대한 법학과 그처럼 일치하지 않은 까닭 가운데 하나는 타이밍이라는 시간관을 잃었다는 것이다. 자주 지적되는 바와 같이, 우리의 정치구조는 단기주의를 장려하고 급기야 요구까지 한다. 정치인들은 일반적으로 다음 선거 이후를 보지 않는다. 즉 시간의 지평이 기껏해야 4년 정도다. 지구중심의 관점에서 보면 이것은 부조리할 정도로 매우 짧다. 유전자 공학 기술의 사례에서, 지금 우리는 그렇게 하는 것이 지혜로운지 아닌지를 숙고하거나 어떤 결과가 나타나게 될지 충분히 탐구할 시간을 갖지 않은 채 진화 과정의 빠르기(tempo)를 맹렬한 속도로 높이려고 시도한다.

지구 박자에 맞춰 춤추기

일부는 지구 자체는 측정 가능한 '심장 박동'을 가지고 있고, 우리가 지구와 화음을 이루기 위해 지구와의 유대를 새롭게 하는데 이용 가능한 관련 정보가 있다고 말한다. 우주의 질서를 세우는 데 음악은 일정 역할을 담당하고 있고, 리듬과 음악에 대한 우리들의 내면 욕구와 위대한 우주의 교향곡은 서로 연결돼 있다는 생각은 예로부터 지속돼

온 생각이다. 예컨대, 유럽 문화에서 피타고라스(기원전 6세기에 사망한 그리스 철학자로서 신비주의자이자 수학자이기도 하다) 추종자들은 천체의 규칙적인 운동은 인간의 귀에는 들리지 않는 장엄한 천상의 음악을 만들어낸다고 믿었다. '천구(天球)의 음악'이라는 생각은 수 세대 동안 시인의 상상력을 사로잡았고, 우주의 화음이라는 생각 또한 오늘날에도 여전히 강력하다.

확실히 모든 사람들은 음악을 만들고 사랑하고 반응을 보인다. 당신이 보는 모든 곳에서 우리 종은 두드리며 흥얼거리거나, 전후좌우로 몸을 흔들거나, 톡톡 두드리며 박자를 맞추거나, 뛰며 자이브를 추거나, 디스코나 비밥에 맞춰 춤을 춘다. 우리는 지구를 위한 소리판이다. 노래와 춤은 모든 행복한 아이들에게서 폭발적으로 터져 나온다. 음악은 인간 본성의 전 범위에 관여한다. 음악은 상상력을 자극하고 감정을 뒤흔들며, 우리는 음악에 맞춰 몸을 흔들거나, 발로 박자를 맞추거나 혹은 구르거나, 미끄러지듯 바닥을 탄다.

아이젠베르크는 '인간, 자연 그리고 인간 본성'[5]을 세밀하게 탐구

> 가이아(지구)가 어떻게 기능하는지 혹은 무엇을 원하는지 정확히 알지 못한다면 당신은 그녀와 어떻게 협력할 것인가? 내 생각에는 지구 재즈(Earth Jazz)를 연주함으로써 협력을 한다. 당신은 즉석에서 연주한다. 당신은 유연하고 호응적이다. 당신은 작은 규모에서 일하고, 주저하지 않고 방향에 변화를 줄 준비가 돼있다. 당신은 다양성을 장려하고 행위자 —인간이든 아니든— 저마다에게 가능한 한 뻗어나갈 많은 여지를 준다. 당신은 여신과 네 마디 변주(솔로 연주자가 네 마디 악절들을 서로 혹은 드럼 연주자와 뒤바꾸는 재즈 연주 기법—옮긴이)를 한다. 당신은 4소절을 연주하고 그녀의 반응에 귀 기울이고, 반응하고 듣고 또 반응한다. 진실로 수 세기 동안 때때로 그녀의 반응은 분명하지 않았을 수 있다. 그러나 당시 그것이 쉬울 것이라고 누구도 말하지 않았다.
> -아이젠베르크, 『에덴의 생태학』, p.294.

한 뒤 '지구 숭배자(Planet Fetishers)'는 자신들이 존재한다고 상상하는 자연과의 화음에서 인간들이 미소한 역할을 담당하기를 원하는 반면, '지구 관리인(Planet Managers)'들은 자신들이 작곡하고 지휘하는 교향곡에서 전체 지구가 그러한 역할을 맡기를 바란다고 주장했다. 그는 두 입장을 모두 거부하며, 자연과의 관계에서 우리 종은 '지구 재즈'를 연주하는 비밥에서 4분의 1 분량의 색스폰을 연주하는 연주자로 상상해야 한다고 결론지었다.6 우리 스스로를 지구와 분리된 악단 지휘자로 봐야 한다는 주장에 전적으로 수긍되지 않는다(결국, 지구가 쓰는 위대한 법학의 화성을 알지 못하는 한 화음을 만들어낼 수 없다). 그러나 나는 그의 은유가 여전히 적절하다고 생각한다. 특히, 그의 은유는 주의 깊게 듣고, 민감하고 유연하게 반응하는 것이 중요하다는 메시지를 전달한다. 또한 우리 관계들의 시간 차원이, 미리 결정된 시간표에 기초하는 것이 아니라, 연주자 간의 들고 나는 상호작용에 의해 발생하는 박자와 리듬에 따라 구조화되도록 하는 것이 중요함을 말하고 있다.

리듬과 음악 그리고 시간은 거버넌스와 관련된다. 우리가 설사 이를 의식하지 않더라도 다른 거버넌스 시스템은 다른 리듬과 다른 시간대에 작동한다. 일부(거버넌스)는 기업(그리고 마약을 한 광란의 파티 참석자)이 선호하는 빠른 속도의, 심장을 마구 뛰게 하는 스타카토의 기계 박자에 맞춰 재빠르게 의사결정을 해버린다. 그 밖의 다른 관료제는 비엔나 왈츠와 같이 위풍당당하게, 그러나 자기에 몰입한 결론으로 나아간다. 이 모두는 시계가 가리키는 단선적인 시간 안에서 사고할 뿐, 결정하기에 시간이 충분히 숙성되었는지 하는 문제는 안중에도 없다. 정치적으로 '시의 적절한' 순간일 수 있지만, 지구 리듬과의 관계는 전혀 고려되지 않았다.

지구 거버넌스는 우리에게, 특히 의사결정과 관련해 거버넌스의 시간 차원에 대해 다시 생각하기를 요구한다. 우리는 어떤 순간에 요구된다면 신속하게 행동할 수 있어야 한다. 한편, 다른 상황에서는 아직 결정할 준비가 돼 있지 않음을 인정하는 지혜와 시간이 무르익기까지 행동을 미룰 수 있는 자신감을 기를 필요가 있다. 지구 공동체의 춤에 충분히 참여하기를 바란다면, 우리는 그 박자를 주의 깊게 듣고 우리의 박자감과 타이밍을 그에 맞춰 조정해야 할 필요가 있다.

12장
토지법

성스러운 토지

토지는 지구의 또 다른 이름이다. 우리는 광물과 식물로 특정된 물리적 형태를 갖춘 토지에 속해 있다. 우리 마음과 미적 감각은 토지의 윤곽과 색채, 질감, 맛과 향에 관계하며 형성됐다. 우리는 죽음에 이르러 토지 속으로 사라질 운명을 지녔다. 수많은 문화와 철학은 우리에게 생기를 불어넣는 생명력 내지 필수 에너지는 토양, 암석 그리고 식물 사이를 흐르며, 그 안에 집적된다고 믿는다. 또한 우리가 어떤 주체적 현존, 영혼, 또는 의식을 지구와 공유함을 의미하는 것이라고 믿는다. 달리 말하면 토지를 무생물의 객체가 아니라 살아 있는 존재의 물리적 신체의 한 부분으로 인식하는 것이 더 정확하다. 세계 전역에 걸쳐 있는 원주민들은 사람들이 토지에 속하고 토지에 의해 형성됐지, 그 반대가 아니라고 믿는다. 이러한 진실은 한때 전부는 아니더라도 대부분 인간 문화에 의해 인정됐지만, 지금의 지배적인 인간 문화에서는 잊혔다. 전통 법학은 토지가 종교 예식이 거행되는 장소라는 의미와는 반대되는 의미에서 토지 자체가 성스러울 수 있다는 단순한 가능성조차 부인한다.

> 토지는 우리 문화다.
> 우리가 이 토지를 잃는다면, 문화도 영혼도 더 이상이 존재할 수 없다.
> —쿠나(인디언)족 노인, 파나마

토지와 지구가 성스러운 차원을 가지고 있다고 믿든 안 믿든 간에 토지가 인간의 정신과 마음에 행사하는 힘은 부정할 수 없다. 우리 문화는 청춘 시절 흙에서 뿌리 뽑힌 체험(어쩔 수 없는 사정에 의해 농촌 고향을 떠나야 했던 경험을 말하는 듯하다—옮긴이)을 애통해하는 가슴 미어지는 유랑의 노래로 가득 차 있다. 고향에서 멀리 떨어진 동포들은 자신들의 고향 땅의 풍경, 향기 그리고 장소들을 회상함으로써 자신들의 유대를 새롭게 한다. 국가 자체를 규정한 토지의 아름다움을 노래한 고대와 현대의 찬가(讚歌). '흙'은 '피'와 '순교'와 더불어 혁명의 어휘 목록에 올라 있다.

> 당신은 당신의 아이들에게 발아래 땅은 조상의 재(ashes)임을, 그리하여 아이들이 땅을 존중할 수 있도록 가르쳐야 한다. 또한 당신의 아이들에게 땅은 친족의 삶으로 풍부하다는 것을 말해야 한다. 우리가 우리의 아이들에게 가르친 것을 당신의 아이들에게 가르쳐야 한다. 땅은 우리의 어머니라고, 또 땅에 닥치는 그 어떤 일도 땅의 아들에게 닥친다고. 땅에 침을 뱉는 것은 따라서 자신에게 침을 뱉는 것이다. 이것이 우리가 아는 바다. 사람이 땅에 속한 것이지 땅이 사람에 속한 것이 아니다. 이것이 우리가 아는 바다.
> —1854년 1월 시애틀 족장 연설.[1]

모든 토지는 지구의 일부이므로 인간과 토지 간의 관계는 지구 거버넌스와 지구법학에서 핵심적으로 중요하다. 현재 지배 문화의 법은 인간 공동체가 토지와, 따라서 지구와 어떤 친밀한 관계를 지속하게 하는 것을 어렵게 만든다. 아래에서 보겠지만 대부분 법에 반영된

4부 야생지로의 여정

토지 이해는 토지는 상품이라는 신화를 반영한다(토지는 판매를 위해 결코 만들 수 없다는 명백한 사실에도 불구하고). 토지를 가령 책상처럼 소유되고 다뤄질 수 있는 상품 형태로 가정함으로써 법 시스템은 인간의 지구 남용과 착취를 정당화하고 또 장려한다.

재산으로서 토지

지배 문화는 토지를 재산으로 이해한다. 법의 눈에 비친 토지는 사고팔 수 있는, 정의상 어떤 인격성 내지 성스러운 특성이 결핍된, 객체로서 사물이다. 법의 눈에 토지 숭배는 사물을 숭배하는 우상 숭배다. 토지를 돌보는 일은 경제적으로 현명할 수 있지만 소유의 본질적 속성은 아니다. 사실 소유자는 자신이 지배하는 토지와 어떤 인격적인 관계를 맺으려 함은 말할 것도 없고 보려고조차 하지 않는다. 더 불행한 것은 소유자가 회사와 같은 법인인 경우 토지를 사랑할 능력조차 없다는 것이다.

조사와 측량 과정을 통해 어떤 토지를 주변 토지로부터 분리함으로써 지구는 가공의 상품으로 바뀐다. 필지와 구획을 정하는 지적(地籍) 범위는 지도상에 표시되고, 측량핀이 땅에 박힌다. 일단 토지가 분할되고 말뚝이 땅에 박히면, 토지는 평방미터나 헥타르로 시장

> 우리는 저마다 이 아름다운 나라의 흙에 친밀하게 결합돼 있다. 우리는 저마다 이 시대에서 이 대지의 흙을 어루만진다. 우리는 개인적으로 새로워짐을 느낀다.
> -넬슨 만델라(Nelson Mandela), 1994년 5월 남아프리카공화국의 대통령 취임식 연설 일부.

에서 거래된다. 지구의 각 구획된 부분의 범위와 위치는 토지 소유자에 관한 상세 내역과 함께 부동산 권리등기부에 등재된다.

부동산 권리등기부는 재산으로서 토지를 공간적·시간적으로 규정하고 범위를 한정한다. 그것은 전(前) 소유자를 기록할 수 있지만 새로운 소유자가 등재되는 그 날로부터 토지에 대한 이해관심은 말소된다. 미래의 소유자는 고려되지 않는다. 소유주 이외에 누군가에 생존 기간 내지 한정된 시기 동안 토지를 사용하고 향유할 수 있는 권리를 부여하는 용익권(usufruct)조차 그것을 차지할 미래 세대의 이해관심을 보호하려는 것보다는 단순히 소유자의 전면적 권리 행사를 잠시 유보하는 것이다. 토지 이용 관계를 변경하려면 미리 허가를 받아야 한다고 규정한 법률이 있는 경우에는 그 한도 내에서 전 소유자의 이용 형태가 간접적인 영향을 미칠 수 있지만, 일반적으로 전 소유자가 누구였든 또 그가 해당 토지를 어떻게 이용하였는지 하는 것이 현 소유자의 권한에 직접적으로 영향을 미치지 않는다.

수많은 거버넌스 시스템에서 현 소유자는 자신의 권한의 일부 또는 전부를 다른 사람에게 영구적 또는 일시적으로 이전할 수 있는 권한을 포함해 사실상 토지에 대해 절대적인 권한을 가지고 있다. 사적 토지 소유자는 또한 예컨대 도로의 건설, 작물의 경작, 토양 비옥도의 증감 등 토지의 물리적 특성을 변경하는 데 자유롭다. 일부 나라에서는 이러한 권리에 표토층과 암석에서 광물을 채굴할 권리가 포함된다. 반면 다른 나라에서는 이러한 권리는 귀중한 것으로 여겨져 국가에 유보돼 있다.

  전통 법학은 토지를 하나의 상품으로 간주하므로, 원칙적으로 토지 소유자는 토지 또는 거기에 거주하는 어떤 다른 유기체를 보살필 법적의무가 있는 것은 아니다. 사실 토지 소유자는 개인적인 편익을 위해 토지를 개발할 권리가 있고, 어떤 경우는 보조금 지급으로 개발이 장려되기도 한다. 이는 작물 재배와 가축동물의 사육뿐 아니라 야생 동물의 사냥·어획과 그 토지에 자라는 야생 식물의 채취를 포함할 수 있다.

  많은 나라들은 현재 토지 소유자에게 예컨대 토지를 일정한 용도로 이용하거나(가령 농지를 산업용으로 이용) 허가받지 않은 방식으로 폐기물을 처리하거나 멸종 위기 야생 동식물에 간섭하는 것과 같은 특정 행위를 금지함으로써 일부 간접적인 의무를 부과하고 있다. 그럼에도 대부분 관할 안에서 근본 원칙은 토지 소유자는 토지를 어떤 목적으로도, 또 금지되지 않은 어떤 방식으로도 이용할 수 있다는 것이다. 그 결과, 대부분 나라들에서는 예컨대 공중의 건강을 보호하기 위해 토지 소유자의 권한을 제한해야 할 절대적인 필요가 있는 경우에 한해 간섭해야 한다고 본다.

권력으로서 토지

역사적으로 토지 소유권은 정치권력과 연관돼 왔다. 예를 들면 유럽 중세 시대에 발전된 봉건 시스템은 토지 보유 체계(land tenure systems)

를 둘러싸고 구축됐다. 봉건 시스템의 정점에 군주가 있는데 군주가 가진 세속권력의 대부분은 왕실(정부)이 모든 토지권리의 원천이라는 사실에서 나온다. 왕실은 충성을 다하는 사람들에게 토지 소유의 법문서로 보답하고, 반면 반역자들의 토지는 몰수했다. 이러한 토지가 수여된 남작[5등작(公·侯·伯·子·男) 가운데 다섯 번째의 작위로 주로 평민이 귀족으로 승급될 때 받는 지위다—옮긴이]과 귀족은 이번에는 자신들에게 충성하는 다른 '지주(landlords)'에게 토지를 사용할 권리를 줬다. 이런 식으로 각 사회계급은 노예부터 남작과 왕자에 이르기까지 토지(엄밀히 말하면 토지 자체가 아니라 사회 위계구조 내에서 자신보다 상위에 있는 자에 대한 충성과 복종으로부터)에서 생계를 영위할 능력을 확보했다.

오늘날 토지 소유권도 그것과 결부된 다른 법적·정치적 권력을 가진다. 예컨대 토지 소유자 또는 점유자는 보통 지방 정치인을 위해 투표할 권리를 가지고, 자신들의 토지를 불합리한 방식으로 사용하는 지역 내 사람들을 방지할 강화된 권리를 가진다. 많은 나라들은 또한 외국인이 토지를 소유하거나 이용할 능력을 제한하는 법을 갖고 있다.

토지 관리 시스템

인간의 토지 점유(도)가 강화되면서 사회는 특정 지역에서 토지 사용의 목적을 제한할 필요가 있음을 알게 됐다. 그 제한은 다양한 이유에서 취해지는데, 예컨대 다른 토지 소유자들 간의 잠재적 분쟁 가능성을 줄이기 위해 또는 일부 토지는 공원이나 병원 그리고 학교와 같은 공공의 이용을 위해 보유되도록 보장하기 위해서다. 대부분 나라들은 토지이용계획 관련 입법에 공공기관(전형적으로 지방자치단체)이 특정 지역 내지 구역 내에서 지배적이어야 한다고 여기는 토지 용도를 광범위한 조건(사항)으로 명시하는 것을 허용한다. 이는 통상 토지이용계획 내지 토지관리계획 내 용도구역체계(zoning scheme)에 반영돼 있다.

토지이용계획 체계는 전형적으로 특정 지역이 어떻게 사용될 수 있는지를 규제하는 개발 통제 체계와 연계돼 있다. 다수 사건에서 빌딩 건축과 특히 다른 토지 소유자에 의한 토지의 사용과 향유에 영향을 미칠 잠재력을 가진 그 밖의 특정한 용도로의 토지 이용은 사전에 허가를 필요로 한다. 허가 여부는 보통 사전에 수립된 토지관리계획과 용도계획에 따라 결정된다.

더 많은 나라에서 지금 그러한 허가 여부를 결정할 때 제안된 개발계획이 환경에 미치는 잠재적인 영향을 평가해 해당 계획에 고려할 것을 요구하고 있다. 그러나 환경보호를 위해 특정 지역의 토지 용도에 관해 어떠한 제한을 부과하는 것이 바람직하다 하더라도, 토지 용도가 인간에게 단기의 편익을 산출함을 보여준다면 환경적으로 파괴적인 용도로 토지 이용도 자주 허가될 것이다. 달리 말하면 환경법 영역에서조차 환경적으로 파괴적인 방식의 토지 이용에 관한 허가 여부를 결정하는 주된 요소는 그 제안 행위가 인간에 가지는 효용성(utility)이다.

재산 기반 토지 거버넌스 시스템의 효과

재산법을 토지에까지 적용함은 인간 주체가 일방적으로 지구 공동체의 모든 다른 측면을 객체로 지배하는 것이 바르고 적절하다고 여기는 세계관을 반영한다. 지배적인 법철학은 토지를 상품으로 규정함으로써 우리가 마구잡이로 지구를 개발하는 그러한 착취관계를 정당화하고 또 촉진한다. 이러한 철학은 또한 토지 내지 지구를 존중하는 관계에 기초한 거버넌스 시스템의 개발을 방해하고, 또 이러한 존중의 관계가 내재적 지구권을 가지는 주체들 간의 호혜관계임을 인정하는 것을 가로막는다. 이러한 방식으로 그 철학은 자연으로부터 우리 자신의 소외를 심화한다.

자연의 호혜관계에서 일방향의 착취관계로의 개념적·법적 전환은 또한 불균형을 낳는다. 법은 특정 시점에 토지를 소유하거나 점유하는 누구에게라도 사실상 거기에 서식하는 생물과의 관계에서 제한받지 않는 권리뿐 아니라 매우 광범한 관리권한을, 심지어 파괴할 권한마저 준다. 이는 균형을 잃은 위험한 작용으로 나타난다. 이 불균형의 폐해는 광범하게 퍼진, 거의 모든 종들의 서식지의 대규모 파괴에서 가감 없이 볼 수 있다.

핵심 관계

인간과 토지의 이러한 관계는 근본적이다. 이는 개인의 정신과 감정 그리고 국가의 정체성을 형성하는 어떤 관계다. 이 관계를 이해하고 인정하는 방식에서의 변화가 새로운 거버넌스 패러다임으로의 전환에서 핵심이 된다. 예상대로 그것은 또한 원주민문화와 고대의 지혜가 우리에게 특별히 가치 있는 어떤 지침을 제공하는 어떤 영역이다.

출발점은 이러한 거버넌스의 영역이 지구 공동체의 한 요소(인간)와 우리에게 물리적·심리적 자양분을 제공하는 지구의 한 부분 간의 기본적 관계와 관련돼 있음을 인정하는 것이다. 토지와 친밀한 관계 속에 사는 인간이 충분히 의식하는 바와 같이, 그것은 깊은 정서적이고 영적인 결합을 포함하는 호혜관계다. 이러한 관계를 주인과 재산의 관계로 특징짓는다는 것은 우리 스스로를 궁핍하게 만들고, 또 우리 자신이 이러한 관계의 가장 근본을 충분히 경험하고 거기서 어떤 이익을 얻는 것을 막는다.

> 우리의 자원은 토지로부터 나온다. 그 때문에 우리는 토지의 일부가 된다. 그것은 특정 지역에서 창출된 식량원으로 내 삶을 만든다. 3만 년 전의 전설은 가르침의 도구로서 구술 전승돼 우리가 어떻게 이 토지에 의지해 살아가는지 하는 우리의 실존을 유지한다. 그리고 실존을 유지하는 방법은 우리가 자원을 교란하지 않도록 보장하는 것이다.
> -데이비드 앤더슨(David B. Anderson), 아타바스칸 인디언 언어, 동부 내륙, 알래스카

인간과 인간이 의존하는 토지의 관계는 동료 간의 어떤 관계가 아니다. 그것은 수많은 문화가 양육하는 어머니와 부양되는 아이 간의 관계나 존중으로 특징지워질 수 있는 그러한 관계로 비유해온 어떤 관계이다. 그러나 그것은 또한 '아이'에게 토지를 돌보는 데 적극적인 역할을 수행할 것을 요구하는 그러한 관계다. 현 시대에 지구의 어떤 특정 부분을 깊이 돌보는 사람은 점점 더 그 토지의 온전성을 다른 인간으로부터 보호하라는 호소를 듣고 있다.

영원히 돌볼 성스러운 의무를 가진 토지 수호자로서 사람과 공동체라는 고대의 관념을 부활, 변용하는 것은 부상하고 있는 지구법학의 중요한 부분이 될 가능성이 있다.

토지를 돌보고 수호하는 인간의 역할에는 인간과 토지 간의 개인적 친밀함이 요구된다. 이러한 유의 친밀함에는 (가령 법인이 아닌—옮긴이) 실제 사람(real people)이 요구된다.

바람에 그리고 추운 밤이 지난 이튿날 맨살에 지펴진, 감정을 일게 하는 아침 태양의 춤에 민감한 몸을 가진 그런 사람. 의식을 공유할 수 있고 상처받은 지구의 고통을 느낄 수 있는 마음을 가진 그런 사람. 오염된 물맛을 느끼는 혀와 오염된 도시의 검은 가래에 콧물이 흐르는 코와 순수한 산 공기를 마시는 기쁨으로 팽창하는 폐를 가진 그런 사람.

> 우리는 자신을 토지의 보호자로 생각한다. 토지는 우리에게 단순히 흙과 바위가 아니다. 그것은 창조의 전체다. 모든 토지, 물, 공기 그리고 모든 곳의 삶. 또한 사람. 이 모든 것은 꿈의 시대(호주 신화에 나오는 세계 창조 때의 지복 시대를 일컫는다—옮긴이)에서 서로 관계하며 연결된다.
> -파우린 고든(Pauline Gordon), 원주민, 분자렁(Bunjalung) 부족, 호주

이는 기업 같은 인위적인 법인의 특징은 아니다. 많은 토지 소유자가 법적 가공 덕분에 존재하는, 토지와 친밀한 관계를 형성하는 능력이 원천적으로 결여된, 법인화된 사람(incorporated persons)이라는 사실에 의해 인간과 지구 간의 관계의 해체는 가속화되고 있다. 이러한 능력의 결여는 그들이 지구 공동체와 결합도, 의사소통도 할 수 없음을, 그리하여 그것의 일부로 기능할 능력도 없음을 의미한다. 토지 소유자와 달리 토지를 돌보는 이는 가슴과 동정이 필요하다. 실제로 토지와 물리적 관계를 가진 실제 사람만이 이러한 역할을 수행할 수 있다.

토지에 관한 구전 지식

토지를 돌보는 일은 한 개인의 역할이 아니다. 이는 한 공동체 내에서 실행돼야 하는 관계 내지 친교다. 지구의 한 장소를 돌보고 보호하는 것은 그 장소의 풍경과 내음과 질감으로 직조되는 삶을 사는 공동체 사람들의 다함없는 돌봄을 요구한다. 아이가 토지에 속한다는 것을 알게 되기까지 토지에 관한 이야기로 자신의 아이를 양육하는 사람 그리고 아이에게 토지의 창조물과 특별한 장소를 소개하고 그 토지의 구전 지식으로 채우는 사람. 인간과 토지의 관계는 아무리 그 관계가 내밀하더라도, 전적으로 한 사람과 토지의 어느 한 구역 사이의 개별적 문제는 결코 아니다. 이는 항상 수많은 다른 존재들—시간상 우리 뒤에 그리고 앞에 있는 존재들과 그 토지 위에서 우리와 더불어 같이 사는 존재들—을 품고 있다. 우리 거버넌스의 수단과 방법은 현행 토지 점유자들에게 하는 사용허가가 결코 이러한 대단히 폭넓고 큰 공동체의 희생으로 이뤄져서는 안 된다는 것을 인정할 필요가 있다.

> 우리는 멜로디에 자연의 모든 소리를 담고 있는 노래를 불렀다.
> 물이 흐르는 소리, 바람이 부는 소리, 그리고 동물들이 서로를 부르는 소리. 당신 아이들에게 이것을 가르치라. 그러면 우리가 그러한 것처럼 아이들은 자연을 사랑하게 될 것이다.
> -아메리카 인디언들의 대(大)회의 모닥불, 1927, 파푸아뉴기니

존중과 균형은 이 관계의 중심이다. 관계가 사랑, 경외 그리고 감사로 특징지어질 때 비로소 그 관계는 그러해야 하는 바와 같이 번성하게 되는 성스러운 특성을 가지고 있다고 많은 사람들은 주장할 것이다. 존중, 사랑 또는 경외를 법이 명하기란 쉽지 않다. 그러나 우리가

다른 문화를 고찰한다면 활용 가능한 다수의 기법을 관찰할 수 있다. 예를 들면, 노골적으로 불존중하는 행위는 금지될 것이다. 축제를 통해 인간은 지구가 자신들에게 배려한 양식과 양육을 환기하고, 지구와 다른 것들과의 관계에서 인간의 미천함을 환기시키기 위해 설계된 또 다른 의식들을 통해 명시적으로 경외와 감사를 바친다. 아마도 가장 중요한 것으로는 일과를 행하는 동안 짧은 운문의 암송에서부터 경작지 가운데 야생 동식물을 부양하기 위한 휴경지나 미경작지를 남겨두는 것에 이르기까지 이 관계의 친밀성을 증대하는 데 사용된 무수한 사회 관행들이 있다.

우리는 새롭게 발전시킨 의식을 통해 공동체가 토지와 혼인(결합)함으로써 공동체로서 존재하는 한 공개적으로 토지를 사랑하고 존경할 것을 약속할 수 있어야 한다. 도시민들은 특정한 농사 공동체와의 연계를 벼릴 수 있다. 거기서 양식을 얻고 토지와의 유대를 재발견한다. 다소 낭만적으로 들릴 수도 있겠다. 그러나 여기서 말하고자 하는 바는 우리가 이 관계의 근본적 중요성을 인정하고, 그 질(質)과 영혼을 그 관계로 복원시키는 새로운 메커니즘과 사회 관행을 필요로 한다는 것이다. 모든 사람이 훼손되고 남용된 토지의 단지 한 작은 구역이라도 토지와의 개인적 관계를 강화하는 방식으로 치유하려고 시도한다면, 지구 거버넌스와 정의는 곧 번영할

> 우리가 축제를 거행하지 않는다고 해서, 식물이 그해 피어나지 않을 것임을 의미하는 것은 아니다. 그것은 우리가 존중과 상찬을 그만두는 것을 의미한다. 그러면 우리의 식량 확보는 정지된다. 왜냐하면 우리는 존중을 상실하고 열대우림을 베어내고 물을 오염시키고 균형을 파괴할 것이기 때문이다. 그것은 이 메시지 배후에 존재하는 실제적 진실이다.
> -렌디스(Leandis), 멕시코 치유사, 북멕시코

것이라고 믿어 의심치 않는다.

더 이상 토지를 재산으로 간주하지 않기

이러한 관계의 진정한 특성을 적절히 표현할 수 있는 언어와 거버넌스 메커니즘을 발견함에 있어 우리는 인간의 관점에서 우리가 현재 주장, 행사하는 권리보다는 토지와의 관계에서 우리가 갖는 책임을 강조할 필요가 있음을 또한 인정해야 한다. 일부 경우 우리는 토지와 친밀함 속에 사는 인간의 권리를 강화함으로써 그렇지 않은 인간에 의한 간섭, 개입에 대항할 필요가 또한 있다. 예를 들면 다수 나라들에서는 농부와 시골 주민이 유전자 변형 작물이 자기 지역에 도입되는 것을 막을 수 없다. 회사가 매수한 토지를 극도로 불존중하는 방식으로 개발하는 것조차 막을 수 없다.

소유권에 근거해 토지와 어떤 관련을 맺는 데서 벗어난다는 것은 또한 우리가 어떤 주체(인간)와 객체(토지) 사이의 절대적이고 불변하는 관계가 아니라 같은 시스템의 다른 구성 부분 사이의 역동적 관계에 관심을 두고 있음을 의미한다. 이는 또한 토지의 이용 용도에 중점을 두기보다는 관계의 질에 주의를 둬야 한다. 토지가 농업구역 안에서 농지로 사용될 것인지 아닌

> 다른 이들은 우리의 관습, 그리고 우리가 어떻게 그렇게 긴밀하게 토지와 그 토지에서 자라는 모든 것들과 관계할 수 있는지에 대해 비웃을 수 있다. 그러나 모든 나무, 동물, 물고기, 벌레, 파충류 그리고 산조차도 우리에게 특별한 의미를 가진다
> −서 파퓨아 노인, 파푸아뉴기니

지 묻는 것보다 점유자가 토지를 보전하고, 보호하며 단순히 인간뿐 아니라 지구에 이익이 되는 방식으로 활용하는지를 묻는 것이 더 중요하다. 특히, 무엇이 그 토지에 거주하는 그 작은 지구 공동체로 될 것인가? 그 경향은 전체와의 통합을 지향하는가 아니면 일탈을 좇는가?

한때 토지를 돌보는 성스런 책임과 같은 것을 다시 받아들임으로써, 또 관계의 친밀성을 계속 심화시키고, 그것이 손상되었을 때 이를 회복시킨다면, 우리는 완전한 인간이 될 수 있다. 재산권에 관한 우리의 현재 사고를 계속 유지하는 대가는 우리의 깊은 자아로부터 소외 뿐 아니라 지구 공동체로부터의 추방이고 사실상 파문이다. 재산법을 전면적으로 다시 사고하는 것은 급진적으로 보일 수 있지만, 확장적 비용편익 분석에 따른다면 그것은 완전히 정당화될 수 있다. 토지와의 적절한 관계를 방해하는 재산권 제도를 폐지하는 과정을 어떻게 시작할 수 있는지 또 작동 가능한 대안을 그 자리에 어떻게 구축할 것인가 하는 것들이 지금 우리가 직면한 과제다.

13장
공동체들의 친교

홀론과 홀라키

당신은 길을 걷다가 멈춰서 종려나무나 양치식물의 길게 갈라진 잎이나 아카시아 가시나무의 잎 같은 복잡한 잎을 본 적이 있는가? 더 가까이 들여다보면 하나의 패턴으로 구성된 전체가 또 다른 차원에서 반복되고 있음을 알 수 있을 것이다. 예를 들면 고사리 잎은 작은 잎처럼 보이는 것들로 구성돼 있고, 각각의 잎은 작은 잎맥 가지가 떨어진 중앙선 둘레에 구축돼 있다. 잎 속 구조는 잎의 가장 얇은 줄기 둘레에 작은 잎들이 반복적으로 배치돼 있다. 이러한 크리스마스 트리와 같은 작은 잎은 다소 두터운 줄기 둘레의 유사한 배열 속에 배치돼 전체 잎을 형성한다. 중앙 줄기와 갈라진 잎맥의 패턴이 반복되면서 전체가 효과적으로 창출된다. 그 잎의 가장 미소한 부분에서 이 점이 분명히 드러난다. 각 부분은 정합적인 하위구조의 한 부분이면서 동시에 전체의 한 부분이다.

한 부분이 각각의 차원에까지 올라가면서 어떤 속성이 추가적으로 출현한다는 점에서 전체는 부분들의 총합보다 크다. 아카시아의 가장 미소한 잎은 오직 한 평면으로 움직이며 산들바람의 어루만짐에 반응한다. 그러나 전체의 잎은 서로 다른 수평면으로 동시에 움직이며 자신을 정렬시킨다. 이러한 과(科)에 속하는 일부 식물의 잎은 인간이 건드리기만 해도 수축하며 급히 잎을 닫는다.

자연은 서로 다른 규모의 차원에서 동일한 패턴을 계속적으로 반복함으로써 부분들로 하여금 서로 다른 규모의 차원에서 전체와 유사한 형태를 가진 채 복잡한 형태를 만들게 하려는 기호(嗜好)를 가지고 있는 것 같다. 프랑스 수학자 브누아 망델브로(Benoit Mandelbrot)는 자신의 저서『자연의 프랙털 기하학(The Fractal Geometry of Nature)』에서 이를 수학적으로 묘사했다. 카프라(1996)는 망델브로가 어떻게 꽃의 머리를 작은 조각으로 분해(이를 그는 '프랙털'이라고 부른다)함으로써 각 조각의 형태는 전체 머리와 유사하다는 점을 증명했는지를 기술한 바 있다.

생태주의자들은 살아 있는 실체와 시스템은 더 작은 전체(smaller wholes)의 패턴으로부터 전체를 창출하는 그런 유사한 방식으로 진화했음을 확인했다. 내가 1장에서 기술한 흰개미 언덕의 복잡한 구조는 더 작은 전체로 구성돼 있다. 개별 흰개미의 소화기관 속에는 믹소트리카 파라독사(Mixotricha paradoxa)라고 불리는 원생생물(작은 단세포 개체)이 살고 있는데, 그 원생생물 속에는 또 수백만 개의 박테리아가 산다. 생태계 내에는 수백 개의 흰개미 언덕이 있을 것이다. 각각은 수천 개의 흰개미를 담고 있고, 또 흰개미는 저마다 천만 개의 원생생물을 위한 우주를 제공하는데 여기에 일조개의 박테리아가 담겨 있다. 아서 쾨슬러(Arthur Koestler)는 이러한 구조들을 '홀라키 내 홀론[(아서 쾨슬러가 창안한 용어인 holon은 holes(전체)+on(개체)가 결합된 말로 전체인 동시에 부분인 어떤 것으로 더 큰 시스템의 부분일 뿐 아니라 그 자체로 전체를 이루는 시스템 또는 현상 (중첩된 시스템)을 말한다. holarchy는 이러한 홀론들의 계층구조다—옮긴이)]'으로 기술한다.1 전체 자연은 이러한 식으로 배치된 것 같다. 각 차원에서 동시에 더 큰 전체(larger wholes)의 부분인 '전체' 또는 홀론이 있다는 사실은 한 차원에서 홀론의 자기 이익과 그 홀론이 깃들여 있는 홀라키 간의 긴장을 유발한다. 전체 생태계가 건강한 상태에 있다면, 이 긴장은 상호 협력과 지속적인 '협상'에 의해 해소될 수 있다.2

자연에 존재하는 모든 것은 그러한 (홀라키얼한)한 배열에 속해 있다고 볼 수 있다—생태계 내 세포 공동체 내 세포들 내 분자들 또는 생태계 내 종들 내 공동체 내 가족 내 개별 유기체 내 기관 내 세포 내 분자…… 이러한 유의 이해는 깃들어 있는 시스템 또는 홀론이 건강을 유지하려면 자신이 깃들여 있는 홀라키의 건강에 이바지해야 함을 분명히 보여주고 있다. 깃들어 있는 시스템 또는 홀론은 상호의존성 내에서 독립성을, 홀로노미[holonomy; hole(전체)+norm(규범)의 합성어로 문어적으로는 '전체 규범' 정도로 새길 수 있다—옮긴이]를 가진 자율성을, 또는 홀라키 내에서 성원 자격이라는 균형을 지속적으로 유지해야 한다……간단히 말해서 살아 있는 홀라키의 모든 차원에서 동시적 자기 이익은 모든 차원에서 역동적이고 지속적인 협상에 의해 협력에 이르게 된다.
—리베스(Liebes), 사토우리스(Sahtouris), 스윔(Swimme), 『시간 속을 걷다(A Walk Through Time)』, pp 166-167

지구 공동체

그렇다면 '지구 공동체'는 우리가 지구라고 부르는 전체 시스템 안에 깃들어 있는, 저마다의 다른 차원에서 존재하는 모든 작은 공동체로 구성된 것으로 이해할 수 있다. 나는 내 가족의 성원이자 동시에 내가 거주하는 하천 유역의 생태 공동체의 한 성원이고 또 내 나라의 한 성원이자 환경주의자들로 이루어진 국제 공동체의 한 성원이다. 그러나 우리가 거버넌스에 관해 얘기하기 때문에 인간을 포함하고, 인간이 거주하는 지역과의 관계 속에서 규정되는 공동체에 특정해 초점을 맞추고자 한다. 내가 이 장에서 언급한 '지역 공동체'는 인간뿐 아니라 토양, 공기, 물 그리고 그 지역의 '생명 공동체'라고 말할 수 있는 것들을 통합하는 그런 공동체다. 달리 말하면, 인간 사회의 공동체라기보다 지구 공동체의 지역 공동체다.

새로운 거버넌스 패러다임에 관한 논의에서 공동체에 특별히 유념하는 까닭이 몇 가지 있다. 첫째, 그 지역 공동체를 구성하는 유대의 강화는 지구 공동체의 강화, 그리하여 전체의 건강성 강화를 의미한다. 지구 내 다수의 작은 공동체 간의 관계는 전체 공동체를 형성한다. 그들 간의 '친교' 없이는 공동체도 있을 수 없다.

> 공동체란 그것이 생물이든 비생물이든 모든 살아있는 것들과의 친밀한 관계성이다.
> −마이크 벨(Mike Bell)(2001), 공동체에 관한 원주민의 정의를 인용하며

둘째, 거버넌스 시스템은 구조를 요구하는데 이와 관련해 지역 공동체는 유익한 모델을 제공한다. 지역 공동체는 전형적으로 분화, 다양성 및 자기 규율의 원칙—6장에서 언급된—을 드러낸다. 이를 인간의 관점에서 고찰하면, 지역 공동체 내 사람들은 전형적으로 자신을 이웃하는 공동체와 문화적으로 다른 존재로 인식한다. 그리고 어느 정도까지는 자신들의 고유한 관습 내지 세계관에 따라 규율할 권리를 주장

> 개인주의가 아닌 개별성은 공동체의 초석이다. 개별성은 독특성과 동의어다. 이는 한 사람과 그(또는 그녀)의 독특한 재능은 대체 불가능함을 의미한다. 공동체는 성원 모두가 번성하고 최적의 가능성으로 기능하는 것을 보고자 한다. 사실, 공동체는 성원들 저마다 번성하고, 삶의 목적 실현의 충분한 가능성 속에 사는 경우라야 번성할 수 있고 또 생존할 수 있다. 성원을 존경하고 지지하는 것은 따라서 공동체의 자기 이익인 것이다.
> -말리도마 소메(Malidoma Somé), 『아프리카의 지혜의 치유력(The Healing Wisdom of Africa)』, p.92

할 것이다. 요약하면 그들은 유지되기를 희망하는 집단의 정체성을 갖는다. 생물학적 관점에서 보면 공동체는 구별되는 특유한 생태계를 창출하는 방식으로 상호작용하는 다른 구성요소(동식물, 토양, 물, 공기 등)들로 구성될 것이다. 이 두 가지 관점에서 보면 공동체는 성원 간의 상호관계 덕분에 존재한다. 이 상호관계가 '전체 유지적'이지 않다면 공동체는 황폐화될 것이고, 다른 공동체가 생겨날 기회를 주며 자신은 소멸해 갈 것이다.

셋째 지역 공동체의 권리, 그리고 경우에 따라서는 지속적인 존재마저 지배 문화의 동질화시키는 거대한 힘에 의해 거의 모든 곳에서 위협을 받고 있다. 이 힘은 '세계화'라고 일컫는 일정 범위의 현상 안에서 현재 가장 명확하게 드러난다. 이 의미에서 공동체의 존재할 권리와 스스로를 규율하는 권리의 재확증은 안정적이고 지속가능한 거버넌스 구조에 필요한 다양성을 유지하려는 노력의 일환이다.

넷째, 건강한 공동체는 자신들의 진정한 잠재력을 성취하려는 사람들에게 유익한 환경을 제공한다. 원주민들을 고찰한다면 또다시 배울 것이 많다. 전통적인 서아프리카 공동체 내에서 개인의 역할에 관한 말리도마 소메의 기술은 인간 공동체의 가치를 표현할 뿐 아니라 건강한 지구 공동체의 기술이 될 수 있다. 유사하게 투카노 아마조니언 인디언들의 다가족 거주용 장(長)가옥(maloca)이 어떻게 또한 삶과 우주의 한 모델인지에 관한 레이첼-돌마토프의 기술은 인간 사회와 인간 사회가 깃든 지구 공동체 사이의 통합성의 정도에 관한 아름다운 사례를 제공한다.

당신의 발밑에 조상들이 묻혀 있고, 가족이 곁에 함께 사는, (당신의 고향인) 더 넓은 우주를 모사(模寫)한 구조를 갖는 그런 공동 주택에서 양육된다는 것이 한 사람의 세계관에 미치는 영향을 상상해보라.

[조상 대대로 이어진 장(長)가옥(maloca)]의 개별 부분들은 우주론적 모델과, 천문학적 현상, 해부학적·생리학적 기능, 친족 관념, 의식(儀式) 차원 그리고 풍경의 특성과 연관된다. 간단히 말해 인간 경험의 모든 영역과 시나리오와 연결된다. 말로카는 우주적 모델이고, 산림이고 친족과 동료의 회합이고 자궁이고 무덤이고 거북이고, 소우주로, 그 안에서 모든 부분은 고유한 이름을 가지고, 부분간의 모든 관계는 정합적인 전체와의 연계 장치로 보인다.
-레이첼-돌마토프, 『산림 속에서(The Forest Within)』, p.49

현대 거버넌스 패러다임에서의 공동체들

지배 문화의 법이론은 지역 공동체에 특히나 해로운 영향을 끼치고 있다. 그 법리는 개인과 기업 같은 법인에게 권리를 부여한 뿐, 집합적 권리나 단체의 권리는, 예외가 전혀 없는 것은 아니지만 거의 인정하지 않는다. 어떤 권리와 의무는 공동선을 위해서 공동체로 보유되고 또 행사돼야 한다는 관념이 공동체 개념의 핵심이다. 이러한 권리에 대한 공격, 가령 영국에서 양 사육자 개인의 배타적 이익을 도모하기 위해 공유지가 사유화되는 인클로저와 같은 공격은 공동체의 건강을 늘 침식시켰다. 이러한 권리의 제거는 종종 공동체로부터 생활방편을 창출하는 수단과 방법을 앗아간다. 더 중요한 것은 그것이 공동체의 다른 성원들 사이에서 상호협동보다는 경쟁을 부추김으로써 공동체를 창출하는 관계를 침식한다는 것이다.

지배적 거버넌스 패러다임과 공동체 기반의 접근법 간의 이러한 갈등은 이른바 '유전자원'과 그 자원의 사용과 연결된 전통 지식에의 접근과 관련해 분명히 드러나고 있다. 자연 곁에서 살아가는 공동체는 식물을 의료용으로, 그 밖의 용도로 사용하는 방법에 관한 폭넓은 지식을 비롯해 자신들이 속한 지구 공동체에 관한 친밀한 지식을 발전, 숙성시켜왔다. 그들은 또한 수천 년에 걸친 주의 깊은 선택 과정을 통해 곡물 품종과 지역의 특정 환경조건에 맞춰 가축화한 동물들 그리고 그것들을 번성하게 한 농사기법을 개발했다. 이 지식과 연관된 기술은 순전히 그 공동체의 문화의 한 부분이었다. 비밀로 오로지 소수에게만 전수된 일부 측면을 제외하고 나머지는 널리 알려졌고 자유롭게 다른 이들과 공유됐다.

멀리 떨어진 지배 문화의 성원들이 '원시적'이라고, 제공하는 것이라고는 아무것도 없다며 경멸한 이 문화가 사실은 선진국 시장에서 상품화돼 판매되는 지식을 갖고 있다고 알려지면서 문제가 발생했다. 지식 보유자는 그것을 재산으로 규정하지 않았고 따라서 그것을 사거나 팔지 않았기에 이 지식이 상업 거래의 영역 안에 없다는 점이 문제였다. 이는 최초로 그 지식을 획득했을 때 이것이 유용하더라도, 다른 이들도 같은 것을 하지 않는다고 보장할 방법이 없기 때문에 큰 수익을 얻기 어려울 것이라는 것을 의미한다.

따라서 우선 이러한 원주민 지식을 사적으로 소유할 수 있는 재산으로 규정하는 것이 필요한데, 이것은 특허법의 확장과 왜곡으로 가능해졌다. 이 법은 투자자에게 제한된 기간 동안(보통 15년에서 20년까지) 그 발명을 배타적으로 사용할 권리를 부여함으로써 사회적으로 유용한 가공품에 투자를 장려하도록 설계됐다. 그러나 특허가 부여되려면 그 발명은 신규성이 인정돼야 한다(가령 투자자는 독창적인 무엇을 창안해야 하지 단순히 이미 존재하는 어떤 것을 발견해서는 안 된다). 그것은 산업적 응용이 가능하다는 의미에서 비자명하고(non-obvious)[1] 유용한 것이다. 미국과 그 밖의 다른 나라들에서 특허법의 변화는 특허 부여의 기준을 변경해 어떤 생명 형태3('발명'이라고 말하기 어려운) 자체에 대한 특허와 자연 혼합물을 특정 용도로 사용하는 특허도 허용되게 됐다. 허브 혼합물의 다수는 공동체가 수천 년 동안 다양한 형태로 사용해온 것으로, 어떤 식으로든지 새로운 용도라고 간주될 수 없다. 지배 문화는 WTO나 세계지적재산권협회(WIPO)와 같은 국제법적 도구나 조직을 사용해 나머지 세계에 이러한 접근법을 부과했다. 멀리 떨어진 의사결정자에 의해 그와 같이 법이 변경되자 (공동체) 국외자는 공정한 수단과 방법 또는 반칙을 통해 공동체로부터 가치 있는 정보를 취득할 수 있게 되고, 지배적인 법체계는 그 정보를 재산 형태로 변환하는 것을 허용한 것이다. 그러자 사용자는 특허보유자(거의 일

---

1 미국 특허법상의 특허요건으로서 '비자명성(non-obviousness)' 요건은 '유용성(utility)', '신규성(novelty)' 등과 같은 다른 특허요건들을 만족한다 하더라도, 그 청구발명이 특허를 통해 배타적인 권리를 받기 위해서는 사소한 정도 이상의 진보성을 보여줘야 한다는 것을 요구하는 것이다. 한국이나 유럽은 유사한 특허요건으로 '진보성(inventive step)'이라는 개념을 사용하고 있다.

률적으로 기업)에게 특허권 사용료를 지불해야 할 법적 의무를 지게 됐다. 예컨대 어떤 기업이 전통적으로 의료 목적으로 사용되던 식물에서 특정한 식물 혼합물을 분리, 추출해 의료적 처치용으로 사용하는 특허를 받았다면, 기업은 법적으로 해당 지식을 제공한 공동체 성원이 그러한 용도로 사용하는 것조차 막을 권리를 가진다.

  기업에 의한 곡물의 유전자 조작은 세계 전역에 걸쳐 지역 공동체에 미치는 특정 위협들을 대표한다. 이 유전자 변형 유기체가 지구 공동체의 건강에 일으킬 수 있는 잠재적 위험에 더하여 기업은 씨앗에 특허를 소유하고 있으므로(씨앗은 보통 살충제와 비료와 결부돼 사용되는 것으로 설계된다) 그 사용으로 공동체는 외부 투입에 의존하게 되고 결국 기업의 통제아래 놓이게된다. 이는 인간 지역 공동체의 자율성을 약화시킬 뿐 아니라 농업의 전통적 재생산 시스템과 생물다양성의 지속가능한 이용마저 침식시킨다.

지구 거버넌스라는
홀라키 내 홀론으로서 지역 공동체

6장에서 논한 바와 같이, 지구법학과 지구 거버넌스는 우리에게 위대한 법학의 원칙을 존중하고 준수할 것을 명한다. 우리는 우주가 어떻게 기능하는지를 고찰함으로써 인간 거버넌스에 적용하는 데 커다란 도움이 되는 조직화 원칙을 식별할 수 있다. 홀론과 홀라키 개념은 특히 어떤 사회 구조를 지지할지 여부를 선택하는 데, 또 우리의 법시스템을 포함해 거버넌스 시스템의 구조를 짜는 데 매우 유용하다.

거버넌스 시스템의 구조화에 관한 전통적 모델을 거꾸로 세우면 도움이 될 수 있다. 거버넌스 구조를 위해 건축 양식의 설계에 기초한 건축학적 모델을 채용하는 대신 거버넌스 시스템이 유기(체)적으로 창조됐다면, 그것은 어떠한 모습이 될지를 숙고하는 것이다. 자연적 구조 형성(natural structuring)에 관한 우리의 지식에 근거한다면, 성공적인 '유기적' 구조는 조직의 더 복잡한 패턴이 창발하게 하는 방식으로 반복되는 작은 '패턴'을 통합, 반영하는 것이라는 가설을 세울 수 있다. 우리가 '풀뿌리 수준'에서 출발한다면, 관계에서 더 큰 친밀도가 있는 경우, 좀 더 적절한 또는 영감을 주는 모델을 발견할 수 있다. 그러나 수많은 곳 어디에서도 더 이상 유용한 모델은 존재하지 않을 것이고, 따라서 우리는 의식적으로 이러한 작은 패턴의 직조를 시작할 필요가 있다. 작은 패턴의 성공적인 결합으로 좀 더 큰 유사한 패턴이 형성된다면, 가장 미소한 패턴의 형태와 양식(가령 우리가 어떻게 그것을 만들지)이 가장 중요하다. 무엇을 하는가도 중요하지만, 어떻게 그것을 하는지가 결정적인데 이는 패턴에 형태를 부여하기 때문이다. 그러한 패턴은 만약 성공한다면 자기복제적인 것일 테고, 또 결합을 통해 더 큰 전체를 형성할 것이다.

지금까지의 내용이 상당히 이론적으로 들릴 수 있겠지만, 실은 다른 영역에서 선례들이 있다. 예를 들면 남아프리카공화국에서 아파르트헤이트에 반대하는 정치 투쟁의 과정에서, 노조, 청년 클럽 그리고 시민 결사체와 같은 다수의 개별적이고 다양한 조직들의 연합체로 민주연합전선(United Democratic Front; UDF)이 설립됐다. UDF는 인종에 자유로운 민주 국가를 건설하고자 했다. 당시 대부분 사람은 민주적 사회 내지 비인종주의적 사회 어느 쪽도 거의 경험하지 못했다. UDF가 이 개념을 실제적인 것으로 구현하고자 채택한 여러 방법 가운데 하나는 각 구성조직 자체를 민주적으로 조직하라고 요구한 것이다. 이런 방식으로 마을 청년 집단 내에서 공무담임자의 선출은 집단 내에서의 관계를 강화할 뿐 아니라 매우 실제적인 방식으로 나라 전역에 민주주의가 뿌리내리는 데 기여했다.

지구 거버넌스의 성장에 도움을 주기 위해 우리가 찾으려는 또는 창안하려는 특성은 어떤 것일까? 그 출발점으로 나는 사회 조직을 구성하는 더 작은 패턴들은 저마다 어떤 통합의 특질을 가져야 한다고 생각한다. 달리 말하면 그것들은 스스로를 조직하는 것이어야 하고, 장기간을 넘어 자신들을 지탱할 수 있어야 하며, 또한 참여자가 그 시스템에서 얻는 이익이 그것의 유지에 요구되는 에너지를 초과한다는 의미에서 유익해야 한다고 본다. 더 나아가 사회의 한 집단이 적정하게 기능하려면, 그 집단은 참여자의 행위를 통일하고 지시하는, 그럼으로써 이를 구조화하는 어떤 공통의 목적·의도에 기반해야 한다.

이러한 사회구조 내에서는 개인의 삶이 상당히 결정적임을 의미한다(이는 모든 고대의 지혜와 종교 전통의 한 부분을 형성하기 때문에 그리 놀랄 만한 통찰이 아니다). 지구 거버넌스의 맥락에서 가능한 한 다수의 개인들이 생산적이고 책임성을 가진 지구 공동체의 성원이 되고자 하는 의도에 따라 사는 것이 분명 중요하다. 이는 널리 받아들여질 수 있는 환경 또는 지구중심의 윤리 개발이 결정적으로 중요함을 의미한다. 이는 또한 우리가 삶에서 서로에 그리고 지구에 유익함을 발견하려는 관행을, 그리고 그것(서로와 지구―옮긴이)을 유지할 수 있다는 의미에서 지속가능한 관행을 통합, 반영하는 데 고군분투해야 함을 의미한다. 둘 다 나름의 역할을 가지고 있지만, 일회적이지 않은, 정례적으로 매우 작은 지구를 돌보는 행위는 특이한 화려한 몸짓(내지 세계정상회담)보다 훨씬 더 중요하다. 상보관계에 함께 묶인 같은 마음을 지닌 사람들의 집단이라는 의미에서 공동체들은 개별 패턴이 그 규모가 확대돼 집합 패턴이 될 수 있도록 적절한 메커니즘을 제공해야 한다.

우리가 두 가지 핵심 특성(=개별성과 집합성―옮긴이)을 표현하는 이러한 조직의 정책과 형태를 선호한다면, 우리는 더 적정한 거버넌스 시스템에 더 가까이 다가가야 한다. 첫째, 거버넌스 시스템은 지역적 지구 공동체의 성원(인간 간의 관계를 포함하여) 간에 더 강력하고 더 친밀한 관계를 증진시켜야 한다. 둘째로, 거버넌스 시스템은 그것이 한 부분을 형성하는 더 넓은 시스템의 건강에 기여해야 한다(가령 전체를 유지하는데 도움을 줘야 한다).

나는 대부분 지배 사회의 거버넌스 시스템의 전환이 쉽게 혹은 신속하게 일어나리라고 암시하진 않았다. 그러나 좋은 소식은 우리는 상층에서 출발해야 할 것은 없고, 우리 자신과 우리 주변의 사람들과 함께 출발할 수 있고, 또 우리에게 유익한, 관리와 모방이 가능한 변화를 목표로 할 수 있다는 것이다.

규모의 문제

매일을 살아가는 개인의 실천행위와 홀론으로서 그(또는 그녀)의 상호관계들을 본다면, 상보관계와 같은 그러한 원칙에 대한 공통된 헌신결정에 의해 결속된 인간 공동체의 일원으로 기능할 때 상위 차원에서 복제가 일어날 수 있다. 말리도마 소메가 지적한 바와 같이(250쪽을 보라), 개인과 공동체 간의 건강한 관계는 서로를 강화한다.

대부분 사람들은 이것은 한 마을 내지 한 도시의 이웃들 간에서나 가능하다고 생각할 수 있다. 당신 주변의 사람들과 접촉하는 그러한 공동체는 매우 개인적인 어떤 것이다. 공동체는 규모가 확대될수록, 그 관계는 점점 더 옅어지며 친밀도는 감소하게 된다. 이것이 건강한 공동체를 특징하는 유대감과 소속감이 거버넌스의 위계질서 내에서 위쪽으로 올라가면서 점점 해체되는 이유가 될 수 있다. 더 인위적인 법인격(국가 및 국제기구)들의 '국제 공동체' 차원에서는 친밀감과 공동 목적은 함께 사라질 수 있다. 지구 거버넌스의 실행에서 도전과제 중 하나는 공동체 조직의 긍정적 측면이 더 큰 사회 시스템 내에서 복제되도록 하는 방법을 탐구하는 것이다.

이 점과 관련해 거버넌스에 생태지역(bio-region) 접근법을 채택하자는 아이디어는 특히 유용할 수 있다. 이 접근법은 의사결정을 특정 지역의 생태공동체로 지향하는 것을 지지한다. 사회 조직의 양상이 개인에서부터 시작돼 지역 당국으로, 광역 정부로, 국가 정부로, 국제 공동체에 이르는 식으로 규모가 증가하는 것이 아니라, 생태 공동체를 참고해 규모가 증가한다면 그 결과는 상당히 다를 수 있으리라 예상된다. 가령 작은 계곡에 거주하는 인간들이 한 공동체로서 그 계곡 내 지구 공동체의 통합성(온전성)을 보존하기로 하는 결정을 했다고 하자. 그러면 한 공동체로서 그들은 말하자면 하천 시스템의 전체 유역에 관계된 기구의 의사결정에 참여할 수 있다. 이 기구는 특정한 기후 지역성 내지 생물·물리적 지역성으로 특징 지워진 공동체의 한 부분 또는 하천이 흘러들어 가는 해양과 밀접한 관계를 가지는 더 큰 공동체의 일부가 될 것이다.

거버넌스 구조에 생태지역적 접근법을 채용하는 경우 그 이점 중 하나는 이 접근법이 조직의 작은 패턴들이 이음새 없이 정합적인 더 큰 거버넌스 구조를 구축할 수 있게 할 것이라는 점이다. 상호의존성과 관계성은 거버넌스 구조에 더 큰 안정성을 부여하고 협력을 증진하면서 거버넌스 구조 내에 구축될 것이다. 그러한 거버넌스 패턴 안에서 다른 공동체와 자원 경쟁을 하는, 예컨대 한 유역에서 상당량의 물을 다른 유역으로 이전하려는 생각은 명백히 부적절하게 여겨질 것이다. 전체의 적정한 기능과 개인들 저마다의 안녕은, '자신들이 속한' 지구의 한 부분을 돌보며 그 지역의 지구 공동체의 건강에 기여하는 자신들의 공동체에 의존한다는 점은 모두에게 분명할 것이다. 인간 공동체가 저마다 그렇게 할 수 있다면, 자동적으로 조직의 다음 상위질서의 기능과 건강 그리고 궁극적으로 전체의 건강이 개선될 것이다.

이러한 형태의 거버넌스 구조는 전체의 건강을 증진하는 것이 또한 더 작은 단위들이 효과적으로 기능하는 것을 용이하게 한다는 의미에서, 긍정적 되먹임회로(feedback loops)를 창출하는 경향을 보인다. 건강한 유역은 하천 시스템의 수계 하류방향으로 따라 일어나는 파괴적인 침식이 덜 할 것임을 의미한다. 이 점에 있어 세상에서는 정반대의 일들이 일어나고 있음을 우리는 본다. 어떤 지역에서 화석연료를 마구 연소시킨 결과로 영향을 받은 지구의 기후는 도처에서 생계수단을 제공하는 공동체의 역량을 위태롭게 한다. 이는 지역의 지구 공동체의 한 부분으로 조화롭게 살아갈 자신들의 능력이 자신들의 통제 범위를 넘어선 요인에 의해 침식, 약화되고 있음을 의미한다. 이러한 요인들은 국제 거버넌스 시스템 내 최상위 차원에서 다뤄져야 할 필요가 있다. 그러나 우리가 자주 목격하는 바와 같이, 그 차원의 거버넌스의 조직 구조와 철학은 그러한 현안을, 진정한 공동체가 하는 것처럼 효과적으로 다루는 것을 극도로 어렵게 하고 있다.

단기적으로 생태지역 접근법을 채용한 거버넌스 구조는 의사결정자와 그 의사결정으로부터 영향을 받는 곳 간의 거리를 줄이는 데 도움을 줄 것이다. 이는 EU가 '보조성' 원칙으로 언급한 것의 적용에 의해 어느 정도 인정돼 왔다. 이 원칙은 의사결정은 본질적으로 가장 하위의 적정 차원에 위임돼야 한다고 전제한다. 이 원칙은 또한 의사결정의 성질이 그 결정이 이뤄져야 할 차원을 결정할 것이라고 인정한다(예컨대 국제관계상의 문제가 마을 단위에서 결정돼서는 안 된다). 이 원칙이 적정하게 적용된다면, 더 상위의 차원에서 의사결정이 이뤄져야 할 타당한 이유가 없다면, 대부분 의사결정은 가장 직접적으로 영향을 받고 가장 밀접하게 그 현안에 관심을 가진 공동체가 담당하게 할 수 있다. 이 보조성 원칙에 동의하는 나라에서조차 이를 실행하기 위해 가야 할 길이 멀다. 지구 거버넌스의 관점에서는 지역의 지구 공동체에 영향을 미치는 의사결정은 가능하다면 그 공동체의 성원들이 하는 것이 합리적이다. 이 접근법은 또한 되먹임에 더 반응적이고, 지역의 지구 공동체의 미묘한 차이(nuances)에 더 잘 맞춰진 거버넌스 시스템의 진화를 촉진할 것이다.

지구법학의 원천으로서 새로운 지구 공동체

우리 거버넌스 시스템은 공동체와 공동체의 공동체를 둘러싸고 구조화돼야 한다고 주장하더라도, 이것이 반드시 전원지대에 작은 마을들이 여기저기 흩어져있고, 자율적 부족집단에 의해 거버넌스가 실행되는, 낭만화된 산업 전(前)의 세계로 돌아가자고 주장하는 것은 아니다. 그러한 세계는 우리에게 권고할 것이 많을 수 있고, 또 남아 있는 부족 문화와 공동체의 지속적 생존을 분명히 지지한다. 그러나 시계를 거꾸로 되돌리는 것은 우리에게 가용한 선택지라고 생각되진 않는다. 세상은 상당히 많이 변했다. 그러나 우리가 한 번 더 지구중심적 사고를 하는 사람이 되도록 우리를 인도할 지혜와 영감을 얻으려면, 우리 부족의 지난 과거로부터, 또 그 너머 지구의 역사로부터 배울 필요가 있다.

이미 지구중심적 내지 생태중심적 세계관에 기반한 새로운 사회운동이 출현하고 있다. 인도의 지구 민주주의 운동(6장에 간략하게 논했다)은 그 한 사례다. 남아프리카공화국 공동체 운동가는 몇몇 다른 나라들의 단체들과 연계해 지구정의운동(Earth Justice Movement; EJM)을 조직했다. EJM은 비정부조직도, 조직들의 연합체도 아닌 하나의 공동체다. 세계관을 공유하고, 그 세계관 내에서 인간과 지구 공동체의 나머지 성원 간의 건강한 관계성을 회복하기 위해 서로 다른 단체와 개인들은 서로를 지지할 수 있다. 그러므로 EJM은 어떤 특정 행동계획의 실행을 강조하는 것이 아니라, 성원들이 저마다 행한 것이 더 효과적일 수 있도록 하는 상보관계의 수립과 강화를 강조한다. 이러한 특정 사회운동이 이 책에 기술된 바와 같은 지구 거버넌스를 증진하는 데 어떤 유의미한 영향을 발휘할 수 있을지를 예측하는 것은 아직 이르다. 그럼에도 그 운동들은 특정 쟁점이 아니라 공동의 접근법과 지구 중심 철학을 둘러싸고 조직된, '공동체들의 공동체'가 출현한 사례라 하겠다.

예상대로 EJM은 사무실도, 사무담당자도, 그리고 조직의 과시적인 요소도 없는 공동체로서 스스로를 조직하는 데 다소 어려움을 겪었다. EJM은 운동으로서 어떻게 민주적 의사결정을 할 수 있을지를 씨름하지만, 하여튼 효율적이다. 또한 사소한 다툼을 해결하는 방안을 넘어 고민했다. 원형이 되는 새로운 형태의 국제적 공동체의 창발적 출현에 참여하면서 내가 매료된 것 중 하나는 공유하는 접근법을 점진적으로 발전, 강화시키는 작은 실천 행위들의 개발을 지켜보는 것이었다. 조직이 설립되는 과정에서 이러한 새로운 형식의 사회 조직은 자신에 특정된 형태의 지구법학과 지구 거버넌스를 창출하고 있는 것이다. 희망적으로 세계 전역에 걸쳐 그러한 실험들이 더 많이 있을 것이다(이미 수천 개가 있으리라 추측한다). 일부는 번영하고 성장하고, 다른 것은 짧게 꽃피운 후 사라졌을 것이다. 그것들은 집단적으로 현실에서 작동 가능한 지구 거버넌스의 모델을 탐구하고 진화시키기 위해 인간 사회가 필요로 하는 일종의 다양한 사회적 실험을 표상한다.

지구법학과 공동체의 권리

전 세계의 공동체들은 점차 자신들에게 적대적으로 변해가는 세상 속에서 생존을 위한 투쟁을 해왔다. 지배 문화는, 언어와 문화를 포기하라고 거대한 압력을 가하는 식으로 다른 문화적 소수자와 상호작용을 증대하고 있다. 위에서 언급한 바와 같이 세계 전역에 걸쳐 전통적 생활방식을 버리고 세계 시장에서 단순한 소비자와 생산자가 되라는 압력은 점점 강화되고 있다.

생물다양성과 문화다양성이 풍부한 많은 개도국들은 생물다양성협약(Convention of Biological Diversity; CBD)을 여전히 매우 중요한 안전장치로 본다. CBD는 전통적 생활양식을 체화한 많은 원주민 공동체와 지역 공동체가 생물자원에서 보이는 전통적인, 밀접한 의존성을 인정한다. 또한 생물다양성의 보전과 그 구성요소의 지속가능한 이용과 관련된 전통 지식과 혁신, 관행의 이용에서 발생하는 이익의 공평한 공유가 바람직하다고 인정한다.4 그러나 실제 '이익 공유'가 성공한 사례는 거의 없다. 대부분은 원주민의 지식을 이용한 생명 탐사(bio-prospecting; 의료약과 같이 상업적으로 개발 가능한 제품의 원료로 사용하기 위한 동식물 종을 탐색하는 행위를 말한다—옮긴이)를 수행하기 위해 외국 회사가 일정 금액을 정부(가끔은 원주민들에게)에 지불하는 것은 이익 공유에 포함시킨다. 일부 합의는 연구조사를 통해 상업적으로 성공한 어떤 물품을 생산하게 된 경우 상당한 특허권 사용료를 지급하기로 하는 약정을 담고 있다. 그러나 해당 계약조항을 집행하기가 매우 어렵기 때문에 특허권 사용료를 지급할 일은 거의 없을 것 같다는 것이 내 생각이다. 설사 계약 집행이 가능하다 하더라도 원주민집단에 지급하는 많은 금액의 돈은 일부 경우에 공동체의 분열과 해체를 가속화할 수 있다.

그러나 CBD의 이익 공유 조항은 지구법학의 관점에서 해석한다면 여전히 유용할 수 있다. 예컨대, '이익'으로 돈 내지 기술의 교환에 중점을 두는 대신 모든 관련된 사람들과 그 '자원'을 얻는 지역의 지구 공동체 간의 강한 관계를 증진시킬 수 있는 협약은 어떤 것인지를 묻는 것으로 관심의 중심을 이동하는 것이다. 어떤 식물의 치유 속성을 발견한 원주민 공동체와 그 식물로부터 추출된 약의 제조에 관여된 인간 공동체 양쪽이 자신들에게 생계 수단을 마련해준 지역의 지구 공동체를 보존하는 방법을 추구하면서 둘 간의 밀접한 인격적 관계를 벼리는 것이 한 가지 목적이 될 수 있다. 그리고 그 결과는 한 다국적 기업부터 또 다른 다국적 기업에 이르는 폭포와 같은 지적 재산권의 라이센스를 통해 달성될 결과와는 매우 다를 것이다.

14장
법과 거버넌스의 변환

지금까지는 주로 거버넌스에 관한 우리의 생각을 왜 재고해야 할 필요가 있는지, 또 거버넌스의 본질과 목적의 재개념화라는 도전과제에 어떻게 접근할 수 있는지를 중심으로 논했다. 우리가 주의를 기울여야 하고 또 우리 거버넌스 시스템이 따라야 하는 더 큰 시스템 혹은 맥락 내에서 내가 위대한 법학이라고 이름 붙인 그 원칙들이 작동하고 있음을 현대 사회는 인정해야 한다고 나는 주장했다. 또한 우리를 인도해 거버넌스 시스템을 전환하기 위해 새로운 법철학으로 지구법학을 세밀하게 기술해야 할 필요가 있음을 제안하며, 지구법학의 특성 일부를 묘사했다. 지금까지 나는 지구법학이라는 접근법을 채용하는 것이 어떻게 현재의 법과 정치 체계를 전환하는 데 실천적인 지침을 제공할 수 있을지는 많이 언급하지 않았다. 이 장에서는 그러한 포괄적 접근법의 달성을 희망하는 것이 현실적인지 아닌지, 그러한 변환은 어떻게 일어날 수 있는 것인지, 그리고 지구 거버넌스의 방향으로 이행하기 위해 지금 할 수 있는 작은 변화들은 무엇인지에 관해 몇 가지 생각을 말하고자 한다.

망상적 혹은 현실적?

　지난 수년간 지구법학의 개념을 접한 몇몇 사람들은 그러한 법이론과 거버넌스 시스템의 급진적인 재구상 시도의 전망에 실망했다. 또 다른 이들은 싸워야 할 급박한 전술적 전투가 많이 있는데 인간권이라는 요새를 그렇게 정면 공격하는 것이 지혜로운가 하는 의문을 제기해왔다. 확실히 가장 강력한 인간 제도(=법—옮긴이)의 오만한 자기 믿음에 맞서 지구법학이 폭넓게 받아들여지도록 하겠다는 생각은 기껏해야 궤변으로 들리거나, 최악의 경우 위험한 망상으로까지 여겨질 수 있다. 과업이 지닌 커다란 무거움과 현상 유지에 기득권을 가진 사람들의 힘에 맞닥뜨리면 일부는 낙담해 즉각 이러한 생각이 비현실적이라며 거부한다.

　인간이 기존의 행동 경로를 바꿔 자연 시스템과 인간 문화와 공동체의 전면적 파괴를 저지(반전은 제쳐놓고라도)할 능력이 있다는 신념을 유지하는 것은 때로 매우 어렵다. 나는 지나치게 우울해질 때, 우리가 알고 있는 지금의 세계와 특히 인간이 자연과는 별개라는 믿음은 지극히 최근의(희망적으로는 과도기적) 현상이라는 점을 나 자신에게 환기시킨다. 누군가 현대 사회와 믿음을 지난 2백만 년 넘어 인간 역사의 맥락 내에서 본다면, 어떤 것은 극적인 '통상적인' 변화로 보인다. 사실, 장기적인 관점에서 보면 지구법학이 근거하고 있는 세계관이 더 주류로 여겨지고, 오히려 이 흐름에서 벗어난 것으로 보이는 것이 우리 사회다. 인간 문화의 발달을 장기적인 관점에서 바라본다면, 자기 시대에 놀라울 정도로 강력했던 문명도 끝내 역사의 뒤안길로 사라졌음을 우리는 되새기게 된다(흥미롭게도, 7장에서 언급한 바와 같이 일부 사회의 쇠퇴는 그 사회가 의존한 환경이 훼손되면서 촉발됐음을 시사하는 더 많은 증거가 나타나고 있다).

일부 사람은 거버넌스에 대한 철학적 접근방법을 전체적으로 다시 생각해야 한다는 주장을 현행 법·정치 체계의 전면 폐지를 요청하는 것으로 이해해왔다. 그러나 이는 사실이 아니다. 둘은 관련돼 있지만, 엄연히 별개의 쟁점이다. 달리 말하면, 12장에서 토지를 일반 상품처럼 취급하는 것은 잘못이라는 주장이 지금 당장 재산법이 폐지돼야 한다는 제안은 아닌 것이다. 나는 이렇게 됐을 때 뒤따를 수 있는 단기적인 혼란과 관련된 어떤 환상에 사로잡혀 이렇게 말하는 게 아니다. 내 주장은 단순히 현재와 같은 법과 거버넌스는 별 도움이 되지 않을 뿐더러 오히려 훼방을 놓기에 전체적으로 새로운 철학적 접근법이 필요하다는 토마스 베리의 지적이 옳다는 것이다. 지구법학이 발전 중인 야생의 법에 의해 실행되지 않는다면 새로운 지구법학의 발전은 분명 아무 의미가 없다. 그것이 어떻게 행해질지는 또 다른 문제이나. 그 실행에는 상당한 시간이 걸릴 것이라는 점에는 의심의 여지가 없다. 성장 중인 상당수 야생의 법은 특정 장소에 특정된 것으로 일반적으로 적용하기에는 적합하지 않을 거라고 생각한다. 그럼에도 공통의 지구법학과 지구 거버넌스의 접근법에 근거한다면 야생의 법으로 인정될 수 있을 것이다.

나는 이 장에서 현행 거버넌스 시스템에 야생성을 도입함으로써 출발하는 방법과 관련해 몇 개의 사례를 제시하고 있는데, 이를 통해 이러한 아이디어가 실천적으로 적용 가능함을 보여주고자 한다.

변화의 동역학

때때로 누군가 급진적인 변화의 필요성에 설득되더라도, 그 변화가 어떻게 가능한지를 알 수는 없다. 물론 이것이 희망하는 변화가 일어나지 않을 것임을 의미하는 것은 아니다. 예컨대, 수많은 사람들은 수십 년 동안 남아프리카공화국에서 아파르트헤이트의 종말을 마음 깊이 바랐다. 마침내 일어난 그 변화는 놀랍게도 일찍 도래했고, 그 변화가 어떻게 일어나게 됐는지는 대부분의 논평가들, 심지어 반정부 활동에 참가한 많은 사람들조차 변화의 바로 직전까지도 예견할 수 없었다. 그러나 인종에 근거한 차별을 거부하는 민주주의 사회의 이념적 비전의 기초 위에 구축된 자유를 위한 장기간의 투쟁이 없었더라면 그러한 변화가 일어나지 않았으리라는 점은 진실이다.

그 밖의 다른 모든 것과 마찬가지로, 사회는 어찌됐든 끊임없이 변화, 진화한다는 점을 되새기는 것이 중요하다. 여기서는 우리가 사회와 법·정치적 구조를 변화시킬 수 있는지 여부가 아니라, 그것이 어떻게 또 어느 방향으로 변화할지가 쟁점이 된다. 이는 현상을 변화시키기 위해 어떤 상세한 처방을 내놓는 것보다 변화하는 과정(가령 무엇이 변화의 성격에 영향을 줄 것인가)에 초점을 맞추는 것이 더 중요함을 의미한다. 사상가와 지도자들 앞에 놓인 도전과제는 브라이언 스웜과 토마스 베리가 『우주 이야기』에서 한 것처럼, 사람들에게 우리가 어디에서 왔는지를 환기시키고, 아직은 아니지만 우리가 될 것(what)에 관해 어떤 영감을 주는 것이다.1

생태대 혹은 기술대?

조만간 대부분 인간들은 사회의 거버넌스 구조를 변화시켜 '자연 세계'에서 우리의 진화적 동반자들과의 관계를 강화시켜야 한다는 생각을 지지하리라는 것이 내 생각이다. 달리 말하면, 현 신생대가 종말에 가까워지면서 '기술대(Technozoic)'로의 이행이 아니라 토마스 베리가 '생태대(Ecozoic)'라고 이름 붙인 그러한 시대로의 이행과 '생태대적 거버넌스(Ecozoic governance)'에 대한 지지가 증가할 것이다. 물론 내가 틀릴 수 있다. 확실히 지난 수백 년간 증거에 입각해 본다면 우리 사회가 대규모의 환경 훼손을 예방하는, 지구 행성을 관리할 기술 능력을 늦지 않게 개선하리라고 계속 신뢰할 수 있다고 본다.

내가 낙관하는 주된 까닭은 우리가 막다른 상황에 이르러도 기이아를 갖고 있다는 데 있다. 지구는 항상성 상태에서 자신을 유지할 능력이 있는 자기 규율적 실체로 기능한다고 하는 가이아이론을 받아들인다면, 지구 시스템은 자신의 통합성에 가해지는 공격에 대응하리라는 것은 과학적으로 검증할 수는 없지만 나에게는 전적으로 그럴듯하게 여겨진다. 비관적 관점을 취하는 누군가는 이렇게 말할 수도 있을 것이다. 결국 인간이 문제이므로 지구(또는 신)가 우리를 절멸시킬 수 있는 어떤 끔찍한 새로운 질병 내지 재난을 고안하리라고 기대할 수 있다고.

좀 더 온건하면서도 그럴듯한 해석은 우리 인간 자체는 지구의 한 측면이므로, 우리는 또한 치료책의 한 부분이 될 것이라는 것이다. 제임스 러브록과 린 마굴리스와 같은 과학자들은 지구(가이아)가 일종의 '초(超)유기체'로 기능한다는 강력한 증거를 제공해왔다. 앞에서 논했지만, 의식 같은 유(類)의 것이 모든 살아 있는 시스템 속에 내재하는 것 같다(6장을 보라). 그렇다면 최소한 일부의 인간은 자신이 한 부분인 시스템 내의 '고통' 수위의 증가에 대응하기 시작할 것이라고 추측하는 것은 그리 비합리적인 것 같지 않다. 확실히 조안나 맥시(Joanna Macy)와 몰리 영-브라운(Molly Young-Brown) 같은 사람들의 가르침과 작품은 그러하다는 강력한 증언을 제공한다.2 따라서, 우리가 고통의 원인을 다루는 방식으로 대응하는 한 우리 인간은 지구의 자기 규율적 대응이자 자기 지탱적 대응의 한 부분으로 기능할 수 있을 것이다.

내부로부터 거버넌스 체계의 변화

지구법학의 비전을 발전시켜나가는 것에 더해, 또한 현행 거버넌스 시스템을 내부로부터 변화시키는 작업을 시작할 수 있다. 이미 세계 거버넌스 시스템에서 일어나는 야생성의 몇몇 증후가 포착된다. 독일과 스위스는 이미 동물이 '존재'임을 인정했다. 에콰도르 헌법은 나아가 자연의 권리를 인정한다(이 책의 후기를 보라).

전 세계에 걸쳐 환경법은 우리 사회에서 환경에 영향을 미치는 의사결정이 어떻게 이루어지는지에 점점 주의를 기울이고 있다. 달리 말하면, 변화의 과정에 초점을 맞추고 있는 것이다. 현재 많은 나라들은 제안된 사업을 승인할지 여부를 결정하기에 앞서 해당 사업에 대해 환경영향평가를 실시할 것을 명하고 있다. 일부 환경법은 공공 정책, 프로그램 그리고 계획에 대해서도 전략환경평가를 명하고 있다. 또 다른 환경법은 환경에 영향을 미치는 의사결정 시 공무원이 따라야 하는 원칙을 규정하고 있다.

여기서 야생의 법 조항의 원형이 이미 어느 정도로 존재하고 있는지를 정확히 평가하고자 하는 것은 아니다. 지구법학을 반영하고 있는 것으로 볼 수 있는 법 조항 대부분과 그 밖의 다른 거버넌스 메커니즘이 새로운 지구중심의 법학을 실행하고자 하는 어떤 의식적 바람의 결과가 아님은 분명한 것 같다. 그것들은 특정 문제에 대한 정보에 기반한 지적 대응의 결과일 것이다. 그럼에도 환경영향평가와 같은 기법의 경험은 지구법학을 한층 더 발전시키는 데 소중한 것으로 판명될 것이다. 무엇을 더 할 수 있는지에 관해 좀 더 진전된 생각을 이어서 살펴본다.

지구중심의 문화가 번창할 수 있는 열린 공간의 창출

19세기 영국은 이른바 '인클로저'의 결과로 상당량의 공유지가 주로

양을 기르기 위해 울타리가 쳐지며 사적 소유자에게 넘어갔다. 공동체는 예로부터 이러한 공간을 자신들의 동물들에 풀을 먹이고, 땔감 등 생계수단을 확보하고, 나아가 일련의 다양한 축제와 의식을 거행하는 공공장소로 이용해왔다. 그들이 공유지에 더 이상 접근할 수 없게 되면서 공동체 생활은 황폐화됐고, 영국 사회도 급격한 변동을 맞게 됐다. 인클로저와 같은 과정은 지구 공동체로부터 우리를 물리적·정신적으로 소외시킨다. 예전에 사람과 환경 사이에 존재한 내밀하면서도 찬란히 아름다운 다양한 관계들은 몰개성적이고 획일적인 전 지구적인 주차장문화(parking lot culture)의 영향 아래 급격하게 사라지고 있다.

  지구법학을 표현하기 위해 우리가 시작할 수 있는 것 가운데 하나는 지배적인 법 시스템 내에 의식적으로 열린 공간을 창출하는 것이다. 그 법 시스템 내에서 공동체는 지구중심적 세계관의 표현을 시작할 수 있다. 이러한 표현은 자신들의 고유한 문화에 따라 살아가는 원주민들의 권리를 지지하기, '승인된 품종'이 아닌 작물을 재배할 권리를 되찾기, 유전자 조작 유기체의 영향으로부터 자유로운 지역을 유지할 권리를 주장하기를 비롯해 여러 가지 다른 모습으로 나타날 수 있다.

인간중심적 의사결정과정을 전체 지구 공동체의 이익을 고려하는 방향으로 확장하다

우리 사회의 발전 방향에 영향을 미치는 방법 가운데 하나는 지구중심적 세계관을 반영할 수 있는 결정이 가능하도록 의사결정과정을 변화시키는 것이다. 예를 들면 지배적인 법문화에서 공적기구가 하는 많은 결정들은 '공익으로' 내지 '공공선을 위해' 행해져야 한다. 관련 법률은 의사결정자가 오로지 (좁게 해석된) 인간의 이익만이 아니라, 전체 지구 공동체의 이익을 고려해야 한다는 식으로 개정되거나 재해석될 수 있다. 이것은 우리 자신이 '전체를 유지하는' 방식으로 스스로를 규율하는 방향으로 나아가는 출발점이 될 수 있다. 이러한 변화가 처음에는 의사결정에 많은 영향을 줄 수 없을지라도, 의식 변화를 가져오는 소중한 교육적인 기능으로 기여할 수 있다.

일단 지구법학이 더 폭넓게 수용되면, 다른 보통의 법 구절의 의미도 다시 생각하며, 재해석하기 시작할 것이다. 예컨대, 다수의 법체계는 '국가 이익' 내지 '국가 안보 이익'으로 통상적인 법 규정의 적용 배제를 허용하는 법 조항을 가지고 있다. 그렇다면, 한 지역의 생물다양성을 외래 침입종 등에 의한 위협으로부터 보호하려는 '생물안보(biosecurity)'나, 더 나아가 '지구 통합성'이라는 근거에서 특별한 조치를 취하는 것이 정당화되지 않을 이유가 있을까?

의사결정의 인간중심주의적 성격을 탈각시키는 또 다른 유용한 기법으로 의사결정자에게 광범위한 정보를 조사하도록 명하거나(예컨대 인간 활동에 따른 장기의 누적 영향에 관련된 연구), 어떤 원리(예컨대 모든 생물체는 인간에의 유용성과 무관하게 그 고유한 가치를 가진다)의 적용을 명하는 것도 해당된다. 두 경우 순전히 상업적이고 배타적인 인간 지향의 요인이 의사결정에 미치는 영향을 희석하는 데 도움이 될 것이다.

인간 힘의 범위 제한

인간은 매우 짧은 시간 동안(특히 19~20세기 동안) 지구의 물리적 측면에 심대한 영향을 미쳤다. 우리의 물리적·기술적 힘의 범위를 상당한 수준으로 확장시키는 과정에서, 힘을 행사하는 대상을 우리가 규율하는 것은 타당하다고 스스로를 설득해왔다. 자연 세계를 규율하는 데 성공했다고 볼 만한 뚜렷한 사례가 없음은 현재 우리 종의 독재라는 최악의 상황을 개선하기 위해 '환경 관리' 기법을 개선해야 한다고 강조하는 목소리가 높아지고 있다는 사실에 잘 반영돼 있다.

사실, 우리가 실제로 우리 환경의 모든 측면을 변화시킬 수 있다는 것이 지구의 모든 측면들을 규율하고 입법화해야 함을 의미하진 않는다. 환경 관리 기법을 완벽하게 해 지구를 좀 더 잘 관리하려 하기보다는 인간의 법학과 법의 적정한 권한 범위, 즉 인간의 자기 규율에 초점을 맞춰야 한다.

여기에는 가령 지구의 기후처럼 인간의 통제가 적당하다고 여겨지는 것의 범위에 어떤 한계가 있음을 받아들이는 것도 포함된다. 가령 지구 기후의 급격한 변화에 의식적으로 영향을 미치는 것 혹은 멸종이 불가피한 지경에 이르기까지 다른 종의 서식지를 파괴하는 것과 같은 그러한 인간의 간섭들은 인간의 법학에 비추어도 법적 정당성을 가질 수 없어야 한다. 공동체의 관점에서 보면, 그러한 결정은 위대한 법학에 의해 정당화될 수 없다는 의미에서 정당하지 않고 따라서 아무런 효력도 없다. 그러한 간섭 행위를 행하고자 하는 사람들에게, 우리가 한 부분이 되는 지구 공동체의 요체를 강타하는 그러한 행위를 승인할 권한이 인간에게는 없다고 말할 수 있는 어떤 법학이 필요하다. 반대로 모든 인간은 지구 공동체에 지는 가장 근본적인 의무를 위반하는 행위를 저지할 의무를 가진다.

근본적으로 국가의 정책 결정에 관여된 정치인이 단기적인 정치 경력만을 좇아 인간의 규율 권한의 범위의 한계를 파기하지 않도록 보장하는 방안이 우리의 거버넌스 시스템에 반영돼야 한다. 그렇게 된다면 지구를 위협하는 행위를 허용하는 어떤 법 내지 승인처분은 무효가 될 것이다.

관리에서 민주적 참여로 이행

8장에서도 말했지만, 인간은 지구 공동체의 다른 성원들도 '자기 결정권'을 가지며, 이 권리를 침해하지 않도록 우리 스스로를 억지해야 할 필요가 있음을 인정해야 한다. 그런데 우리는 여기서 더 나아가, 공동체 내 다른 주체와 관련해 현재 지배적인 관리 모델을 폐기하고, 민주주의에서 유추한 접근법을 채택하는 것이 필요하다. 이것이 문자 그대로 '1종 1표'를 의미하는 것은 아니다. 그러나 인간의 민주주의처럼 지구 민주주의도 모두에게 청취권(right to be heard)이 있음을 인정할 것이다. 그리고 더 큰, 민주적으로 결정된 전체 공동체의 선(善)을 증진하기 위해 어떤 특정 집단의 이익을 제한하는 것은 정당함을 인정할 것이다.

현재와 같은 우리 문화의 틀 내에서 이를 성취한다는 것이 비현실적일 수 있지만, '지구 민주주의'에 따라 인간은 지구 가족의 다른 성원들의 이익도 보호해야 한다고 인정하는 기초 위에서 활발한 풀뿌리 사회운동이 전개되고 있다. 예컨대, 인도의 지구 민주주의운동은 다음과 같은 이해에 기반하고 있다.

- 지구 위 모든 형태의 생명들이 가진 자유는 불가분적이다.
- 정의, 평화 그리고 지속가능성은 불가분적이다. 진정한 정의는 지속가능성과 지구 자원에 대한 공평한 접근 없이는 존재할 수 없고, 정의 없이는 평화도 존재할 수 없다.
- 모든 형태의 생명은 본질적으로 귀하다. 다양성은 자유를 표현하므로 소중히 여겨야 한다. 반면에 단작문화(monoculture)는 하나의 종, 품종, 혈통, 또는 종교의 지배와 나머지 다른 것들의 배제를 통해 형성된다.

지구 공동체를 기리고 존중하는 실천행위의 장려

여느 공동체와 마찬가지로, 지구 공동체 내에서 조화롭게 공존하려면 다른 성원들의 욕구·필요에 대한 이해와 존중에 기초한 예의를 지켜야 한다. 한때 우리 문화에서는 공동체 내 다른 성원을 까닭 없이 죽이거나 이용할 권리가 인간에게 없음을 환기시키는 의식(儀式)을 거행했다. 사회적 삶은 봉헌 예식과 희생 예식, 그리고 추수 감사 예식을 통해 우리와 다른 형태의 생명들이 지닌 성스러움을 존중하고, 인간을 살리는 동식물들의 삶의 희생을 기리는 것으로 짜였다. 에너지나 그 밖의 다른 힘들의 균형을 유지하는 것의 중요성에 대한 선명한 감각은 이러한 사회들이 자신의 행위가 어떤 불균형을 낳는 것은 아닌지, 또는 다른 존재들의 권리를 침해하는 것은 아닌지를 계속해 숙고하고, 적절한 경우 이를 교정하는 조치를 취하는 것을 의미했다.

오늘날 수많은 국제 선언과 협약이 자연이 '존중돼야' 함을 촉구하고 있지만, 이를 위한 예식과 그 밖의 다른 실행 메커니즘은 사라지고 있다. 지배 사회 내에서 인간은 지구 공동체의 나머지 존재들과의 관계에서 예의나 윤리를 준수하지 않는다. 대신에 '환경 관리' 결정은 대체로 과학적 모델과 경제학의 조합에 기초한다. 일단 인간권에서 바라보는 관점을 벗어버리면, '희소한 자원'을 사람들 사이에서 가능한 한 효율적으로 배분하기 위해 설계된 경제학 이론은 지구와 존중하는 관계를 형성하기 위한 건전한 기반을 제공할 수 없음이 분명해질 것이다. 오로지 경제적 고려에 기반한 인간관계에서는 상호존중과 진정한 친밀성이라는 특성이 옅어지는 경향이 보인다. 지속가능성과 같은 개념에서조차 건강한 균형의 유지보다는 지속가능한 착취의 최고 수위를 정하는 데 중점을 두는 경향이 있다.

환경을 훼손하는 법과 관행의 폐지

사람들은 법을 무엇이 올바른지를 가리키는 표지로 본다. 법은 또한 사람들의 윤리적 태도를 형성하는 데 그 반대의 경우만큼 중요한 역할을 한다. 내가 성장한 남아프리카공화국에서 인종 차별적인 세계관은 같은 지역에 사는 다른 인종 출신의 사람들이 함께 학교에 가는 것도, 심지어 성관계를 갖는 것조차 금지한 일련의 법들에 표현됐다. 이 법들은 아파르트헤이트에 내재한 오류와 잘못된 생각을 영속화하고 정당화하는데 기여하고, 비(非)인종차별주의(non-racialism)를 믿는 사람들이 그 믿음에 따라 사는 것을 어렵게 하거나 불가능하게 했다. 1994년 마침내 남아프리카공화국에서 민주주의의 동이 트며 인종 차별적인 법들이 폐지됐지만, 그로써 인종에 근거해 차별하지 않는 공동체가 즉각 출현하지는 않았다. 그러나 이러한 법들이 제거됨으로써 더 정당한 사회의 형성을 가능하게 하는 조건이 상당 정도 창출됐고, 특히 차별을 특정해 금지하는 권리장전에 의해 그러한 조건이 강화됐음은 의심할 여지가 없다.

좀 더 지구중심적인 거버넌스 시스템으로의 변화를 시작하는 가장 좋은 방법 가운데 하나는 지구 공동체 내에서 사람들이 어떤 책임의 역할을 수행하는 것을 방해하거나 금지하는 그러한 법리와 학설을 체계적으로 확인해 이를 고치고 또 다른 것으로 대체하는 것이다. 살아 있는 창조물은 객체가 아니고, 또 존중돼야 한다는 사실을 법적으로 인정하는 것에서부터 출발해야 한다. 특히 의무를 불이행한 사람에게 시간을 들여 직접 그 손상을 회복하게 하고, 그럼으로써 토지와의 유대를 다시 회복할 기회를 가질 것을 명한다면 이는 교육 효과를 갖는 중요한 조치가 될 것이다.

새로운 규제 메커니즘의 개발

인간과 법인이 계속해 지구 공동체의 다른 측면들이 가지는 지구권을 침해하지 않도록 방지하는 유효한 수단과 방법을 개발하는 것이 어렵다 할지라도 실제로 중요하다는 점을 유념하는 것 또한 중요하다. 현대 사회와 자연 세계와 긴밀한 관계 속에서 살아가는 부족 공동체들 사이에서 발견되는 뚜렷한 차이 가운데 하나는 부족 공동체는 일반적으로 인간 행동을 규제하기 위해 감옥제도를 사용하지 않는다는 것이다. 공동체 성원들은 대체로 성원으로서의 자격과 공동체 내에서 상호 존중하는 관계를 유지하는 데 높은 가치를 부여한다. 그 결과 공동체의 가치와 규범을 준수하는 데 상당한 주의를 베푼다. 누군가 이를 위반하는 경우, 의식(儀式)과 그 밖의 다른 사회적 메커니즘은 손상된 관계를 회복하는 데 활용됐다.

오늘날 우리 가운데 다수는 여러 가지 점에서 '탈 사회화'되고 있는 세계 사회에서 살고 있다. 이는 회사와 국민 국가와 같은 법인(法人)에 더 타당한데 진정한 공동체 내에서는 이러한 탈 사회화는 가능하지 않다. 이 점이 전통 사회에서 작동한 거버넌스 기법이 더 이상 우리에게 도움이 되지 않을 것처럼 보이는 까닭 가운데 하나다. 13장에서 언급한 바와 같이, 가치의 공유에 기반한 새로운 공동체의 창출과 강화는 인간 사회를 규율하는 강력한 힘으로서 '사회적 제재'를 재정립하는 중요한 단계가 될 것이다. 지구의 성스런 차원을 다시 각성하게 하는 것은 새로운 공동체의 창출과 강화에 중요한 부분이 될 것이다. 인간과 지구 공동체의 관계를 규율하는 효과성의 측면에서 현대 거버넌스 구조와 부족 공동체의 거버넌스 구조를 비교해보면, 제재(sanction)보다 성스러움(sanctity)이 더 효과적임을 시사한다.

우선순위 다시 정하기

우리는 때때로 일부 권리와 문제는 다른 것보다 더 중요하고 따라서 다르게 처리될 것을 요구한다는 사실을 잊은 것 같다. 예를 들면 WTO 교역 규정이 생물다양성협약과 같은 다자적 환경협약에 규정된 환경보호 의무에 우선하는지 여부를 둘러싼 지금의 국제 논쟁은 비극이 아니라면 터무니없는 것이다. 자유 무역을 촉진하도록 설계된 법 규정(이는 오직 가장 부유한 소수의 인간들에게 커다란 혜택을 가져다줄 것이다)이 지구 공동체의 절대적인 근본 측면의 보존을 목적으로 하는 의무와 동등하게 다뤄져야 한다는 생각 자체가 부조리하고 잘못됐다. 천년 이상 공진화한 식물을 조작해 영업 이익을 거두는 기업의 '권리'가 종자를 저장, 보관하고 번식시킨 가난한 농부들의 권리보다 우선해야 한다는 생각도 마찬가지다. 세계 각국 정부가 기업에 보이는 비굴한 자세를 이제는 버려야 한다. 지구 공동체의 기본적 지구권과 무역의 자유나 계약 체결의 자유와 같은 인간의 법에서 도출된 '권리'를 이익형량한다는 것은 이제는 더 이상 있을 수 없는 일임을 분명히 해야 하는 것이다. 다시 말하지만 기업의 환심을 사려는 태도를 버리고 지구 공동체의 근본적 권리와 계약의 자유와 같은 인간의 법에서 파생된 권리 간에 균형이라는 것은 있을 수 없다는 점을 명확히 해야 한다.

오래된 지혜의 복원

가장 어려운 도전과제 가운데 하나는 거버넌스의 장(場)에서 지혜를 위한 자리를 찾는 것이다. 물론 세계 각국의 정부 안에는 현명한 사람들이 있다. 그러나 우리 거버넌스 시스템과 그 시스템 내에 반영된 유인 체계의 제도적 장치는 현명한 의사결정을 증진하거나 적절한 보상을 하기 위해 설계되지 않았다는 엄연한 현실을 직시할 필요가 있다. 사실 우리와 지구 사이의 관계를 치유하는 데 필요한 그러한 유(類)의 지혜들(의 가치)은 권력의 중심부에서 저평가된다. 그뿐 아니라 오랜 시간 동안 사용되지 않았던 관계로 이제 지혜의 말(word)은 낯선 고대의 말처럼 들린다. 따라서 이 영역은 영감과 인도를 위해 고대의 전통적 관행에 자문을 구하는 것이 필요한 영역이다.

결정과 영향 간 간격 줄이기

정치와 규제 시스템이 '정교해지면' 정교해질수록 전달해야 할 지시사항은 더 복잡해지고, 협의해야 할 관료제 층위는 늘어나고, 의사결정자와 관련 쟁점 및 결정에 따른 영향 사이의 간격은 더 커진다. 이 연쇄적 줄이 길어지면 질수록 공동체의 결정은 공동체 경험이 거의 없거나 아예 없는 국외자에 의해 행해질 가능성이 더 커진다. 나는 예컨대 강력한 개인 내지 기업의 영향력 아래 있는 지역 공동체가 환경적으로 해로운 의사결정을 하는 것을 억지하는 데 중앙 정부의 환경

부서가 핵심 역할을 수행할 수 있음을 잘 안다. 그러나 장기적으로는 가능한 한 특정 생태계와 장기적인 관계를 형성하고 있는 안정된 지역 공동체가 의식적으로 스스로를 규율하는 능력을 구축하는 것이 중요하다고 본다. 우리 거버넌스 시스템이 고도로 정교한 수준으로 진화하려면 지역 조건에 적응하고, 또 정밀하게 조정될 수 있어야 한다.

| 5부 |

향후 지형

풍경의 침묵은 거대한 현존을 감추고 있다.
장소는 단순히 위치가 아니다. 장소는 어떤 깊은 개별성이다.
풀과 돌의 표면질은 비, 바람 그리고 햇빛의 축복이다.
완전히 집중한 채 풍경은 주저함 없이
신의 열정에 자신을 맡기며 계절의 전례식을 거행한다.
— 존 오도나휴(John O'Donohue), 『영혼의 동반자(Anam Cara: A Book of Celtic Wisdom)』

15장
산길

산으로 돌아와서

6장에서 나는 위대한 법학을 창밖으로 내다보이는 케이프 반도의 산에 비유했다. 이 이야기를 마무리하는 동안에도 산은 변함없는 내 동반자다. 변화하는 가운데서도 늘 그러한, 아침 여명 속에 서 있는 어두우면서 고요한 그런 동반자. 지금, 한겨울 아침의 비스듬히 쏟아지는 빛 속에서 산등성이는 드라마틱한 옆모습을 급경사면 너머로 던지고, 산골짜기는 여전히 짙은 그림자 속에 싸여 있다. 미처 감지하지 못한 사이 어느 한순간 태양은 갈색과 황토색 그리고 초록색을 풍경 속으로 불어넣는다. 따오기는 하늘 높이 날아오르고, 하얀 날개의 이집트 산 거위 한 쌍은 쉬~익 하는 소리를 내며 섭식지로 날아 가버리며 고요는 생명으로 활발해진다. 태양이 떠오르면 어두웠던 부분은 절벽에 튀어나온 바위와 산의 돌출부로 물러나 숲으로 스며들기 시작한다. 산은 어제는 안개 속에 모습을 감췄지만, 오늘은 정적이고 선명하고,

조용하다. 아름다움은 우리 사이의 공간을 넘어 내 심장을 어루만지고 책 사이에 있던 내 상상을 불러 끄집어냈다. 험준한 산등성이지만 천년의 시간 속에 풍화돼 가파르게 비탈져 있고 그 위에 숲과 핀보스 관목은 말없는 청원자처럼 엎드린 채 뻗어 나가있다. 산은 무엇을 하지 않고 단순히 거기에 존재한다. 그러나 산은 존재 자체와 산으로 되어가는 느린 지질학적 변화를 통해 산비탈들에 모인 생물학적 공동체에 많은 것을 내어준다. 산 정상에 펼쳐진 구름에서 떨어진 호박색 물로 갈증을 해소한다. 눈을 들어 고대 화강암과 사암면의 장엄함을 곰곰이 생각하는 나와 같은 이들의 원기를 또한 보충한다.

우리는 숲과 같이 지구의 한 측면 위에 산다는 것을 한 번 더 기억할 수 있기를 바란다. 또한 누구도 어디서 하나가 끝나고 또 어디서 다른 하나가 시작되는지를 말할 수 없을 정도로, 우리 자신을 산에, 우리 문명을 그 형태에 각각 맞추고, 우리 자신을 그 토양에 깊이 뿌리내리게 할 필요성-필요성을 넘어 위대한 목적으로-을 다시 이해할 수 있게 되길 바란다. 그렇게 된다면 자연과 인간의 본성 그리고 문화는 한 번 더 불가분의 연속체로 인정될 것이다.

이 책에서 나는, 여느 때는 황혼으로 사라지고, 또 여느 때는 상상 속에서 도드라지게 나타나는 풍경 저 멀리 너머로 여행했다. 나는 자주 헛디뎌 넘어졌고, 또 가끔은 바위 사이의 간극을 발견했다. 이 마지막 장에서 우리 앞에 놓인 것을 살펴보기에 앞서 지금까지 우리가 횡단한 풍경을, 지성과 감성으로 본 것을 기억하려는 것처럼, 잠깐 동안 가볍게 되돌아보고자 한다.

논리

나는 국제 법·정치 질서뿐 아니라 대부분(전부는 아니더라도)의 나라들의 거버넌스 시스템의 근본 변화를 위한 강력한 논리적 주장이 있다고 믿는다. 지구의 상태가 급격하게 나빠지고 있다. 겉으로 보이는 지배적인 문화의 경제적 성공은 지구의 자연 '자본'의 소비와 낭비 위에서, 또한 사람들 사이 그리고 사람들과 지구 공동체의 다른 성원들 사이의 불평등의 증대 위에서 구축됐다. 매년 경고성 신호는 분명해지며, 돌이킬 수 없는 상실은 커지고 있다. 이 상태가 무한정 지속될 수는 없다. 우리 후손들과 지구 공동체의 다른 성원들에게도 이는 비극이다. 순전히 인간중심적 관점에서 보더라도 이러한 파괴적인 경로를 인간이 더 이상 지속해서는 안 된다.

지구를 훼손시키는 과정을 중단하고 이를 되돌리고자 한다면, 우리 자신을 규율하는 방식을 전면 수정해야 한다. 이 상황은 우리에게 전 세계 사회를 지배하는 문화가 전제한 기본 신념과 신화(일부)에서 벗어날 것을 요구하고 있음에 주목한 토마스 베리와 다른 이들이 옳다. 특히, 인간이 지구에서 분리됐다는 잘못된 생각을 거부하고, 우리 안녕의 모든 측면은 지구로부터 나온다는 것을 인정해야 한다. 인간 사회의 지구 공동체로의 재통합은 더 큰 존재 공동체의 핵심 부분으로 우리의 지위를 상정하는 지구법학을 우리가 인식할 수 있을 때 비로소 가능할 것이다. 법과 정치의 영역에서 "지구 위에서 서로를 증진시키는 인간 현존을 정립하는데 지원하라"는 토마스 베리의 촉구[1]에 응답하는 사람들의 도전과제는 인간행위를 규율하는 데 더 적절한 법을 발전시키기 위한 일관된 철학적 기초를 발전시키는 것이다. 법은 자체 내 '야생성의' 요소를 담고 있어야 한다. 지구법학과 야생법 그리고 기능하는 지구 거버넌스 시스템을 발전시키려면, 우리는 의식적으로 스스로를 자연이라는 더 넓은 맥락에 조율해야 한다. 성공적으로 지구에 적응한 공동체의 지혜에 의지할 필요가 있다. 또한, 경험의 한 가운데서 우리의 이론들을 길들여야 함을 기억할 필요가 있다.

 이는 특히 자연으로부터 분리된 인간, 지배 종으로서 우월한 인간이라는 신화의 세계인 '인간권'에서 자란 사람들에게 하나의 도전과제다. 이는 우리 문화가 세계를 이해하는 방법에 제약됨 없이 생각하는 방법을 배울 것을 요구한다. 지금 이러한 문화들의 세계관이 매우 만연돼 있어 사실상 우리 삶의 모든 측면으로 스며들고 있다. 그것은 우리 자신, 시간, 영성, 의미 그리고 인간으로서 우리의 목적과 역할에 대한 우리 자신의 이해에 영향을 미쳐왔다. 우리가 사용하는 언어는 이러한 세계관에 굴절돼 있기에 이러한 쟁점들에 관한 논의는 어렵다. '권리'와 '정의'와 같은 거버넌스에 관한 핵심 아이디어를 사고하고 표현하기 위해 사용되는 단어와 개념은 현재의 문화에 깊이 뿌리박혀 있고, 현행 시스템에서 나오는 의미와 연상에 덧씌워져 있다. 이 과제는 시급하다. 거버넌스의 구조 변화는 통상 천천히 진행되는 과정이다. 지구환경보고서「GEO-3」이 주장한 것처럼, "향후 30년 후에 발생할 수 있는 환경 변화의 상당 부분은 이미 과거와 현재 행위에 의해 결정돼 있다……환경 관련 정책이 향후 30년을 넘어 작동하더라도 정책 효과 가운데 많은 부분은 30년 이후에야 비로소 분명해질 것이다."[2] 한편 수많은 사례에서 공동체는 점점 더 빠른 속도로 회복 불가능할 정도로 손상되고 있다. 이것은 우리에게 가용한 선택지를 감소시키고, 우리 문명이 생태적으로 지속가능하게 된 경우 끝내 치러야 할 희생을 증가시키는 것이다.

활동가, 정책결정자, 공공 부문의 의사결정자, 입법자 그리고 그 밖의 다른 이해관계자들은 인간 사회의 재정향과 재구축을 위한 논거와 지침을 제공할 수 있는 일관된 철학이 간절히 필요하다. 지구의 통합성을 증진하는 방식으로 인간의 행동을 규율하기 위한 비전을 수립하지 않는다면, 자동적으로 인간권의 세계관이 계속 지배하게 될 것이다. 이는 현재의 시스템이 부적절함에도 전체 지구 공동체의 건강에 깊이 영향을 미치는 법과 제도의 형태를 계속해 단일 종이 지배하는 사회 내에서 소유욕이 강하고 파괴적인 소수가 결정할 것임을 뜻한다.

논리적 관점에서 보면, 내가 이 책에서 제시한 주장들은 대강 다음과 같은 것이다.

1. 우리 인간은 지구 시스템의 분리 불가능한 구성 부분이다.

2. 이러한 본질적 통합은 인간과 우리 사회 시스템이 더 큰 지구 공동체의 맥락 속에서 불가분적으로 결합돼 있고, 영향을 받는다는 것을 의미한다.

3. 그러므로 우리가 스스로를 규율하는 방식은 필연적으로 지구 공동체의 맥락에 부합해야 하며, 인간의 안녕 추구로 인해 인간 안녕의 원천인 지구의 통합성을 침식하지 않도록 보장하는 것을 인간의 자기 규율의 목적으로 삼아야 한다.

4. 인간의 성취는 지구 위 더 넓은 생명 공동체의 건강한 관계망을 벗어나서는 달성될 수 없다.

5. 인간 사회가 더 넓은 지구 공동체의 일부분이라는 현실을 반영하고, 어떤 보편원리를 따라야 한다는 그런 법학을 창안함으로써 우리는 사회와 법체계의 포괄적 변환을 시작할 수 있다.

6. 우리의 거버넌스 시스템을 이러한 지구법학을 반영하는 방향으로 재정향하려면 법의 핵심이 창의성과 인간과 자연과의 유대를 질식시키는 것이 아니라 육성하는 의미에서 '야생적'인 법을 확립할 필요가 있다.

7. 야생의 법을 효과적으로 실행하기 위해 지구를 존중하는 개인적, 사회적 관행과 공동체에 기반한 사회구조 그리고 자연에서 발견되는 것과 같은 공동체들의 공동체를 배양할 필요가 있다.

영혼

이러한 논리적 주장이 내 이야기의 전부는 아니다. 어쩌면 더 중요한 것은 우리가 '거버넌스'라고 부르는 것은 영혼을 필요로 함을 인정하고 변호하는 것이다. 여기서의 영혼은 불멸의 영혼이라는 그런 의미에서의 영혼이 아니라(비록 유사한 측면이 없진 않지만), 깊이와 유대와 정서적·지적 실체의 질이라는 의미에서의 영혼을 말한다. 이러한 깊이와 유대는 인간 마음을 통해 우리의 유산이자 우리가 속한 맥락인 야생의 시공간으로 거슬러 가 발휘되는 야생의 창조성과 긴밀하게 연관돼 있다.

우리 사회를 어떻게 구성하고, '규율'할지에 관한 아이디어를, 사람으로서 우리의 역할과 우리 자신의 행동을 어떻게 '규율'할지에 대한 좀 더 명료한 이해와 연결시키려 할 때 물리적 세계에서 됨(being)과 함(acting)은 분할할 수 없는 연속체임이 더 명확해진다. 개인으로서 우리가 누구인지는 다른 이들과의 관계에서 어떻게 행위하는지에 따라 규정된다. 예를 들면 우리가 다른 이들과 관계에서 정직하게 행동하는 경우 우리는 정직한 것이다. 정직한 행동은 우리에게 가용한 그 밖의 다른 행위 경로 가운데 어떤 것이라기보다, 어떤 가치에 부합하는 방식으로 일관되게 행동한 결과다. 그러므로 한 사람은 오직 특정한 방식으로 다른 이와 관계를 형성하기 위해 거듭해 다시 선택함으로써 정직할 수 있게 된다. 사회도 마찬가지라고 말할 수 있다. 그 사회가 부패와 싸우기 위해 거듭해 일관된 선택을 하지 않는다면, 그 사회는 부패할 것이고 그 사회의 다수의 성원도 따라서 부패할 것이다.

지구 거버넌스는 개인으로서, 공동체로서, 인간 사회로서 그리고 한 종으로서 우리가 누구인지와 관련된다. 그것은 법적·정치적 영역 내에서 홀로 존재할 수 있는 무언가가 아니다. 그것은 또한 가분할 수 있는 어떤 것이 아니라는 사실을 점점 확신하게 된다. 달리 말하면, 우리 자신을 모든 차원에서 규율하기 위해 정립된 시스템은 우리가 누구인지를 반영하고 있다는 것을, 또한 우리가 무엇이 될 것인지 결정하는 데 중요한 역할을 수행한다는 것을 이해할 필요가 있다. 우리가 생활폐기물의 분리배출을 택할 것인지 아니면, 사후에 오염원인자에게 환경 손상의 책임을 부과하는 법률의 시행을 택할 것인지 여부는 우리가 어떤 것에 가치를 두는지(가령 지금의 우리는 누구인지)를 증명함과 동시에 우리가 무엇이 될지에 영향을 미치는 선택행위다. 어려움

가운데 하나는 우리 거버넌스 시스템이 보통 사람들과 생활밀착도가 떨어지면 질수록, 그 시스템은 우리와는, 또는 개인으로서 우리가 누구인지와는 거의 관련이 없다고 더 많이 느끼게 된다는 것이다.

실제로 우리 대부분은 환경 보호를 정부에 떠맡길 수 있다고 잘못 생각하고 있다. 1972년 인간 환경에 관한 스톡홀름회의에서 최초로 환경이 국제 거버넌스 의제가 되고, 1992년 지구정상회의에서 환경이 전면에 내세워진 이후3의 세월은 그것만으로는 충분하지 않음을 증명하고 있다. 우리가 지구 공동체의 나머지와 어떻게 관계를 맺을 것인지는 우리는 누구인가라는 물음에 상당히 중심적인 문제가 되므로, 우리 모두는 저마다의 행동이 지구 거버넌스를 부정하지 않고 그 성장에 도움이 되도록 보장하는 개인적 책임을 지는 것이 필요하다.

지구적 문제가 이토록 개인적 성격을 가지는 까닭 가운데 하나는 훼손되는 지구가 우리 내부의 영혼 내지 더 깊은 자의식을 훼손하기 때문이다. 베리가 지적한 것처럼, 우리가 외부 세계에 무엇을 행한다는 것은 곧 우리 내부 세계에 무언가를 행하는 것이다. 멈춰서 일몰을 경험하는 것은 영혼을 재충전하고 마음을 아름다움으로 물들이는 것이며, 생명의 숨으로 우리를 채우는 것이다. 표토층과 식물 그리고 풍부한 생명 공동체를 토지에서 긁어내 콘크리트로 뒤덮는 것은 우리 내부 세계에 대한 공격이다. 우리가 이러한 행동경로를 지나치게 장기간 지속한다면, 우리 세대와 다음 세대의 의식은 더 이상 자연의 아름다움과 다양성 그리고 예기치 못한 뜻밖의 상황과의 상호작용을 통해 형성될 수 없을 것이다. 콘크리트 주차장은 그 어떤 성스럽고 초월적인 의미도 결핍된, 획일적이면서 불모의, 예측 가능한 주차장 정신을 낳는다. 주차장이 어떻게 당신이 생각하는 수많은 위대한 문학작품 또는 예술작품에 영감을 줄 수 있단 말인가. 법령집에 **있는** 수많은 법이 이러한 세계관에서 영감을 얻고 있는가?

그러나 당신이 현대 사회의 법률가에게 법 내지 거버넌스 시스템이 '영혼'을 가지고 있는지를 묻는다면, 대부분의 법률가는 당신을 매우 이상하게 처다볼 것이다. 이 같은 물음은 우리의 패러다임 내에서는 허튼 소리에 불과하다. 그것은 논리의 법정 내에서는 적절하지 않고, 따라서 받아들여지지 않는다. 그러나 이것은 고려돼야 할 어떤 물음으로 진지하게 주의를 기울일 가치가 있는 것이지 낭만적 사치로 즉각 일축될 것은 아니다.

거버넌스 시스템의 특정한 측면의 더 깊은 실체성과 목적을 평가하기 위한 과정을 시작하는 한 가지 방법은, 그것이 위대한 법학 내지 지구법학의 원칙과 어떤 식으로든 모순되는지 여부를 숙고하는 것이다. 예를 들면, 다음과 같은 물음을 제기할 수 있다. 그 법은 다른 존재들과의 관계에서 인간에게 적정한 책임을 부여하지 않은 채 인간만을 위한 권리를 창출하는가? 그 법은 다른 지구 시민의 자기결정권(Earth right of self-determination)에 간섭하는가? 특정 법 내지 법 규칙의 배후에 있는 목적은 무엇이고, 어떤 효과를 노리는가? 그것의 실제 효과는 어떠한가? 그 목적은 우리 거버넌스 시스템의 전반적인 목적과 일치하는가? 거버넌스 시스템 배후에 있는 더 큰 목적이 사회로서 그리고 개인으로서 우리가 무엇이 되고 있는지에 어떠한 영향을 미칠 수 있는가? 이것이 우리가 원하는 그 무엇인가?

지구법학의 요건을 결여한 거버넌스 시스템을 존중하는 것뿐 아니라 그것이 지구 거버넌스를 어느 정도까지 증진시키는지 또한 고려하는 것이 중요하다. 달리 말하면, 그 법이나 규칙 또는 거버넌스 시스템은 야생성이 번성하고, 공동체가 번영할 수 있는 그러한 적절한 환경을 창출하는 데 도움이 되는가? 이는 다른 장소, 다른 시대 그리고 다른 공동체의 필요를 충족하기 위한 다양한 접근법의 발전을 법이 어느 정도로 허용하는지 조사하는 것을 말한다. 이는 지역 생태계와 인간 공동체의 향후 수백 년을 넘어서는 변화의 방법에 어떻게 영향을 미칠 수 있을까? 이는 삶의 방식에 반영될 수 있는 어떤 것인가?

법과 거버넌스에서 이러한 유의 영혼의 현존을 살펴볼 때 유대에 관해 질문을 던지는 것이 도움이 된다. 스스로에게 거버넌스 시스템의 특정 측면의 효과는 관계의 친밀성을 증가시키는 것인지 혹은 감소시키는 것인지를 물어보라. 그것이 공동체에의 소속감을 증진시키는 것인지 아닌지? 예컨대 이러한 질문들은 회복적 정의(5장에서 논의)라는 사고에 기초한 분쟁해결체계 또는 복수(復讐) 지향의 전형적인 형사사법체계과 관련해 제기된 경우 각각의 대답은 매우 다른 모습을 띨 것이다.

영혼 혹은 영혼의 상실은 수많은 사회에서 상당히 현실적인 문제다. 지금 수많은 사람들은 커다란, 그러나 종종 분명하지 않은 그런 상실감을 느끼고 있다. 그것은 고급아파트에서뿐 아니라 판자촌에서도 느껴진다. 이것은 우리가 더 넓은 지구 공동체의 국외자가 돼버린 데서 유래한, 마음과 영혼의 절연에서 나오는 것이다. 우리는 같은 흙으로 만들어졌고, 같은 공기로 숨 쉰다. 그러나 많은 인간들은 지구로부터 그렇게나 멀리 떨어져 방황하며, 친밀함 속에서 우리와 공진화한 것들을 가족으로 인정하려 하지 않는다. 지금은 이러한 동류의식을 말하면 많은 사람들에게 미친 소리로 취급당한다. 소외와 '영혼의 상실'을 거버넌스가 관여해야 하는 문제로 언급하면 이상하게 들릴 것이다. 그러나 이제는 이러한 문제를 더 이상 무시해선 안 된다. 생물학자가 생명에 내재한 창조성과 의식성을 무시할 수 없는 그 이상으로 거버넌스에서 영혼이라는 문제를 더 이상 무시할 수 없다. 우리 스스로의 행동 방식에 민감해질 정도로, 또한 지구 공동체 내에서 우리 역할을 수행하기 위한 우리 자신의 적응이라는 목적을 표현할 필요를 의식하기에 충분할 정도로 우리 거버넌스 시스템은 정교해져야 한다.

실천

단지 '영혼'의 필요를 인정하는 것만으로 충분하지 않다. 지구법학은 단순히 하나의 이론이 아니다. 그것은 살아 있는 실천적인 삶의 방식이어야 한다. 지구를 존중하고 경의를 표하고 감사하며, 전체와의 유대를 심화하는 데 이바지하는 작은 의례들과 실천들이 우리 삶에 다시 들어옴으로써 개인으로서 지구법학을 따르는 법을 배워야 한다. 수많은 종교와 고대의 철학이 우리에게 가르친 바와 같이 준수와 존중의 작은 행위를 실천하는 것은 우리 삶에 대한 의미를 심화하고, 또 추가하는 한 방법이다. 이 사례에서, 지구와 우리 자신의 이익을 위해 지구 중심의 실천들을 통해 우리는 어떤 사람으로 돼 갈 필요가 있다. 이러한 방식으로 우리 공동체들은 지구중심의 실천들이라는 직물로 짜

> 오늘 우리는 이누이트가 법이나 따라야 할 어떤 것(maligait)을 결코 가진 적이 없다는 얘기를 들었다. 왜 그러한가? 그것들은 종이에 쓰이지 않았기 때문이다. 종이를 생각한다면, 당신이 그것을 찢는다면 그 법도 사라지리라 생각한다. 이누이트의 maligait는 종이 위에 없다. 그것은 사람의 머리 속에 있기에 사라지거나 조각조각 찢기지 않을 것이다. 누군가 죽더라도, 그것은 사라지지 않을 것이다. maligait 사람의 한 부분으로 사람을 강하게 만든다.
> ─이누이트의 지혜로운 노인, 마리아노 아우필라죽(Mariano Aupilaarjuk) **4**

일 것이고, 그 실천들은 한 종으로서 우리 자신의 일부가 될 것이다.

우리는 또한 사회의 실천도 고려할 필요가 있다. 어떤 기념 축제와 실천행위들이, 예컨대, 우리와 지구 공동체의 관계에 관한 의사결정의 특성을 규정하는가? 이러한 실천행위들은 사회로서 우리가 되고자 하는 것으로 됨을 지지하는가 아니면 방해하는가? 우리가 이러한 유의 물음을 던진다면, 대부분의 의사결정은 지구라는 실재와 유대를 방해하는 방식으로 행해진다는 것이 곧바로 분명해진다. 우리는 지구의 노래를 들을 수 없고, 지구의 아름다움이 잊힌 머나먼 폐쇄된 방에서 서류에 근거해 지역의 지구 공동체의 운명을 결정한다. 우리는 비효율성을 두려워하며, 시간 일정표에 제약돼 서둘러 서류를 처리하지만, 영원히 우리의 어리석음을 후회할 것이다. 극단적인 사례로는, WTO 분쟁해결절차와 같이 사람을 배제하고 경제적 효율보다 더 비중 있는 사항(가령, 환경보호와 같은)이 충분히 고려될 수 없도록 하는 규칙을 만든다. WTO 법학의 결과가 지구와 지구의 공동체들에 파괴적이라는 것이, 또한 멀리 떨어진 비민주적 기구가 지구에 지우는 부담의 영향을 고려하지 않은 채 무엇이 국제 교역에 최소부담을 주는가라는 근거에 따라 국내법과 그 밖의 다른 조치의 정당성을 결정하도록 허용하는 것을, 또한 지구의 이익을 위해 무역 규범을 파기할 권한을 가진 WTO보다 우월한 기구가 없다는 것을 정말 놀라워해야 하지 않을까?

　우리 거버넌스 시스템 내에 지혜를 위한 시간과 공간을 만들 때가 왔다. 가장 시급하게 보이는 것들을 늘 우선시하는 대신, 지금 무엇이 가장 중요한지를 바라봐야 한다. 역설적이게도, 지구의 보호는 촌각을 다툴 정도로 매우 시급하지만, 정치의 단기적인 주기에 따라 시스템을 운영하며, 자연의 장기적인 순환 주기와 리듬에 둔감한 대부분의 의사결정자들에게는 이것이 그리 분명하지 않다. 우리가 이렇게 할 수 있는(=지금 무엇이 가장 중요한지를 바라보는 것—옮긴이) 방법은 많다. 공무원 집단과 이해관심을 가진 그 밖의 다른 사람들이 자신들이 일상적으로 하는 것을 멈추고 뒤로 한 걸음 물러나 이러한 문제(일부라도)를 고려하기 시작하는 것도 유용한 출발이 될 수 있다.

　우리를 모든 생명과 연결시키는 야생성을 기억할 때 우리는 다시 지구 공동체에 속하게 될 것이다. 지구 공동체 내에서 우리의 역할을 한 번 더 경험할 때, 우리 사회를 어떻게 규율할 것인지 하는 문제와 우리는 누구냐는 문제는 서로 분리할 수 없음을 이해할 수 있을 것이다. 원주민들이 아는 바와 같이, 사회로서 그리고 개인으로서 우리를 어떤 것으로 만드는 것은 '법'과 실천행위들이다.

길

지구법학은 하나의 길이기도 하다. 나는 이러한 확신을 지구법학의 존재로부터 얻는데, 내 발아래서부터 미래로 흐르는 지구법학을 볼 수 있고 또 내가 지구법학을 하나의 산길로 상상하기 때문이다. 그것은 분주한 도시의 낮은 대지를 조용한 지혜의 산봉우리와 연결시키는 길로, 생명으로 이끌며, 지구라는 공동체의 파괴에서 벗어나게 하는 야생의 길이다.

가용한 많은 길 가운데서 특정한 길을 선택해 걷는다는 것은 목적 있는 삶을 살기로 선택한 것이다. 이 특정한 산길을 걷는다는 것은 또한 지구라는 공동체 내에서 인간을 위한 특정 역할을 선택한 것이다. 우리들 가운데 많은 이들은 온 마음으로 우리가 공감할 수 있는, 우리 종을 위한 역할을 탐색하고 있다. 자신이 속한 공동체가 파괴적인 역할을 수행하는 것을 보면서, 그 문화와 사람을 거부하는 것 말고는 그 상황에서 벗어날 수 있는 어떤 다른 길을 볼 수 없다면, 그 상황은 매우 참기 힘들 것이다(유사한 상황에서, 아파르트헤이트 체제 동안 남아프리카공화국의 수많은 백인 청년들의 자존감은 내면의 죄의식과 분개로 부식됐다). 지구 거버넌스 길의 탐색에서 가장 적극적인 측면 가운데 하나는 그것이 전체 지구 공동체와 그 속에서 우리 종의 특별한 책임을 포용한다는 것이다. 인간은 지구 공동체에서 이례적으로 축복받은 성원이다. 우리의 기술과 예술은 상상력이라는 놀라운 힘과 의지의 힘의 집중을 통해 어떤 비전을 물리적인 창조로 변환시키는 놀라운 힘을 증명한다.

우리가 의식적으로 지구의 미래를 공동 창조하는 데 핵심 부분으로서 역할을 수행하고자 한다면, 그리고 전체 공동체의 이익을 위해 이러한 능력을 사용한다면 과연 어떤 일이 일어날 것인지를 상상해보자.

실천 의식을 가진 지도자는 지금까지 내가 언급한 것에 거버넌스 위기를 '해결'하는 구체적인 처방과 조치가 없음에 낙담할지도 모르겠다. 지금 단계에서 가장 중요한 과제는 지구 거버넌스와 지구법학 그리고 야생의 법이 무엇인지에 관한 감(感)을 전달하는 것이라는 믿음 속에, 간혹 할 수 있는 어떤 특정한 일을 암시하기는 했지만, 지나치게 특정하거나 미리 규정화하는 것을 피하고자 노력했다. 그럼에도 이 길로 안착하기 위한 다음 단계(일부라도)가 무엇이 될 것인지에 관한 나의 감(感)을 전달함으로써 이 책을 마무리하는 것이 적절할 것 같다.

> 그러나 지구에 대한 우리의 책임은 단순히 그것을 보전하는 것에 그치지 않는다. 그것은 변환의 다음 단계에 있는 지구에 맞추어 존재하는 것이다. 앞선 세기에서는 우리가 무의식적으로 진화과정을 이행했지만, 이제는 우리 스스로 어느 정도 의식적으로 진화과정을 이끌고 거기에 기운을 불어넣어야 할 시간이 도래한 것이다.
> —토마스 베리, 『위대한 과업』, p.173

지상과제는 이러한 아이디어에 관한 토론을 확산하고, 그리하여 저마다 다른 통찰과 관점을 가진 더 많은 사람들이 이러한 접근법의 발전에 기여할 수 있게 시작하는 것이다. 우리의 탐구를 심화할 필요도 있다. 원주민문화에서 우리가 배울 수 있는 것은 무엇인지, 과학적 발견의 더 깊은 의미, 특히 살아 있는 시스템의 본성에 관한 발견을 비롯해 참으로 중요한 현안과 쟁점에 관한 내 논의는 아직 피상적이다.

많은 분야에서 지구 거버넌스에 관한 우리의 아이디어를 정교하게 하는 데 매우 도움이 될 귀중한 심화 연구가 이미 수행됐다.

우리가 의식적으로 지구를 위해 우리 자신과 우리 사회를 규율하기 시작한다면, 우리가 의지를 갖고 좋은 지구시민으로서 행성 지구의 공

> 우리처럼, 경쟁력을 가진 고대 박테리아가 도시와 오염 위기, 집단학살 그리고 총체적 불평등을 낳았다. 그러나 마침내 그것들은 거대한 협력적인(multicreatured) 세포 속에서 자신들의 놀라운 기술을 공유하는 법을 배웠다. 지구는 하나의 거대한 세포로 그 속에서 우리는 서로와 또한 다른 모든 종들과 함께 살아가야 함을 인정하는 것은 가장 최근의 다세포 창조물 가운데 우리여야 하지 않을까?
> —리베스(Liebes), 사토우리스(Sahtouris) 스윔(Swimme), 『시간 속을 거닐다(A Walk Through Time)』, p.191

진화에 참여한다면, 그리고 지구 공동체의 이익을 위해 우리의 능력을 사용한다면, 인류에게는 거대한 잠재력이 있다. 우리는 행동을 필요로 한다. 지구 위 수많은 생태 공동체와 일부 지구 부양 시스템의 위급한 상태는 이를 요구한다. 지구법학이 제공한 관점은, 현재 초보적인 형태에 불과할지라도 사회·환경운동가들, 특히 공동체에서 활동하는 사람들에게 커다란 실천 가치를 가질 것이다. 이 접근법은 수많은 다른 사회·환경적 캠페인을 연결시키는 공통틀의 개발을 촉진할 것이다. 많은 경우 환경 이외의 다른 문제들도 거버넌스에 내재한 동일한 결함의 다른 증상에 불과하다. 지구법학은 현행 시스템을 비판하기 위한 유용한 근거이자 대안을 발전시키는 방법에 관한 지침이다. 나는 이 책에서 논의된 아이디어가 법의 주류에 관계된 사람들이 간단히 환경법의 새로운 범주를 창출하는 것으로는 '환경'을 적절하게 다룰 수 없음을 이해하는 데 도움이 되기를 바란다. 궁극적으로 우리 사회의 모든 제도의 구조가 그러해야 하는 것처럼, 모든 법은 지구법학에 기초를 두고 또 이를 반영해야 한다. 우리 모두에게 지구법학은 우리 자신을 깊이 들여다보고, 지구와의 유대를 심화하고 지구 거버넌스를 내부로부터 외부로 육성하는 데 사용할 수 있는 지구중심적 실천을 발견하거나 고안해야 하는 도전과제를 제기한다. 지금 우리 사회의 방향에 관심을 가진 사람들이 이 아이디어에 관해 논의를 시작하는 것이 유익한 다음 단계가 될 것이다. 소집된 회의에서 집단은 이 아이디어를 더 충분히 탐구할 수 있을 것이다. 동료 간 네트워크 구축과 '최선의 실천' 사례를 공유함으로써 어떤 것이 실천 가능하고, 인간들의 다양한 경험과 지식으로부터 얻을 수 있는 이익이 무엇일지 우리의 비전을 확장할 수 있다. 이 과정에서 출현하는 이론을 지구라는 실재 속에 근거 짓고, 경험의 맥락에 비춰 검증하는 것을 우리는 잊어서는 안 된다.

우리가 혼란을 느끼거나 복잡한 추상 속에서 길을 잃어버렸을 때 시작점으로 돌아가는 것, 다시 한 번 더 우리의 공동 토대와의 유대를 잊지 않는 것이 중요하다. 젖은 발로 새벽의 차가운 풀 위를 걷고, 깨끗한 공기로 숨을 쉬며, 손으로 거친 돌의 표면을 다듬어보자. 우리가 누구인지, 또 이것이 왜 중요한지를 기억해낼 수 있을 때까지 말이다. 아마도 우리 모두는 지구 공동체와 친밀성을 회복하는 길을 찾을 수 있을 것이다.

저자 후기
야생의 법의 출현

움트는 공동체

새순에는 전복적인 그 무엇이 있다. 새순은 본래 비밀스러워, 그것이 움트는 것을 알아차릴 수 없다. 해가 길어지고서 내 시선이 봄의 징후를 찾아 헐벗은 나뭇가지로 이끌려서야 얇고, 축축한 겨울 나뭇가지에 작고 단단한 갈색의 몽우리가 이미 맺혀 있음을 보게 된다. 그때는 저마다 단단한 알갱이들이 부풀어 올라 터져 잎을 피워낼 것 같지 않지만, 결국 그렇게 되고 만다. 갑자기 햇빛 주문의 마법에 걸려 조심스러움을 포기한 몽우리들은 부드러운 아치 형태의 꽃차례를 드리우거나, 연약한 작은 잎으로 폭발적으로 피어난다. 광합성이 한 약속에 도취돼 몽우리는 비밀과 보호를 벗어던진다. 조심스러움을 포기한 라임빛 초록의 캐노피(숲의 나뭇가지들이 지붕 모양으로 우거진 것-옮긴이)를 모험적으로 열린 공간으로 띄운다-귀중한 광선을 붙잡고, 탄소가 함유된 공기에서 숨 쉬는 살아 있는 연들(kites). 그것들은 재빨리 잎사귀를 펴며, 점점 진녹색이 되어가는 손바닥 모양의 잎맥과 부드러운 돛을 펼치는 한편, 토양의 어두운 힘과 보이지 않는 공기의 구조, 그리고 영광스러운 빛의 광채를 새 생명과 먹을거리로 변화시키는 연금술을 펼친다. 경이롭게도 지난주 새순은 지금 애벌레와 진딧물 그리고 이를 뒤따르는 포식자 유충과 곤충을 위해, 또한 어미 닭이 오렌지빛 부리에 채워주는 풍요로움 속에서 나날이 살찌고 날개 자라는 병아리를 위한 먹을거리를 제공한다.

숲은 겨울날에 이 순간을 기획해왔다. 나무들은 심지어 죽어가는 가을 잎들에서 자신의 수액을 거둬들이며 준비해왔다. 지난 계절의 낙엽은 자신의 영양분을 부엽토에 내려놓으며 돌아가려고 준비했다. 지구가 다시 태양 쪽으로 얼굴을 돌리고 새로운 성장에 이바지하도록 그 따스함이 균형을 맞추는 때를 위해, 토양이 침묵하는 가운데 힘을 모아 감춰진 뿌리 속에서 미묘하게 움직이며 은밀하게 세포들을 만들었다.

아이디어는 새순과 같다. 어떤 것은 비우호적인 시대에 너무 일찍 출현해 너무 빨리 시든다. 어떤 것은 화려하지만 아주 짧게 꽃피운다. 집단의식의 부엽토에서 천천히 밀어 올린 어떤 아이디어는 처음에는 무해해 보인다. 어떤 위대한 사상 조류의 선환이 그 아이디어를 통해 사고의 흐름을 끌어오려 하기 전까지 그 아이디어의 출현은 그렇게 두드러지지 않을 수 있다. 그것의 충분한 의미와 힘 그리고 잠재성은 단지 흐릿한 형태로 단단히 묶인 채 형성된다. 어떤 신비스러운 영역의 영향 아래 아이디어는 기운으로 농축되기 시작하고, 새로운 신경세포의 수상돌기는 나무딸기처럼 새로운 우리의 집단의식 속에 광대한 사고의 새로운 그물망을 연결하며 퍼져나간다.

지금에야 야생의 법과 지구법학의 아이디어가 이러한 유의 새순이라는 점이 분명해졌다. 이 새순은 수많은 초기 사상가와 저술가가 깔아놓은 풍부한 영양분에 터잡아, 구전(口傳)으로 작은 집단에서 또 다른 집단으로 확산되며, 빠르게 그러나 뚜렷하지 않은 형태로 상당 기간 동안 자라왔다. 그러나 어둠 속 깊은 집단무의식 아래에서 어떤 것이 미묘하게 요동치고, 의식하지 못한 사이 새 기운으로 부풀어 오르며 농밀해지기 시작한다. 불현듯 모든 곳에 새순이 돋아나 있고, 수액처럼 뻗어 오르는 새로운 시대정신을 느낄 수 있다. 이 시대정신은 뻗어나가다 마침내 오래된 입맥을 꽝하고 터트리는 야생적 사고의 물결(wild flow)이다. 시기가 적당하다면, 새로운 아이디어는 서로를 끌어당기며 협소한 통로 속에서 긴밀히 협업해, 주류의 관성에도 불구하고 새로운 아이디어를 이끌어내어 집단의식 속으로 끌어올리는 역동적인 모세관 작용을 일으키는 것 같다.

야생의 법을 쓰게 된 동기가 아이디어를 더 효율적으로 확산시키는 수단과 방법을 확보하고자 하는 열망에 주로 터잡고 있다는 점에서 야생의 법의 저술은 일종의 정치행위라 볼 수 있다. 나는 이 아이디어를 간단한 대화로 설명하기에는 어려움이 있다는 것을 알았고, 책이 이 아이디어를 더 광범위하게 알리는 데 도움이 될 수 있다고 생각했다―달리 말하면 의사소통의 도구로 책을 본 것이다. 당시 나는 이 책 자체가 더 큰 어떤 것의 작은 새순이라는 점을 충분히 이해하지 못했다―세계 전역의 수많은 이들은 내 글을 살찌운 것과 같은 야생 수액을 활용해 저마다의 방식대로 아이디어를 의미 있게 만들고 있었다.

분명한 것은 이 아이디어는 이 책에 의해 개화된 것이 아니라 도처에서 나타나고 있는 새로운 시대정신의 한 표현이라는 점이다. 야생의 의식은 세계 전역에 걸쳐 반(反)체제의 성장을 확산시키고 있다. 이는 산업문명의 성장을 추동한, 더 나은 미래에 대한 기운과 약속이 약화돼가고, 집중되는 위기에 어떻게 대응할지 당황해하며 혼란 속에 빠져들기 시작한 때 맞춰 일어나고 있다. 소비주의, 끝없는 경제 성장 그리고 화석연료의 낭비성 소비 위에 구축된 사회가 어떻게 같은 힘에 추동된 기후변화와 같은 잠재적으로 치명적인 도전과제에 적절히 대처할 수 있을까? 산업문명을 부채질한 심리적·물리적 에너지는 산업문명 자체를 파괴할 수 있는 힘 또한 부추기고 있다. 이러한 도전과제는 이것을 발생시킨 세계관 내에서는 성공적으로 다뤄질 수 없다. 따라서, 새로운 관점으로 나아가려 하지 않는 사람들에게는 해결책이 보이지 않는 것이다.

최근 단기간에 지구법학과 야생의 법의 아이디어는 광범위하게 수용돼, 세계 도처에서 자신들과 지구 공동체의 한 부분으로서 자신들의 공동체를 규율하는 방법을 찾는 데 헌신하는 사람들이 늘고 있다. 이들은 사회 정의와 생태적 건강성에 기초한 새로운 사회를 만들기 위한 방법을 적극적으로 추구하고 있는 수백만에 이르는 더 넓은 공동체의 한 부분이다. 이러한 아이디어에 헌신하는 조직과 개인은 수십 년 동안(그리고 어떤 경우는 더 오랫동안) 활동하고 있는데, 이 공동체는 전체로서 자신을 숙고하기 시작하면서, 또한, 상당수 그룹들은 부분을 합친 것보다 더 큰 전체로 자신을 결합시키는 잠재력을 가진 공통가치와 공통열망의 문화적 DNA를 공유하고 있음을 알아채기 시작하면서부터 자신을 만들어가고 있다.

  일부는 이 공동체 내의 사람들이 자신을 더 큰 전체의 한 부분으로 여기는 데 도움을 줌으로써 공동체의 출현에 촉매작용을 하고자 노력한다[Wise Earth라는 웹사이트를 만들어 공동체 내 조직과 개인이 자신을 소개하고, 저마다의 위치를 지도로 표시해 서로에게 자신을 드러내 보이게 하는 폴 호켄(Paul Hawken)의 작업은 특별히 좋은 사례라 할 수 있다]. 이 자의식 또는 자아감을 발전시키는 것이 의식적으로 그와 같이 기능할 수 있는 공동체의 탄생에서 핵심 단계라 나는 믿는다. 그러나 그러한 공동체가 유효하게 기능하려면 그것에 형태를 부여하는 공유하는 가치와 신념의 중핵을 명확히 기술해야 하는데 이는 고도의 문화적 다양성의 세계에서 결코 쉽지 않은 과제다. 지금 출현하고 있는 사회운동 내의 사람들 간에 문화, 철학, 종교 그리고 정치적 측면에서 격차가 실재하지만 어떤 근본 쟁점에 관해서는 이미 높은 수준의 합의가 형성돼 있다고 나는 믿는다. 대부분은 인간이 더 큰 생명 공동체 내 존재하며 거기에 전적으로 의지하고 있다는 사실을 받아들일 것이다. 그리고 지구에 파괴적이지 않고, 구성원들의 기본권을 존중하고, 두려움과 지배, 경쟁이 아니라 상호공감과 돌봄, 그리고 사랑이 동기가 되는 그런 사회가 형성되기를 바란다. 이러한 가치들은 진부한 것 같지만, 현대 산업문명의 법적·정치적·경제적, 그 밖의 다른 사회적 구조는 이러한 가치들을 반영하거나 증진하도록 설계되지 않았다는 점은 거의 의심할 여지가 없다. 반면에 지구법학의 원칙에 기초한 거버넌스 시스템은 이 가치들을 확산시킬 것이다.

  아마도 장기적으로 지구법학은 법 영역에서가 아니라, 우리가 어떻게 지구 공동체의 공통 언어의 안내에 따라 사회의 각 측면을 재정의해, 이를 지구 시스템의 근본 원리에 맞춰 조정하게 될 것인지를 증명하는 데 가장 크게 기여할 것이다. 이러한 접근법은 공통 가치와 공통의 접근법을 형성하려는 시도를 방해하는 다문화적·이데올로기적·종교적 지뢰밭을 넘어 우리를, 우리 모두가 이해할 수 있는 공통 언어와 우리 모두가 속하는 지구 공동체로 데리고 갈 수 있다. 지금 형성 중인 공동체를 활성화하고 방향을 잡아나갈 수 있는 공동의 비전과 가치 그리고 원칙을 자세히 기술하기를 바란다면, 우리는 지구로 돌아가, (우리의) 안녕을 위한 지구라는 선결 조건에의 일치를 의식적으로 채택하고, 추구해야 할 것이다. 이러한 의미에서 우리는 지구법학을, 인간 행복을 추구하는 데에서 최상의 지도원리는 지구에 구체화된 근본 지혜에 주의를 기울이는 것이라는 더 큰 이해의 한 부분으로 이해할 수 있다.

나의 경우 야생의 법을 저술할 때 최선의 것은 야생의 법이 나와 연결시켜준 훌륭한 사람들이다. 이것이 내가 한 부분이길 바란 동반자적 관계라고 나를 설득하는 과정에서, 그들은 나를 격려하고 영감을 줬으며, 나와 함께 주장하고 또 웃었다. 그중 법률가는 일부이고, 나머지는 보전 활동가, 환경 컨설턴트, 농부, 심리학자, 부모, 학생, 예술가, 작가, 영화제작자 또는 사업가다. 그러나 그들 모두는 지배적인 문명이 지향하는 방향에 깊은 우려를 표하며, 이를 변화시키기 위해 무엇인가를 할 수 있기를 바랐다. 이들은 개별적으로 혹은 집단적으로 지구법학의 메시지를 지구 전역에 펴 나르고, 야생의 법을 탄생시킨 방법을 개척한 사람들이다.

아프리카에서 관습법 뿌리와 재연결

아프리카에서 지구법학의 아이디어와 원주민의 관습법체계로부터 유래한 영감에 대한 강조는 법학자, 실무가 그리고 공동체 활동가들에게서 열정적으로 받아들여져 왔다. 런던 가이아 재단과 콜린(Colin)과 니얼 캠벨(Niall Campbell)과 같은 전통 치유사, 그리고 아프리카 관습법 교사의 지원을 받는 아프리카 생물다양성 네트워크(African Biodiversity Network)는 법률가와 활동가에게 사람과 토지 간에 훼손된 관계를 치유하는 데 수 세기 동안 축적된 원주민의 지혜가 지닌 잠재력을 일깨워주는 중요한 역할을 담당하고 있다.

에티오피아 공무원 대학에서 법을 가르치는 멜리스 담티(Melesse Damtie) 교수는 사람과 장소 둘 다에 부합하는 더 효과적인 거버넌스 체계의 개발에 영감을 주려는 의도로 정부 직원들에게 그들의 종교로 돌아가 고대의 지혜와 지금은 거의 잊힌 아프리카 관습법체계의 지혜를 재발견하도록 영감을 주고 있다. 케냐의 인권변호사 고(故) 응앙티옹(Ng'ang'a Thiong'o)과 NGO 포리니(Porini)는 고대 아프리카 법계보에 다시 접속해 사람들에게 지구 공동체를 존중하고 돌보라고 가르친 원주민의 관행을 재발견하는 데서 영감을 받았다. 이는 부족 원로들의 지혜에 대한 새로워진 이해관심으로 이어졌고, 또한 법정에 성공적으로 적용돼 성스러운 지역을 보존, 관리할 권리를 공동체에 회복시키는 법원의 판결로 이어졌다. 많은 다른 아프리카 나라들에서 젊은 사회운동가와 환경운동가들은 원로들에게서 조언을 구하기 시작했고, 비슷한 접근방법에 기초한 '공동체 생태거버넌스'[1]라고 명명한 것을 발전시키는 작업에 착수했다.

인도에서 지구민주주의

인도 출신의 저명한 환경운동가인 반다나 쉬바(Vandana Shiva) 박사는 '지구 민주주의(Earth democracy)'라는 어휘를 주조해 나브단야(Navdanya, 그녀가 설립한 조직)가 확산시킨 세계관과 정치운동을 기술했다.2 시바 박사는 다음과 같이 설명한다.

> "지구 민주주의는 고대의 세계관과 평화와 정의 그리고 지속가능성을 위해 출현한 정치운동 이 둘 다를 말한다……이는 인도에서 우리가 vasudhaiva kutumbkam(지구 가족; 지구가 부양하는 모든 존재들의 공동체)으로 언명하는 것을 반영하고 있다……지구 민주주의는 단순히 어떤 한 개념이 아니다. 이는 자신들의 공유지, 자원, 생계 수단, 자유, 존엄성, 정체성 그리고 평화를 되찾으려는 다중적이고 다양한 사람들의 실천행위에 의해 형성됐다."3

인도에서 Navdanya에 의해 시작된 지구 민주주의 운동은 다음과 같은 대안적 세계관을 제공한다.

> "대안적 세계관에서 인간은 지구 가족에 깃들여 있는, 사랑과, 공감, 비증오, 비폭력과 생태적 책임성을 통해 서로에게 연결돼 있다. 인간 삶의 목

적이 된 탐욕과 소비주의, 경쟁은 경제적 정의로 대체된다."4

지구 민주주의 운동이 성공한 이유 가운데 하나는 그 운동이 소비주의 문화가 지배하기 전에 씨앗, 양식, 물과 땅의 성스러운 차원에 대하여 우리가 가졌던 이해로 사람들을 다시 연결시키고 있다는 점이다. Navdanya는 또한 식민지 권위에 대한 저항이라는 전통에 터잡고 있다. 마하트마 간디의 소금 사티아그라하(salt satyagraha; 1930년 영국의 소금조세정책에 맞서 단디까지 240마일을 평화 행진한 운동으로 간디의 비폭력 저항정신을 나타낸다—옮긴이)의 전략을 채택해 씨앗과 그 밖의 생명 형식을 지적 재산권의 대상으로 인정한 입법에 저항하고 있는 것이 그 한 예다.5 아프리카에서와 마찬가지로 지구법학의 아이디어는 사람들을 정체성에 관한 고대의 감각과 성스러운 생명 공동체 내에서 (자아)실현의 성취에로 재연결시키는 새로운 조직과 접근방법에 의해 구현되고 있다.

영국과 오스트레일리아에서
야생에서의 휴일 행사

나의 경우 이러한 아이디어는 나의 전 동료 도널드 레이드(Donald Reid)가 조직하고 데이빗 케이(David Key)가 이끈 머나먼 스코틀랜드 크노이다트(Knoydart) 반도의 야생지로의 탐험에 뿌리를 두고 있다. 오래전 인간의 거주가 불가능하게 된, 잊혀지지 않는 아름다운 글렌스

지역을 산행하면서 또 격렬한 날씨를 피해 찾아간 간이 숙소에서 피운 모닥불 주변에서 우리는 이 아이디어를 탐구하고 논쟁했다. 늘 그렇듯이, 우리는 야생 장소가 지니는 영향력에 이끌려 야생의 실존성으로 빨려 들어갔다. 자신의 고향에서 부당하게 강제 이주해야 했던 하디 클랜스(척박한 환경에 강한 스코틀랜드 씨족)와 그 장소의 야생 동식물—위대한 털투성이 수사슴과 세르눈노스(Cernunnos),[1] 버려진 뿔이 다시 생기는 뿔 달린 켈트족 신—에 대한 감각이 의식 속에 일어났다. 우리는 다시금 어떤 것에 속한다는 것이 어떤 것인지, 자연 풍경과 클랜 씨족의 무한한 계열의 한 부분으로 그 장소와 거기에 거주하는 모든 것과의 동류의식이 어떠한 것인지를 느끼기 시작했다.

나중에 야생의 법의 아이디어는 엘리자베스 리버스(Elizabeth Rivers)의 상상을 사로잡았는데 그녀는 영국 환경법학회(UKELA)의 핵심으로 이 아이디어를 도입한 사이먼 보일(Simon Boyle) 등에게 이 아이디어를 소개했다. 야생의 법과 지구법학에 관한 최초의 회의는 2004년 브리튼(Brighton) 대학에서 개최됐고, 곧이어 매년 교외에서 열리는 '야생에서 보내는 휴일(Wild Weekend)' 행사로 탈바꿈했다. 2008년 영국환경법학회는 공식적으로 야생의 법 실무단을 조직해 야생의 법 주말 행사와 그 밖에 다른 행사를 주관하고, 연구·조사를 수행하며 대학

---

[1] 켈트족은 뿔이 난 사람을 세르눈노스(Cernunos)라고 불렀다. 그들이 세르눈노스라고 부른 사람은 그들의 신인 세르눈노스의 형상을 하고 제의를 주관한 사제를 말한다. 세르눈노스의 머리에는 사슴뿔이 있으며 그 옆에 사슴이 동일한 뿔의 모습을 하고 서 있는 것을 볼 수 있다. 여기서 신(혹은 神人, 세르눈노스)과 사슴에 나타난 뿔은 동일한 우주적 에너지가 형상으로 드러난 모습이다. 또한 샤먼은 수사슴 차림을 한 모습으로 묘사되어 왔는데 이는 지혜의 상징이었던 사슴의 이미지를 보여준다. 또한 지중해 문화권에서 수사슴은 가지가 달린 뿔 때문에 생명의 나무와 동일시됐다.

에서 지구법학의 가르침을 확산시키고 있다. 런던 가이아 재단은 토마스 베리의 『위대한 과업』과 지구법학의 아이디어를 대화와 토론, 연구 조사 및 온라인 리소스 센터를 통해 확산시키고 있다. 가이아 재단은 또한 지구법학과정을 개설하고, 데본의 슈마허 컬리지는 관련 학과를 개설했다.

야생의 법 회의는 호주에도 뿌리내렸다. 2009년 10월 피터 버돈(Peter Burdon)은 아델라이드에서 최초의 토론회를 조직했다. 이듬해 알렉스 펠리존(Alex Pelizzon)은 시드니 부근에서 다른 토론회를 조직했고, 2011년 회의를 위한 기획이 이미 진행 중에 있다.

미국에서 지구법학과 지역 민주주의

미국에서 지구법학에의 헌신을 목표로 하는 최초의 조직은 2006년 플로리다에서 베리·성 토마스 가톨릭 대학(Catholic Universities of Barry and St Thomas)의 법학과 교수들의 공동 프로젝트로 만들어졌다. 토마스 베리의 작업에 주로 영감을 받은 패트리샤 지멘(Patricia Siemen)과 마가렛 갈리아디(Margaret Galiardi) 수녀는 활동 기금을 확보해 지구법학센터(Center for Earth Jurisprudence; CEJ)를 설립하고, 2007년 봄 베리 로스쿨에서 지구법학 세미나를 최초로 개설했다. CEJ는 다학제간 접근법을 채택해 자연 세계의 권리를 존중하고 인간을 지구 공동체의 필수 성원으로 인정하는 법철학과 법실무의 발전을 추구하고 있다. CEJ는 또한 법과 거버넌스를 전체로서 지구 공동체의 건강과 안

녕을 지지하고 보호하는 방식으로 재구상하는 것을 사명으로 한다.6

지구법학에 관해 흥분되는 새로운 앞날이 열린 것은 내가 미국 펜실베니아의 환경방어기금(Community Environmental Legal Defense Fund; CELDF)의 토마스 린지(Thomas Linzey)와 연락을 주고받으면서부터였다. 나는 『오린(Orion)』으로부터 스톤 교수의 매우 중요한 논문인 『나무는 원고적격을 가지는가(Should Trees have Standing?)』(8장에서 논의했다)의 기여를 고찰하는 글을 청탁받았다. 그 잡지의 책임편집인은 자연을 위한 권리를 위해 일하는 변호사 토마스 린지의 전자우편 주소를 나에게 알려주며 그와 접촉해볼 것을 제안했다. 나는 즉시 토마스에게 전자우편을 보냈는데, 이튿날 아침 토마스로부터 미국에서 지방정부 조직으로는 최초로 타마쿼 카운티의 주의회(Borough Council of Tamaqua County)가 자연 공동체를 위한 법적으로 집행 가능한 권리를 인정하며, 불법적으로 하수 슬러지를 농지에 야적한 기업의 (법인으로서 가지는) 민사법적 권리를 박탈하는 내용의 조례를 제정했다는 취지의 답장을 받았다. 토마스는 그 전에 지구법학을 듣지도 못했고, 『야생의 법』을 읽은 적도 없었는데, 나는 야생의 법의 현대적 사례가 이미 미국에 존재하고 있다는 것을 발견하고 놀라우면서도 매우 흥분됐다.

유익한 응답을 주고받은 뒤 내 책을 읽은 토마스의 초청으로 나는 2007년 미국 전역에 걸쳐 약 11개의 로스쿨을 대상으로 '자연을 위한 권리(Rights for nature)'를 주제로 한 특강 여정에 동행했다. 우리는 플로리다 CEJ의 패트리샤 지멘 수녀가 주최한 제2회 지구법학 토론회에서 처음 만나 대화를 시작했다. 플로리다에서 스포케인까지 다시 펜실베니아로 돌아오는 동안 우리의 대화는 조금도 식지 않고 계속됐다. 나는 영민한 변호사이자 공동체 활동가인 토마스와 CELDF에 소속된 그의 동료들이 다른 경로를 거쳐 나와 사실상 거의 같은 결론에 도달했다는 것을 알고 기쁘면서도 고무됐다. 그들이 이런 활동을 하게 된 동기는 무엇보다 미국의 현행 법체계가 기업에 우위권을 주고, 자신들과 자손들을 위해 건강한 환경을 보존하기를 바라는 지역 공동체를 지나치게 불리하게 대한다는 자각이었다. 미국 공화정의 원래 이상—"인민이 다스려야 한다(the people shall govern)"—이 어떻게 기업과 기업을 조종하는 사람들의 이해관계에 우호적인 시스템으로 대체되어왔는지를 주의 깊게 분석하면서, CELDF는 지역 공동체가 지역민의 기본적 권리를 보장하는 지역 법률을 발전시키고, 또 생태 공동체가 기업의 기본권에 우선할 수 있을 때(그 반대가 아니라) 비로소 지역 공동체를 성공적으로 방어할 수 있다는 결론을 내렸다. CELDF와 CELDF가 개설한 민주주의 학교를 거쳐 간 사람들의 노고와 헌신 덕분에 미국 전역의 더 많은 수의 지방정부는 점점 자연을 위한 권리를 인정하는 지방 조례와 헌장을 제정하고 있다.

라틴 아메리카

오늘날까지 이루어진 가장 중대한 진전 가운데 하나는 2008년 9월 에콰도르 국민이 "국가와 시민들에게 자연과 조화하면서 자연의 권리를 인정하는 방식으로 안녕을 추구"할 것을 명하는 헌법을 채택한 것이다. 헌법 전문(前文)에는 자연의 다양성과 자연과의 조화 속에 시민들을 위한 공존의 새로운 질서를 구축함으로써 '안녕[엘 부엔 비비르(el buen vivir)'라는 스페인어와 퀴촤(Quichwa) 원주민족의 '수막 카우세이(sumak kawsay)'라는 두 용어에 의해 정의된]을 성취하려는 에콰도르 국민의 의도를 명시적으로 언급하고 있다. 헌법은 "El buen vivir(좋은 생활방식이라는 뜻이다―옮긴이)는 개인들과 공동체들, 민족과 국가들은 자신들의 권리를 효과적으로 향유해야 하고, 문화적 상호성과 다양성의 존중 그리고 자연과 조화로운 공존의 틀 속에서 책임을 수행해야 함을 요청한다(제275조)"고 설명한다.

자연의 기본권은 헌법 제7장에 다음과 같이 열거돼 있다. "생명이 재창조되고 존재하는 곳인 자연 또는 파챠마마(Pachamama; 안데스 원주민들에게 신앙의 대상인 영적 존재로 '어머니 대지' 정도로 번역할 수 있다―옮긴이)는 존재할 권리, 지속할 권리 그리고 생명 유지에 필수적인 자연의 순환과정과 구조, 기능 및 진화과정을 유지하고 재생할 권리를 가진다"(제72조). 이 규정은 또한 자연은 재건될 권리 또는 손상된 자연시스템에 의존하는 사람 또는 단체가 주장할 수 있는 보상에 관한 권리와는 별개로 자신이 온전한 상태로 복원될 권리를 가진다고 규정한다.

중요한 것은 헌법은 인민에, 회사와 같은 법적 주체에 그리고 국가에 자연의 권리를 존중하고 지지해야 할 특정 의무를 부과하고, 이러한 자연의 권리는 법적으로 집행 가능하다고 규정하고 있다는 것이다. 또 "자연의 권리를 존중하고, 건강한 환경을 보존하고, 자연자원을 합리적이고 실행가능하면서도 지속가능한 방식으로 사용"해야 할 의무를 모든 에콰도르 남성과 여성에게 부과하고 있다(제83조 제6항). 또한 모든 사람, 인민, 공동체 또는 민족은 자연을 위한 권리를 인정하라고 공공기구에 요청할 수 있다.

헌법은 또한 자연의 권리를 보장하고(제277조), "사람들을 위한 삶의 질을 보장하고, 자연의 권리를 위협하는 사람들을 억지할 수 있는 생산양식들"을 증진하며(제319조), "환경적으로 균형 잡히고 문화적 다양성을 존중하고, 생물다양성과 생태계의 자연적 재생능력과 생태계에 대한 현 세대와 미래 세대의 수요 충족을 보장하는 자연의 능력을 보호하는 지속가능한 발전 모델"을 보장함으로써(제395조 제1항) 부엔 비비르를 확산시킬 것을 국가에 명하고 있다.

이러한 조항들에 따라 에콰도르는 국내 총생산의 무한 성장이라는 사회적으로도 환경적으로도 유해하고 달성 불가능한 목표를 추구하는 대부분 다른 국가들의 대열에 동참하는 대신에 자연의 권리를 위협하지 않는 방식으로 효과적으로 인간의 안녕을 추구하는 데 힘 쏟을 수 있게 됐다.

주목할 만한 이러한 조항들은 원주민과 환경조직이 협업하고, 여기에 미국의 CELDF의 지원과 새 헌법을 기초하는 임무를 맡은 제헌의회 의장 알베르토 아코스타(Alberto Acosta)가 옹호한 결과 탄생했다. 파챠마마 재단(환경 문제와 원주민 권리 문제를 다루는 에콰도르 비정부 조직)의 초청을 받아 에콰도르를 방문한 CELDF의 토마스 린지와 메리 마길(Mari Margil)은 자연의 권리를 법 규정으로 인정하려는 발상은 원주민의 세계관과 전적으로 일치하기 때문에 즉각적인 반향을 불러일으킨다는 사실을 알게 됐다.

에콰도르 헌법 제정 이후, 어머니 지구권 방어는 원주민들과 산업

문명 그리고 세계화가 야기한 끔직한 사회적·환경적 파괴의 저지에 관심을 가지는 조직들의 강령이 되고 있다.

2009년 4월 22일 유엔 총회는 볼리비아의 제안에 따라 4월 22일을 '국제 어머니 지구의 날(International Mother Earth Day)'로 선포하는 결의를 채택했다. 당일 총회 연설에서 볼리비아 대통령 에보 모랄레스 아이마(Evo Morales Ayma)는 20세기가 '인권의 세기'로 불린 것처럼 21세기는 '어머니 지구권의 세기'로 알려지리라는 바람을 피력했다. 그는 회원국들이 이제 '어머니 지구권에 관한 선언(Declaration on the Rights of Mother Earth)'의 발전을 위한 행동을 개시하자고 촉구했다. 이 선언은, 다른 권리보다도, 모든 살아 있는 것들을 위한 생명권, 오염과 공해에서 자유롭게 살아갈 어머니 지구를 위한 권리 그리고 모든 것들 가운데 또 모든 것들 사이에서 조화와 균형의 권리를 담게 될 것이다.

2009년 5월 21일 원주민 교회들은 원주민 문제에 관한 유엔 상설 포럼(United Nations Permanent Forum on Indigenous Issues)은 어머니 지구를 법 주체로 인정하고, 인권을 확장해 모든 생명 형태를 (인권의 적용대상에) 포함할 것을 권고하는 내용의 공동선언문을 발표했다. 이 선언은 다음과 같이 언급하고 있다.

"생명권은 인간 존재뿐 아니라 우리를 위해 살아 있는 어머니 지구와 모든 생명 형태로 구성돼 있음을 인정한다. 우리의 영성은 우리로 하여금 상호연결된 방식으로 살게 하는데 이는 우리가 행하는 모든 것이 세상의 미묘한 균형에 영향을 미칠 수 있음을 잘 알기 때문이다. 우리의 심오한 영성을 우리의 정치투쟁에서 분리해서는 안 된다."

2009년 10월 17일 어머니 지구 권리 세계 선언(Universal Declaration of Mother Earth Rights)의 채택을 촉구, 지지하는 미주대륙을 위한 볼리바르 동맹(Bolivarian Alliance for the Peoples of Our America; ALBA)[2]의 9개국 선언이 뒤따랐다. 이 선언은 지구법학의 기본원칙을 다음과 같이 상당히 명료하게 표현하고 있다.

> "1. 21세기에 우리가 행정 지구와 자연의 권리를 인정하고 또 보호하지 않는다면 인권의 완전한 보호 역시 달성할 수 없다. 오직 어머니 지구권을 보장함으로써 우리는 인권 보호를 보장할 수 있다. 행성 지구는 인간 생명 없이 존재할 수 있지만 인간은 행성 지구 없이 존재할 수 없다.
> 2. 제2차 세계대전이 야기한 심각한 인간성의 위기가 1948년 세계인권선언의 채택으로 이어진 것처럼, 오늘날 기후변화의 영향으로 우리가 겪는 커다란 고통은 어머니 지구 권리 세계 선언을 필수적으로 채택하도록 한다.
> 3. 생태 위기와 생태 위기의 한 부분으로서 지구온난화는 세계 전역의 토착 원주민들이 수 세기 동안 주장해온 필수적인 핵심 원칙을 아주 분명하게 드러내고 있다. 인간 존재는 우리의 존중과 배려, 돌봄을 필요

---

2 1994년 미국이 주도하여 결성된 미주자유무역지대(FTAA) 설립에 반대한 베네수엘라의 우고 차베스(Hugo Chavez) 대통령의 제안에 따라 2004년 12월 베네수엘라-쿠바 정상회의에서 차베스 대통령과 쿠바의 피델 카스트로(Fidel Castro) 국가평의회 의장이 설립에 합의함으로써 정식 출범하였다. 미주대륙을 위한 볼리바르 동맹은 상호공조와 보완성 원칙에 기초하여 회원국 간 상호이익이 되는 협력체제 구축을 통해서 빈곤과 사회적 소외 제거를 강조하고 있다.

로 하는 동식물, 언덕, 숲, 해양 그리고 대기라는 상호의존적 체계의 구성부분이다. 이 체계는 우리가 어머니 지구라고 부르고 있는 그것이다. "지구가 인간에게 속한 것이 아니라 인간이 지구에 속한다." 지구는 단순히 우리 인간이 전유할 수 있는 사물들의 집합이 아니라, 그들의 권리를 존중하며 조화와 균형 속에서 더불어 사는 것을 배워야 하는 자연 존재들의 집합이다."

2009년 12월 제15차 코펜하겐 기후변화 당사국 총회가 기후변화 문제 해결을 위한 국제법적 장치에 관해 모종의 합의를 도출하는 데 실패한 뒤, 볼리비아 대통령은 기후변화 및 어머니 지구권에 관한 세계 인민 회합을 2010년 4월 볼리비아에서 개최할 것이라고 발표했다. 이 회합의 목적은 어머니 지구 권리 세계 선언, 기후정의에 관한 국제 재판정(International Tribunal on Climate Justice) 그리고 어머니 지구권을 방어하기 위한 행동과 동원 전략의 기획을 논의하고 합의하는 마당을 제공하는 데 있다.

수많은 사람들이 온라인 등록을 통해 위 회합에 참여했고, 약 1만 5천 명의 사람들의 참석이 예상됐다. 회합 전날, 아이슬란드 화산폭발에 따른 화산재 분출로 인해 유럽의 공항들이 잇따라 폐쇄됐고, 이에 따라 세계 다른 지역의 수많은 이들과 유럽과 아시아 대표들의 참석이 어렵게 됐다. 그런데도 3만5천 명 이상의 사람들이 이 회합에 참석해 2010년 4월 22일 어머니 지구의 날에 인민 협약(People's Agreement)이 채택되고, 어머니 지구 권리 세계 선언이 선포됐다(부록에 수록).

회합의 17개 실무단 가운데 하나가 제안한 어머니 지구 권리 세계 선언은 의견 수렴을 위해 인터넷에 게시됐던 최초의 초안에 기초했는데, 이 선언은 볼리비아의 한 도시인 코차밤바(Cochabamba)에서 원주민 조직들의 회합을 위한 사전 회의에서 토론됐다. 실무단 공동의장인 나는 실무그룹 회의에 오랜 시간 동안 참여한 삼사백 명의 헌신과 열정이 경이로웠다. 참석한 이들이 차례로 어머니 지구에 대한 자신들의 사랑을 말하고, 어머니 지구를 방어하고 자신들의 식수원인 안데스 빙하를 보존해야 할 긴급한 필요성과 어머니 지구와 생명 자체에 지속적으로 가해지고 있는 공격에 책임 있는 경제적·정치적 시스템에 대해 발언했다. 시골농부에서부터 학자와 전문가에 이르기까지 그들은 자신들의 관점을 국제 공동체가 이해할 수 있는 법적 언어로 표현하고자 협업한 사람들이다. 거의 5백 년 전 자신들의 우주관을 부정하고 억압한 문화에 의해 식민화됐음에도, 식민지역 원주민들은 여전히 열정적으로 자신들이 사랑하는 토착의 땅과 어머니 지구의 방어에 절대적으로 헌신하는 사람들에 대해 말했다. 참석한 사람들 모두가 지구와 생명에 가해지고 있는 체계적·국제적 공격을 중단하기 위해 담대하게 행동해야 할 긴급한 필요가 요구되고 있음을 한 목소리로 말했다.

코차밤바와 코펜하겐은 극명한 대비를 보여준다. 코펜하겐 총회에서는 재앙적 기후변화를 촉발하지 않고 대기가 지탱할 수 있는 정확한 수준에 관한 기술적 주장과 각 강대국이 탄소 예산(carbon budget)을 얼마나 많이 획득할 수 있을지, 기후변화 문제를 일으키는 데 가장 적게 기여했음에도 기후변화에 의해 가장 많은 고통을 받을 사람들을 위한 '적응기금'에 얼마나 적게 분담할 것인지 하는 협상이 회의의 기조가 됐다. 코펜하겐 회의는 국가 이익과 힘 그리고 돈에 관한 회의로, 이 회의는 밀실거래를 주도한 소수 국가 집단의 지지 속에 '코펜하겐 협정(Copenhagen Accord)'—만약 이것이 이행된다면 많은 작은 도서국가가 사라지고, 더 넓은 지역이 거주 불가능한 곳으로 변하면서 수백만 명의 사람들이 난민이 될 것이다—의 타결로 (아마도 적당하게도) 귀결됐다. 한편, 공식 회의장 주변에 설치된 바리케이트의 건너편에는 세계 각국이 함께 노력해 현 상황이 요구하는 결정적 조치에 합의할 것을 촉구하기 위해 세계 전역에서 모인 사람들이 경찰에 맞고 체포됐다.

나는 볼리비아 정부가 개최한 어머니 지구권에 관한 부대행사에서 연설하기 위해 코펜하겐 회의에 참석했다. 내가 거기서 본 것들은 국제 공동체의 중추 세력은 자신들의 단기적인 경제이익과 시대착오적인 세계관으로 시야가 지나치게 좁고 경직돼 있어 지금 요청되고 있는 참신한 아이디어의 소통과 담대한 행동을 허용하지 않을 것임을 확신하게 만들었다. 절망적인 분위기에서도 공식 협상에 영향을 미치고자 코펜하겐으로 날아온 지구를 깊이 돌보는 사람들은 의사소통을 위한 새로운 채널을 창출하고, 이 채널을 통해 자신들의 에너지와 헌신을 표현할 필요가 있다.

넉 달 후 볼리비아에서 열린 세계 인민 회합은 그것을 정확히 실행하기 시작했다. 사람들을 배제하는 바리케이드 대신 거기에는 누구라도 참석할 수 있었다. 사람들은 참석 승인을 받기 위해 인내심을 가지고 먼지구덩이 거리의 긴 대기행렬에 섰다. 수백 명의 사람들은 17개 공식 실무단에 저마다 참석해, 지구의 착취를 촉진하기 위해 설계된 정치적·법적·경제적 시스템이 야기한 사회적·생태적 파괴의 경험에서 우러나온 것들을 말했다. 코펜하겐의 저항자들은 "기후변화가 아닌 시스템 변화를!(System change not climate change!)"이라는 구호를 외쳤는데, 세계 인민 회합에서 정확히 시스템 변화에 관한 토의가 있었다. 코차밤바에서의 대화는 근본 원인과 우리 종이 지구 공동체와 관계 맺는 방식에서 근본 변화를 어떻게 일궈낼지 관한 것이었다. 이는 어머니 지구의 건강을 회복하는 방법에 관한 것이지, 어떻게 하면 착취 관행을 잘 지속할 수 있고, 이 병든 행성 지구에서 잘 적응해 살아가는 방법에 관한 것이 아니다. 단 이틀 반나절 만에 실무단은 핵심 쟁점에 관한 공통의 관점과 이 쟁점을 다루기 위해 실행해야 할 것을 조목조목 열거했다. 회합에서 채택된 결의를 통해 정립된 관점은 관련된 현실적 제약을 고려한다면 주목할 정도로 일관되고 정합적이며 또 상세하다. 전통적인 국가 간 과정과는 정반대로, 실무단 의장은 당시 참석한 정부의 대통령과 그 밖의 대표들에게 자신들의 토론 결과를 제출했다.

　세계 인민 회합이 선포한 어머니 지구 권리 세계 선언은 현 세계를 지배하는 법과 정치, 경제 시스템에서의 근본 변화를 위해 현재 진행되고 있는 과정에서 핵심 부분이다. 이 선언은 지구가 분할 불가능하고 내재적 권리를 가진, 서로 관련되고 의존하는 존재들의 살아 있는 공동체라는 점을 인정한다. 또한 이 선언은 동식물과 강, 생태계를 비롯해 어머니 지구의 한 부분으로 존재하는 모든 자연적 실체는 내재적이고 양도 불가능한, 존재할 권리와 존재들의 공동체 내에서 자신의 역할을 수행할 권리를 가진 주체임을 인정한다. 세계인권선언과 달리, 이 선언은 다른 존재들과 전체로서 공동체와의 관계 속에서 인간의 근본책임을 규정하고 있다. 이 책임에는 어머니 지구를 존중하고 어머니 지구와 조화 속에 살아가야 할 개개 인간 존재의 근본책임에서부터 어머니 지구권을 방어, 보호하고 보전하기 위한 효과적인 규범과 법을 제정하고 적용해야 할 책임과 같은 더 넓은 사회적 책임에까지 이른다.

이 선언은 현대 거버넌스 시스템이 문제의 한 부분이라는 이해를 반영하고 있다. 세계 인민 회합에서 채택된 인민 협정은 다음과 같이 언급하고 있다. "인간 존재가 단지 한 구성부분인 상호의존적 시스템 내에서는, 전체로서 시스템에 불균형을 일으키지 않고서 인간(부분)만의 권리를 인정한다는 것은 가능하지 않다(즉, 오직 인간의 권리만을 인정한다면 전체로서 상호의존적인 시스템에 불균형을 일으키게 될 것이다-옮긴이). 인권을 보장하고 자연과의 조화를 회복하려면 어머니 지구권을 인정하고 효과적으로 적용할 필요가 있다."

국제적 차원에서 지구법학

지구법학은 주목할 정도로 신속하게 국제 정치 영역에서 부상했다. 2008년 9월 에콰도르 헌법의 채택과 더불어 국제 공동체 내에서 처음으로 가시화된 이후 채 2년이 걸리지 않은 사이 의미심장한—그리고 빠른 속도로 늘어난—대중적 지지를 얻어 어머니 지구권 세계 선언을 세세히 규정, 선포하고, 유엔 총회의 의제로 설정됐다. 유엔의 공식구조 안에서 이 선언을 채택하는 데 따른 반대가 당연히 예상된다. 하지만, 인민의 문서로서 이 선언은 현존하는 광범한 네트워크와 운동을 통합할 커다란 잠재력을 갖고 있음을 가리키는 초기 징표가 있다.

이 선언은 원주민 조직들, 보전 조직들, 인권 단체들, 인도의 토지권리 운동, 국제 물권리 운동과 부상 중인 기후정의 운동의 요구를 위한 맥락과 지지가 된다. 만약 이러한 다른 종류의 시민사회 조직들이 어머니 지구권 세계 선언에서 표명된 세계관에 기초해 협업한다면, 사람들 사이의 정당한 관계를 위해 일하는 활동가와 인간과 자연 사이의 정당한 관계를 위해 일하는 활동가 사이에 그어진 인위적 분할선은 더 이상 유지될 수 없을 것이다. 이 선언은 산업 문명의 핵심 가치와 거버넌스 시스템을 전환하지 않고서는 인류가 직면한 근본 문제를 다루는 데 성공할 수 없다는 이해를 공유하는 사람들과 조직들의 광범한 연합을 통합하는 정책 강령 선언(manifesto)이 될 수 있다. 코펜하겐에서 가두시위자들이 외친 구호처럼 우리에게는 "기후변화가 아닌 시스템의 변화!"가 필요한 것이다.

사회 현안과 환경 현안 사이의 분할 경계는 이미 라틴 아메리카에서는 점점 사라지고 있다. 그 한 사례로 케리비안 9개국과 ALBA 라틴 아메리카 국가들은 우리가 기후변화와 수많은 다른 환경·사회 현안에 직면한 이유는 정치 시스템(그것이 자본주의에 기초하든 혹은 사회주의에 기초하든지 간에) 대부분이 인간 이익과 지구 공동체 다른 성원의 이익 간에 균형을 잡아야 할 필요를 고려하지 않음으로써 체계내재적으로 파괴적이기 때문이라고 지적한다. 비옥하고, 물이 제때 공급되는 땅에서 자란 건강한 식물의 잎이어야 번성할 수 있는 것과 마찬가지로, 개별 인간의 안녕도 오직 건강한 생태 공동체 내에서 건강한 공동체를 구축함으로써 지속될 수 있다. 이러한 전통적 지혜는 과거 어느 때도 그러한 것처럼 오늘날에도 분명하다. 지구가 권리를 가질 수 없다면 인권은 무의미하고 또 지탱될 수도 없다. 식량과 식수 없는 생명권은 단지 공허한 구호에 불과한데, 식량과 물은 오직 지구만이 제공할 수 있다.

지구적 운동의 출현

인민 협약은 또한 보충성 원칙(principle of complementarity)과 지구 성원들 간 기원과 비전의 다양성에 대한 존중의 원칙에 기반하는 "어머니 지구를 위한 지구 인민들의 운동"의 구축을 촉구하고 있다. 세계적인 협력과 공동 행동을 위한 광범하면서도 민주적인 공간을 창출하게 될 이 지구적 운동은 아직 형성되지 않았지만, 그 과정이 이미 시작됐음은 분명하다. 코차밤바 회합 이후 채 5개월도 되지 않아 자연의 권리가 법적으로 인정돼야 한다는 아이디어를 확산하는 데 적극 참여한 일단의 단체들은 에콰도르에서 자연의 권리 지구동맹(Global Alliance for the Rights of Nature)을 설립했다. 이 동맹은 어머니 지구권에 관한 세계 선언에서 구체화된 아이디어를 진전시킬 더 강력하고 효과적인 수단과 방법을 구상하기 위해 마치 지류들이 강으로 흘러들어가는 것처럼 개인과 조직이 함께 교류하고 만나는 것을 의도한다.

위 동맹과 위 선언에 대한 지지는 점점 늘고 있고, 노벨평화상 수상

자인 데스몬드 투투 명예 대주교와 같은 존경 받는 지도자들은 위 선언의 이행하는데 노력할 것을 사람들에게 촉구한다. 그는 말한다.

"지구 공동체 내에서 조화롭게 사는 생명력 있는 인간 공동체를 만드는 데는 일치단결해 헌신하는 행동이 요구될 것이다. 어머니 지구권에 관한 세계 선언은 우리들 저마다에 지구 공동체의 모든 존재들과 동류의식을 받아들이고, 모든 것의 권리를 인정하고 존중하며 또 방어할 것을 촉구한다. 지금이 그 촉구에 답해야 할 시간이다."[6]

미래 전망

라틴 아메리카에서 "어머니 지구권을 방어하라"는 환경보호뿐 아니라 사회적 정의와 파괴적 문화 제국주의로부터 자유를 확보하기 위한 투쟁의 절규다. 우리 앞에 놓인 도전과제는 단지 이 권리들을 세세히 열거하고 방어하는 데 그치는 것이 아니다. 그것은 더 나아가 우리가 '지구'라고 불리는 경이로운 공동체에 열린 온 마음으로 참여하기로 하는 새로운 헌신결정(commitment)을 반영하는 개인적 생활방식과 집단적 생활방식을 더불어 꾸려가는 것이다. 2010년 4월 볼리비아에서 나는 현재 태동하기 시작한, 오래된 것이자 동시에 새로운 운동이 창발하는 것을 봤다. 이 운동은 사람들이 가진 땅과의 깊은 유대와 지구 사랑에 뿌리를 두고 있다. 이 운동은 생에 대한 욕구와 우리 동료 존재들과 친밀한 관계를 추구하려는 충동에 의해 활성화되고 영감 받고 있다. 두려움과 탐욕에 동기를 둔 강력한 힘이 그것에 저항할 수 있지만, 궁극적으로는 끊임없이 우주가 펼쳐지도록 만드는 친교의 흐름을 저지할 수 없을 것이다.

역자 후기
"야생의 법"이 우리에게 말하고자 하는 것

역자 후기를 통해 이 책의 핵심 메시지를 소개하기에 앞서 먼저 이 책을 번역하게 된 경위를 짧게라도 말해야 할 것 같다. 2014년 어느 날 대한변협 환경인권소위원회에서 같이 활동한 적이 있는 최선호 변호사로부터 전화가 왔다. 최 변호사는 간단한 안부 인사를 하고서는 느닷없이 토마스 베리를 아느냐고 물었다. 속으로 깜짝 놀랐다. 나는 당시 시간이 되면 꼭 번역해보고 싶다며 지인으로부터 소개받은 이 책을 틈틈이 읽고 있었다. 그런데 보다시피 저자 컬리넌은 이 책 전반에 걸쳐 토마스 베리를 언급하며 베리의 우주관과 윤리관 그리고 권리론에 기대 자신의 논의를 전개하고 있기 때문에 나는 베리의 이름을 기억하고 있었던 것이다. 지금 돌이켜 생각해보면 마침 이 책을 읽고 있던 때 그런 전화를 받았다는 것도 우연의 일치치곤 놀라운데, 당시 실무변호사가 이런 유의 책을 알고 있다는 데 놀랐던 것이다(당시 최변호사는 토마스 베리는 잘 알고 있었지만 이 책의 존재는 몰랐고 나는 그 반대였다. 그런데 나는 최변호사가 이 책의 존재를 알고 있다고 오해했던 것이다).

공부를 같이 한번 해보지 않겠냐는 취지의 그 전화 통화 이후 최변호사와 이 책의 번역을 기획한 포럼 지구와사람의 대표 강금실 변호사(전 법무부장관인 그 강금실 변호사가 맞다! 두 사람은 가톨릭대학교 생명대학원의 동기동창이다) 그리고 나 이렇게 세 사람이 서울의 한 식당에서 만나, 생명 내지 생태 중심의 대안적 세계관에 관심 있을만한 사람들을 모아 같이 공부하기로 하고 그 첫 번째 학습서로 바로 이 책을 선정했다. 그 후 사람들을 모아 '지구법학회'라는 이름을 건 모임을 만들고 본격적으로 이 책을 같이 읽어나갔다. 책을 읽고 나서 한국 사회에 이 책을 소개하고 싶은 욕심이 발동해 내가 번역을 자청했고, 고맙게도 그 제의에 다들 공감해줘 결국 지금에 이른 것이다(함께 공부하는 과정에서 번역에 기초가 된 초벌원고 일부가 나왔고, 또 내가 작성한 1차 초벌원고를 나를 제외한 모두가 각장을 나누어 맡아 읽고서 '빨간펜'으로 한자 한자 정성들여 고쳐주었다. 그런 점에서 이 번역은 학회원들의 공동작업의 결과로 '번역저작권'은 지구법학회에 있다).

야생의 법이란

먼저 야생(성)(wildness)이라는 개념을 저자가 어떻게 쓰고 있는지부터 살펴보자. 저자는 야생의 개념에 대한 설명을 "야생성 안에 세계가 보존되어 있다"고 본 헨리 데이비드 소로의 말에서 시작한다. 저자는 야생성은 우리 모두를 관통하여 흐르고 있는, 진화 과정을 추동하는 생명력(life force)의 은유로 이해될 수 있으며 이러한 의미에서 그것은 우리를 규정하며, 행성 지구와 가장 친밀하게 연결시키는 영원하고, 성스러운 특질이라고 한다. 그리고 이러한 야생성은 문명의 정통 경로에서 벗어남으로써 경험될 수 있는 어떤 특질로, 수많은 문화에서 지혜와 강하게 연결돼 있고, 새로운 통찰이 출현하는 장소로서 야생지(wilderness) 안에서 가장 명확히 발견될 수 있다고 한다. 그러면서 자신이 움폴로지 국립공원에서 직접 겪은 체험을 들려준다. "다음 며칠 동안 우리의 감각은 변했다. 우리가 지금 어디에 있는지, 몇 시나 됐는지, 또 어디로 향하고 있는지 따위를 정확히 알고자 하는 마음을 놓자, 우리가 가졌던 두려움은 서서히 소속감으로 대체되어 갔다. 우리 모두는 저마다 다른 방식으로 깊고, 예기치 않은, 그리고 부분적으로는 비현실적인, 이 세계의 일부이고자 하는 열망을 경험했다. 우리를 안전하게 지킨 것은 총이 아니라 덤불숲에 친숙한 안내자의 경험적 지혜였다는 사실이 확실해졌다. 우리는 또한 수많은 형태로 여기 이 장소가 우리가 온 곳보다 외려 더 안전하다는 점을 충격적으로 깨달았다."

야생의 시간, 야생의 장소 그리고 '야생의 사람'이라고 불리는 것 모두가 야생의 법에서 중요하다고 보는 저자는 다음과 같이 말한다. "우주의 언어는 기본적으로 경험적인 것이다. 우주는 뜨거움과 차가움, 아름다움과 두려움으로, 사건의 패턴, 상징과 연관성의 언어로 우리에게 말한다. 우리가 이 언어를 '듣고자' 한다면, 우주에 관여해야 한다. 지금까지는 학습과 과학적 합리성이 우리를 이끌고 왔지만 우리는 자연과 직관, 그리고 정서에 관한 경험을 총괄할 필요 또한 있다. 따라서 다시 한 번 더 생태적으로 읽고 쓰는 사람이 되려면, 그리고 지구에서의 삶을 규율할 원칙을 재인식하려면 우리는 야생성과 자연 그리고 가능하다면 야생지와 공감적으로 다시 연결되고 거기에 관여하려고 노력해야 한다."

 야생(성) 개념에 대한 이러한 자기 인식에 바탕해 저자는 야생의 법을 다음과 같이 설명한다. "야생의 법은 법의 한 분야나 법 모음이 아니다. 인간 거버넌스에 대한 접근 방법으로 이해하는 것이 낫다. 이것은 우리가 행해야 할 올바른 것에 관한 것이라기보다, 우리가 어떻게 존재하고 행위해야 하느냐는 존재 방식과 행위 방식에 관한 것이다. 지구 법학을 표현하는 야생의 법은 그것이 존재하는 지구 시스템의 특질을 인식하고 이를 구현한다. 이러한 접근 방법으로 야생의 법은 사람과 자연 간의 정열적이고 친밀한 유대를 조성하고, 또 우리 본성의 야생적 측면과의 유대를 심화하고자 한다." 그리고 "지구 공동체의 모든 성원들이 행성 지구와 지속적인 공진화 속에서 자기 역할을 수행할 수 있는 자유를 창출하려는 방식으로 인간을 규율하는 법"인 야생의 법은 현행 법 시스템 안에서도 부분적으로 발견된다고 하면서 실례로 강이 건강히 흐를 수 있도록 강에 일정한 유량을 유지하는 법, 살아 있는 모든 유기체와 생물다양성 자체의 내재적 가치를 확언하는 국제적 선인, 국가에 인간뿐 아니라 동물도 보호해야 할 책임을 지우는 최근 독일 개정헌법[20조(a)] 등을 들고 있다.

 저자의 직접적인 언급을 통해서도 야생의 법을 이해하기란 결코 쉽지 않은데 그래서 나는 이 책 부제에서 정확한 이해를 하기 위한 어떤 실마리를 찾을 수 있지 않을까 생각한다. 원래 이 책의 부제는 "지구 정의를 위한 한 선언(A Manifesto for Earth Justice)"이다. 우리는 정의를 보통 '권리 간의 균형상태'로 이해한다. 여기서 권리란 물론 인간(자연

인과 회사와 같은 법인을 포함해서)의 권리를 말한다. 따라서 정의도 인간의 정의를 가리킨다. 그러나 동물, 나아가 강이나 나무 등 자연물을 포함한 인간 이외의 것들(저자의 표현을 빌리면 지구 공동체의 다른 성원들 혹은 다른 측면들)에게도 권리가 있음을 전제로 그러한 권리들까지 포함해 말한다면 지구정의란 (지구 공동체 내에서) 인간과 인간 이외의 것들이 가지는 권리 간의 균형상태를 일컫는 것이다. "법은 언제나 불완전한 정의다"라는 말에서 알 수 있듯이 법은 늘 정의를 꿈꾸며 이를 구현하고자 한다. 지금 현실에서 해석·적용되고 집행되는 법이 인간의 정의를 위한 인간의 법이라면 야생의 법은 지구정의를 위한 지구법이라고 할 수 있다(물론 여기서의 지구란 인간과 인간 이외의 것들로 구성된 어떤 총체를 말한다).

지구정의와 지구법 또는 야생의 법을 이야기하려면 그 전제로 인간 이외의 것들도 어떠한 권리가 있음을 인정해야 한다. 그런데 과연 인간 이외의 것들도 권리를 가지는가? 권리를 가진다면 어떤 근거에서 가지는가? 저자는 토마스 베리의 권리론 주장에 전적으로 기대 인간 이외의 것들의 권리에 관해 논한다.

> 법률가들은 통상 '권리'라는 용어를 법정에서 집행될 수 있다는 의미에서 법적으로 보호되는 어떤 이익을 의미하는 데 사용한다. 그러나, 베리는 '권리'를 법률가들이 통상 사용하는 것보다 더 넓은 의미로 사용한다. 2001년 4월 한 회의에서, 베리는 「권리의 기원과 분화 그리고 역할」에서 사용한 권리용어에 관해 질문을 받았을 때 다음과 같이 설명했다. "우리

는 권리라는 개념을 인간의 의무, 책임 그리고 핵심 본성을 이행하고 실현할 인간의 자유를 의미하는 것으로 사용한다. 이를 유추한다면, 다른 자연적 실체도 지구 공동체 내에서 자신들의 기능과 역할기능을 추구·실현할 자격(entitlement)이 있다는 원칙을 의미한다."

전통적 법학에 따르면 권리란 한마디로 법으로 보호되는 이익을 말한다. 하지만 베리는 권리를 지구 공동체 내에서 자신들의 (진화적) 기능과 역할을 실현할 자유를 가지는 자격으로 보는 것이다. 베리는 자신의 책 『위대한 과업』에서 이렇게 말했다. 인간과 인간 아닌 것 사이를 연속성에 토대해 이해해야 한다……이러한 맥락에서 지구 공동체의 모든 구성요소가 각자의 적절한 존재 양식과 기능적 역할에 일치하는 권리를 가질 것이다. 즉 기본적 권리란 자연체계 안에서 구성요소들이 자신들의 기능과 역할을 실현할 수 있는 서식지와 기회를 갖는 것이다(이영숙 옮김, 『위대한 과업』, 대화문화아카데미, 2009, 114~115쪽 인용).

베리는 이러한 **자유를 가질 자격으로서의 권리**는 인간 법학(human jurisprudence)에 의해 창설되는 것이 아니라 궁극적으로 "우주"—베리는 인간 이외의 것들도 우주의 진화 속에서 저마다의 역할과 기능을 가지는 주체로 보며, 우주는 이러한 주체들의 상호작용(은유적으로 '춤'으로 표현하기도 한다)의 지속적 전개과정으로 본다—에 기원을 두는 것이라고 본다. 저자 컬리넌은 말한다. "베리는 본질적으로 모든 존재들의 권리는 가장 근본적 원천인 우주에서 도출된다고 주장한다. 그는 우주는 '객체들의 집합이 아닌 주체들의 친교'이므로, 우주의 모든 성원은 권리를 가질 수 있는 주체이고, 인간들이 권리를 갖는 만큼 권리를 가질 수 있는 권리를 가진다고 한다." 따라서 베리의 권리는 전통적 인간 법학에서 말하는 권리와는 '존재의 지평'을 달리한다. 저자는 이러한 베리의 권리론을 전면적으로 받아들여 자신의 권리론을 전개하면서, 우주에서 도출되는 지구 공동체의 성원들의 근본적 권리와 인간의 법체계에서 창출된 그 밖의 권리를 구분하려는 의도에서 "지구권(Earth right)"이라는 용어를 사용하고 있다.

 이러한 지구권은 특정 종이나 특정 자연물에 고유한 권리로 존재하기에 가령 강(江)의 권리도, 인간의 권리도 이러한 지구권의 한 표현으로 본다. 물론 모든 인간의 권리를 다 지구권의 표현으로 보는 것은 아니다. 저자는 "가령 생명권(the right to life)과 같은 핵심 인권은 내재적인 것으로 지구권의 한 표현이라 할 수 있다"고 말하는데 여기서 소위 권리장전에 수록된 인권 가운데 내재적인 것, 달리 말하면 자연으로부터 부여받은 생래적인 권리라 여겨지는 것을 지구권이라고 보고자 하는 저자의 의도를 추론할 수 있다(여기서 지구권법 사상과 자연법 사상 간의 관계를 어떻게 설정할 수 있을지 하는 주제를 생각해볼 수 있는데 후기를 쓰는 목적 범위를 넘어서는 문제이므로 이 정도로 그친다). 참고로 베리는 지구 공동체의 모든 구성요소는 존재할 권리, 서식지에 대한 권리 그리고 지구 공동체가 부단히 새로워지는 과정에서 자신의 역할과 기능을 수행할 수 있는 권리라는 세 가지 기본권리를 가진다고 하는데 베리의 권리론에 관해서는 본문에 번역된 「권리의 기원과 분화 그리고 역할」(2001)을 참고하기 바란다.

지구 거버넌스(Earth Governance)와 지구법학(Earth Jurisprudence)

지구 공동체의 다른 성원들이 지닌 자유로서의 권리를 실효적으로 보호, 보장하기 위해서는 가공할 만한 힘을 지닌 인간의 행위를 규율해야 하는 문제가 필연적으로 제기된다. 이 책에서 거버넌스를 줄기차게 말하는 것도 바로 이 같은 까닭에서다. 이 책은 (인간) 거버넌스를 인간의 행위를 규율하는 무언가를 통틀어 지칭하는 개념으로 사용하는데, 여기에는 윤리와 법, 제도, 정책 등이 포함된다. 저자는 인간을 비롯해 지구 공동체의 모든 성원들을 대상으로 하는 거버넌스를 지구 거버넌스라고 이름 붙이며 다음과 같이 설명하고 있다.

> 국민의 국민에 의한, 지구를 위한 정부다. 이는 우리에게 거버넌스와 민주주의에 대한 이해를 확장해 단지 인간만이 아니라 전체 지구 공동체를 포용할 것을 요구한다. 이러한 관점은 인도의 지구 민주주의 운동(Earth democracy movement)에 반영돼 있다. 지구 거버넌스는 장기적으로 우리가 의식적으로 인간의 안녕이 유래하는 지구의 안녕을 지향하고 이를 우선시하는 방식으로 우리 자신을 규율하지 않는다면 인간에게 번영은 없을 것이라는 인정에 정초하고 있다.

저자는 이처럼 인간의 행위를 적정하게 규율하기 위해 거버넌스를 말한다. 그런데 거버넌스 가운데 특히 법을 문제 삼는 까닭은 무엇일까? 그것은 한마디로 "사회로서 그리고 개인으로서 우리를 어떤 것으로 만드는 것은 '법'(과 실천행위들)"이라고 보기 때문이다. "우리의 비전과 우리가 묻는 물음의 한계는 '이미' '거기'에 존재하는 틀에 따라 규정"되는데, 이러한 틀 가운데 가장 강력한 것이 법이라고 본다. 이와 관련해 저자는 동물권 사례를 들려준다. 동물이 법적 권리를 가져야 한다는 생각은 많은 운동가와 일부 헌신적 법률가의 끈질긴 노력에도 미국 법원에서 거의 인정받지 못했는데, 저자가 생각하기에 이것은 미국 사법부가 특별히 동물에 무감각해서가 아니라 미국이라는 사회가 구성될 때 특히 법 및 정치체계의 그림이 그려질 때 동물은 사고의 틀 밖에 있었기 때문이라고 본다. 그 결과 동물도 인간과 마찬가지로 대우받아야 한다는 인식은 도저히 생각될 수 없는 것(unthinkable)이 됐다고 한다. 이런 점에서 본다면 (틀 밖의 권리인) 동물의 권리는 미국 사회의 '관념의 틀이 재정립되지' 않는 한 앞으로도 인정되지 못할 것이라고 추측한다.

이처럼 사회의 자기 규율에서 법이 수행하는 중심적 역할을 인식하고 있는 저자는 "사회가 스스로를 어떻게 인식하는가 하는 문제에서의 근본 변화가, 사회가 기능하는 방식에서의 실제 변화로 전환되려면, 사회가 법에 대해 갖는 생각이 먼저 변화되는 것이 필요함을 의미한다. 이는 법 내용 자체의 변화뿐 아니라 법과 법의 역할에 관한 사회 인식의 변화를 의미한다. 달리 말하면, 베리의 '위대한 과업'이 요구한, 우리 사회가 나아가고자 하는 근본 방향의 재정립(reorientation)은 동시에 지배적 문화의 법학을 철저하게 재개념화하지 않고서는 달성될 수 없다"고 한다.

다시 거버넌스의 문제로 돌아가 인간 거버넌스 체계는 지구 공동체 내의 인간 이외의 성원도 '권리'를 가지고 있음을 인정하는 개념적 틀을 포함하고 있어야 하고, 다른 성원의 지구권을 보호하기 위해 인간의 행위를 적절히 규율할 수 있어야 한다고 저자는 말한다. 이러한 인간 거버넌스 시스템의 개발과 이행을 지도하는 철학적·이론적 기초를 저자는 지구법학이라고 한다. 그러면 지구법학과 야생의 법 간의 관계는 어떻게 되는가? 예를 들어 설명하면 이런 것이다. 강에 인간이 불필요한 댐을 짓거나 강을 수로화해 강이 흐를 수 있는 지구권이 위협받게 된다면 그 권리를 위협하는 인간의 행위는 금지돼야 한다. 이러한 원칙을 지시하는 것이 지구법학이다. 그리고 우리가 특정 법에서 "강의 흐름에 중대한 영향을 미치는 개발행위는 허가돼서는 안 된다"고 규정한다면 이러한 법은 야생의 법이다. 말하자면 인간 거버넌스 체제를 위한 철학적·이론적 기초를 제공하는 것이 지구법학이라면, 야생의 법은 이러한 지구법학의 원리적 이념을 구현하는 제도적 장치인 것이다[저자는 이러한 지구법학은 마치 몽테스키외가 말하는 법의 정신(the spirit of the law)처럼 기능하며, 이 정신은 법의 핵심에 야생성을 회복시키는 것이라고 말한다].

저자는 이러한 지구법학은 사회마다 다양할 수밖에 없지만, 각각의 지구법학이 공유하는 공통 요소가 있다고 하는데 가령 이런 것이다. 지구 공동체 모든 성원들의 기본적 '지구권'의 원천은 인간 거버넌스 체계가 아닌 우주임을 인정; 전체로서 시스템을 위하여 가장 좋은 것에 의하여 결정되는 지구 공동체 모든 성원 간의 상호성과 역동적 평형성(지구 정의) 유지에의 관심; 인간의 행위가 지구 공동체를 구성하는 결속을 강화하는지 또는 약화하는지에 따라 그 행위를 승인하거나 불승인하는 접근법; 지구 공동체 내 인간 이외의 성원들의 역할기능을 인정하고 또 부당하게 그 역할기능의 수행을 방해하지 않도록 인간의 행위를 제어하는 방법 등.

위대한 법학(Great Jurisprudence)

나아가 저자는 이러한 '지구법학'의 기원으로 "위대한 법학"에 대해 기술하고 있는데 아마도 이 책에서 가장 이해하기 어려운 부분에 해당하지 않을까 한다. 저자에 따르면 지구법학은 이 위대한 법학에 부합하기 위해 인간이 발전시킨 법철학을 지칭한다고 하며, 위대한 법학에 대해 다음과 같이 기술하고 있다.

> "……우주의 기능 방식을 규율하는 '법' 또는 원칙이 있다. 이 '위대한 법학(Great Jurisprudence)'은 우주 자체 안에서 분명히 드러난다. 예컨대, 중력 현상은 행성들의 정렬 속에서, 식물의 성장에서, 그리고 낮과 밤의 순환에서 표현된다. 모든 것은 현존하는 이러한 '법'의 드러남이다."

모든 것은 현존하는 이러한 '법'의 드러남"이라는 저자의 주장과 관련해 저자는 노자의 도덕경 중 관련 부분을 인용하고 있다. "Man takes his laws from the Earth; the Earth takes its laws from Heaven; Heaven takes its laws from the Tao. The law of the Tao is its being what it is[인간은 땅에서 자신의 법을 취한다. 땅은 하늘에서, 하늘은 도(道)에서 자신의 법을 취한다. 도의 법은 있는 그대로의 그러함이다.『도덕경』제

25장]."[1]

중력 현상 내지 중력법칙을 위대한 법학이라고 보는 것은 아니다. 그러한 중력 현상에서 드러나는 법이 위대한 법학이라고 한다. 또한 다음과 같이 말한다. "위대한 법학은 산과 같다. 그것은 있는 그대로의 그것이고, 그것의 묘사는 추상적 근사(近似)에 불과하다. 그것은 옳지도 그르지도 않고, 모든 것이 보편적 전체의 일부인 덕분에 모든 것 속에 내재하고 있다. 이러한 의미에서 위대한 법학은 우주를 규율하는 규칙 또는 원칙이라기보다는 우주의 어떤 특질(quality)로 이해하는 것이 더 낫다." 위대한 법학의 특질로 베리의 유명한 논의를 빌려 **차이화(differentiation)**, **자기조직화(autopoiesis)**('self-making'을 의미한다) 그리고 **친교(communion)**를 말한다.

위대한 법학은 전통 법학에서 말하는 법이나 법학으로 이해하는 데 한계가 있다. 우주의 현상에서 드러나는 법으로서 위대한 법학은 우리 인간이 또 인간의 법이 궁극적으로 존중해야 할 그 무엇인데 나는 우

---

[1] 참고로 이 부분 원문은 다음과 같다. 人法地 地法天 天法道 道法自然(사람은 땅을 본받고, 땅은 하늘을 본받고, 하늘은 도를 본받는데, 도는 스스로 그러함을 본받을 뿐이다). 여기서 法은 본받다로, 自然은 보통 말하는 자연 현상이라기보다는 억지로 지어내는 행위가 아닌 "있는 그대로, 저절로 그러한 것" 즉 무위성(無爲性)으로 새긴다. 도올 김용옥 선생은 자신의 책『노자와 21세기[3]』에서『도덕경』제25장의 이 부분에 대해 다음과 같이 해설하고 있다. "카오스존중사상이 있다. 천지를 절대적 실체로 보는 것이 아니라, 천지(天地)는 도(道)라는 카오스를 구현한 비실체적인 코스모스일 뿐이다. 따라서 항상 도(道)라는 카오스가 천지(天地)라는 코스모스에 대해 가치론적으로 더 본질적이며 더 근원적이다(19쪽). 자연을 비실체적으로 파악하는 도(道)의 자연주의·개방주의, 즉 "스스로 그러함"의 철학(Philosophy of What-is-so-of-itself)이 천지코스몰로지적인 세계관의 틀 속에서 매우 명료하게 규정되어 있다(같은 책, 20쪽). 자연이란 실체가 아니요 "스스로 그러하다"는 기술이다. "스스로 그러함"은 실제로 말도 아닌 말이요, 아무런 정보도 제공하는 말이 아니지만, 그러나 우리에게 너무도 많은 의미를 전달하고 있다(65쪽).

주의 특질로 제시된 것들이 동양철학에서 말하는 이(理)나 자연의 주된 성질 내지 경향성을 언어로 포착, 개념화한 것으로 볼 수 있지 않을까 생각한다. 이와 관련해 토마스 베리는 다음과 같이 썼다.

> 살아 있는 한 집단은 다른 집단과 관계를 맺을 때 각각의 집단이 행동에 어느 정도 제한을 갖게 된다는 것을 인정한다. 이 제한의 법칙은 모든 우주론적, 지질학적, 생물학적 법칙 가운데 가장 기본적인 것 중 하나다. 그것은 생물학적 형태의 경우에 특히나 명백하다……이 제한의 법칙이……중국에서는 초기에는 '도(道)'였고 후기 신유교 시기에는 '리(理)'였다. 희랍 세계에서는 정의의 질서로서 '디케(dike)' 혹은 우주에 대해 지성적으로 알 수 있는 질서를 확립하는 '로고스(하느님의 말씀)'였다(『위대한 과업』, 129쪽).

이러한 자연 세계의 현상 속에서 그 현존과 작동이 관찰되는 위대한 법학의 현존과 작동은 우리가 존중해야 할 무엇이 되므로 저자는 위대한 법학은 일종의 설계 한도(design parameters) 같은 것으로 이해할 수 있다고 한다(위대한 법학이 설계 한도로 작용한다는 것은 대강 이런 의미라고 보는데 가령 지구법학은 '차이화'라는 특성에 부합해야 하므로 인간의 우월성에 기초를 둔 관리적 접근법은 거부하고 대신 다양한 접근법이 번성할 수 있는 그러한 환경의 창출을 추구해야 한다).

저자는 위대한 법학이 인간의 법 시스템과 법학에 가지는 함의를 이해하려면, 의식적으로 준거점(reference point)을 인간중심적 준거점으로부터 이행, 전환해야 필요가 있다고 하며 네 가지 함의를 제시하고 있는데 이 가운데 두 가지가 특히 중요하다고 나는 본다. 첫째, '권리'의 궁극적 원천은 우주이지 인간 사회가 아니라는 점을 받아들인다면, 인간 법학은 당연히 더 크고 더 중요한 위대한 법학 안에 깃들어 있으면서 그것에 기속돼야 한다. 달리 말하면, 우리의 법이론과 법이 규제하고자 하는 것의 한계를 인식해야 한다는 것이다. 둘째, 인간의 법과 거버넌스 시스템은 인간 사회뿐 아니라 더 넓은 생태 공동체와 지구 자체의 건강과 통합성에 이바지하는 인간 행동을 증진하도록 설계돼야 한다. 자기 규제를 수행하는 공동체 내지 생태계는 더 큰 시스템의 한 부분이고, 이 시스템 자체는 또한 더 큰 시스템의 한 부분이 된다. 따라서, '전체성 유지'라는 기준에 따라 거버넌스 시스템을 평가하고 설계하는 과정 속에서 우리는 또한 통합된 공동체의 질서를 세우고 구조화하는 것이다. 이러한 의미에서 전체성 유지 원칙의 적용은 통합성의 회복을 의미하는 것이다.

저자는 자연 세계(가령 그렇게 되어야 하는 것으로서 우주의 기능 작용)는 우주의 핵심 본질에 이르는 데 최상의 안내자라고 하며 지구법학을 우리 시대에 적합한 형태로 발전시키려면 우주의 근본 법칙과 원리에 대한 고찰에서 출발하는 것이 필수적이라고 한다. 그리고 그 까닭은 우주의 근본 법칙과 원리(=실천적 목적에서 보면 이는 지구 위에서 자연 세계의 기능 작용에 대한 이해를 의미)가 인간의 법적 틀이 존재하는 궁극의 틀을 제공하기 때문이라고 한다.

나가며: 맥락과 관계 안에서 법과 권리의 이해 추구

저자의 말처럼 인권의 보호를 "우리 본성을 완전히 표현하는, 저마다의 삶에서 저마다의 역할을 수행할 자유를 보장하는 것"으로 이해할 수 있다면, 인권도 분명 저자가 이름 붙인 지구권이 인간 종에 표현된 것이라 할 수 있다. 전통법학에서 인권이라는 텍스트의 맥락(context)은 인간으로 구성된 국가(공동체)를 전제로 한다. 국가(공동체)와의 관계에서, 국가로부터의 자유라는 권리(소위 자유권적 기본권)를 기본으로 해 국가에 대한 요구라는 권리(사회권적 기본권)와 국가를 향한 청구로서 권리(청구권적 기본권) 등이 역사적 단계를 거치면서 확장, 인정돼 왔다. 이러한 국가(공동체)라는 맥락에서 보면 인간 이외의 것들도 자유를 가질 자격으로서 권리를 가질 수 있다는 주장은 한마디로 난센스다. 하지만 지구권의 권리맥락은 수백억년 우주진화사(우주 이야기)와 수십억 년의 지구진화사(지구 이야기)에서 인간과 인간 이외의 것들이 공진화해온 본바탕인 우주와 지구 공동체다. 이한 우주·지구라는 맥락에서 본다면 인간만이 주체로서 어떤 자유를 누릴 수 있다는 보는 것은 마찬가지로 난센스다. 관건은 결국 텍스트가 의미성을 비로소 가지게 되는 자리인 "컨텍스트"(이 책에서 맥락이라는 단어가 무려 42번이나 사용된 것도 이 때문이리라)인 것이다.

그런데 지구권을 위와 같은 맥락에서 인정할 수 있다 하더라도, 현행 법·정치 언어로 인식될 수도, 기술될 수도 없고 따라서 법·정치 거버넌스 시스템은 이를 인정하지 않거나 의사결정 시 적정한 비중을 부여하지 않을 것이다. 그렇다면 이러한 권리론은 전혀 무용한 것일까. 저자는 말한다. "인간 거버넌스 시스템이 지구법학에 기반한 거버넌스 시스템은 지구 공동체의 인간 이외의 성원도 '권리'를 가질 수 있음을 인정하는 개념적 틀을 포함하고 있어야 하고 또 이러한 권리를 기술하기 위한 언어와 이러한 권리를 전면적으로 인정하기 위한 법 메커니즘을 고안해야 한다"고. 그럼으로써 "상호연결된 주체들의 춤으로서 우주라는 실재에 더욱더 밀접하게 일치시켜야 한다"고. 누군가는 이 책에 지금까지의 논의된 거버넌스 위기를 '해결'하는 구체적인 처방과 조치가 없음에 낙담할 수 있다. 그러나 저자는 "지금 단계에서 가장 중요한 과제는 지구 거버넌스와 지구법학 그리고 야생의 법이 무엇인지에 관한 감(感)을 전달하는 것이라는 믿음 속에 이 책을 썼다"고 한다. 저자의 이러한 저술 목적을 어떻게 받아들일지는 전적으로 독자의 몫이다.

이제 지구법학에 관한 내 생각을 간단히 말하고 역자 후기를 마무리하고자 한다. 한때 한국에서도 환경법학자들 사이에 자연의 권리를 말하는 학자가 '일부(여기서는 '극소수'와 동의어 정도로 생각하면 될 것 같다)' 있었다. 나는 심정적으로 그 주장에 동의할 수 있었지만, 하나의 법이론이나 법적주장으로서는 쉽사리 받아들일 수 없었다. 대부분 내가 받은 그러한 곤란함을 마찬가지로 받았는지 어느 순간 자연의 권리에 관한 논의는 '툭' 끊어졌다. 이제 자연의 권리를 말하는 환경법학자는 적어도 내가 아는 한 없고, 나 역시 일말의 학문적 허탈함이나 아쉬움 같은 깃은 솔직히 없었다. 그런데 이제 베리와 컬리넌을 통해 나는 다시 자연의 권리, 정확히 말하면 (어머니) 지구의 권리를 소개하고 있는 것이다. 기존의 자연의 권리론에 대해 이성적으로 또는 논리적으로 그리 반응을 보이지 않았던 내가 왜 이 지구의 권리론에 대해서는 반응했는지를 생각해본다. 그 까닭을 한마디로 정리하면 지구의 권리론에는 천체우주학과 진화생물학, 생태학 등 최신 과학적 연구성과에 기반한 '형이상학적 이야기(story)'로서 '우주론'이라고 하는 사상기반이 있다는 점이다. 나는 이 우주론이 기본적으로 자연과학적 연구결과에 바탕하기에 신뢰를 한다. 그리고 이 우주론은 인간이 무엇이고, 인간 이외의 것들과 어떤 관계를 가져야 하는지 또, 지구 위에서 인간의 적정한 역할이 무엇인지에 대해 매우 설득력 높은 견해(이야기)를 제공한다고(할수 있다고) 본다. 예를 들면 인간과 동물이 본질적으로 차이가 있느냐 하는 질문이 여전히 논란 중이다(그런데 이 질문은 인간과 동물의 지위론에 직접적으로 영향을 미친다). 인간중심주의자들은 일부 동물들이 설사 의식을 가지고 있다 하더라도 그런 유의 의식은 인간이 갖는 성찰적 자의식(reflective self-awareness)과는 질적으로 다르다고 하며 이것이 인간과 동물을 달리 취급해야 하는 이유 내지 근거라고 말한다. 이에 대해 베리는 인간의 성찰적 자의식에 대해 놀라움을 표하면서도 이를 지금도 계속 중인 우주진화적 여정에서 인간을 통해 드러난 우주의 선물 내지 은총으로 받아들인다. 우리가 이러한 베리의 생각을 받아들인다면 인간이 지닌 성찰적 자의식은 인간의 오만함, 우월성을 위한 근거가 아니라 가령 동물보다 더 큰 책임과 역할을 떠맡아야 하는 논리적 기초가 될 수 있는 것이다. 나는 여기에 베리의 이야기가 지닌 가치와 매력을 발견하고 이를 더 탐구해야 할 필요를 느낀 것(=반응한 것)이다. 나는 이 책을 통해 내가 그러하듯 독자들이 토마스 베리를 좀 더 알고 싶다는 마음을 갖게 되길 간절히 바랄 뿐이다.

부록

어머니 지구권에 관한 세계 선언

전문

지구의 모든 사람과 나라인 우리는 공동의 운명을 지닌 채 서로 관련되고 의존적인 존재들의 불가분적이고 살아 있는 공동체인 어머니 지구의 한 부분임을 숙고하고,

어머니 지구가 생명과 영양 그리고 배움의 원천으로 잘 사는 데 필요한 모든 것을 제공하고 있음을 감사하게 인정하고,

자본주의 체제와 모든 형태의 약탈과 착취, 남용 그리고 오염이 어머니 지구를 심대하게 파괴, 훼손하고 교란하며, 오늘날 우리가 알고 있는 그러한 생명들을 기후변화와 같은 현상을 통해 위험에 빠트리고 있음을 인정하고,

상호의존적인 살아 있는 공동체 내에서 어머니 지구와 불균형을 낳지 않고도 인간 존재만의 권리를 인정하는 것이 가능하지 않음을 확신하고,

인권을 보장하려면 어머니 지구와 그 안에 깃든 모든 존재의 권리를 인정, 옹호하는 것이 필요하고, 그러한 문화와 관행 그리고 법이 현존하고 있음을 확인하고,

기후변화와 어머니 지구에 가하는 그 밖의 다른 위협을 낳는 구조와 체제를 변환하려는 대담한 집단적 조치를 긴급하게 취할 필요성을 인식하고,

어머니 지구권에 관한 세계 선언을 선포하고, 세계 모든 사람과 나라에 공통된 성취 기준으로 이 선언을 채택할 것을 유엔 총회에 촉구하고, 이를 위해 모든 개인과 제도는 가르침과 교육 그리고 인식 증진을 통해 이 선언에서 인정된 권리의 존중을 촉진할 책임을 진다. 그리고 신속하고 점진적인 국내외적

조치와 메커니즘을 통해 세계 모든 사람과 나라들 사이에서 어머니 지구권의 보편적 인정과 효과적 준수를 보장한다.

제1조. 어머니 지구

1. 어머니 지구는 살아 있는 존재다.
2. 어머니 지구는 고유하고, 불가분적이며, 서로 의존하는 존재들의 자기 규율적 공동체로 모든 존재를 지탱하고, 담고 있으면서 재생산한다.
3. 각 존재는 어머니 지구의 구성 부분으로 어머니 지구와의 관계에 의해 규정된다.
4. 어머니 지구의 내재적 권리는 그것들이 동일한 원천에서 발생한다는 점에서 양도 불가능하다.
5. 어머니 지구와 모든 존재는 가령 유기적 존재와 비유기적 존재에 따른 구분, 종에 따른 구분, 기원에 따른 구분, 인간 존재에의 유용성에 따른 구분, 그 밖의 지위에 따른 구분 등과 같은 구분에 상관없이 이 선언에서 인정된 모든 내재적 권리를 가질 수 있는 자격이 있다.
6. 인간 존재가 인권을 가지는 것처럼 다른 모든 존재 또한 자신이 존재하는 공동체 내에서 그 종 내지 유(類)에 특정된 역할과 기능에 적합한 권리를 갖는다.
7. 각 존재의 권리는 다른 존재의 권리에 의해 제한되고, 그 권리 간의 갈등은 어머니 지구의 통합성과 균형 그리고 건강을 유지하는 방식으로 해소돼야 한다.

제2조. 어머니 지구의 내재적 권리

1. 어머니 지구와 어머니 지구를 구성하는 모든 존재들은 다음 각호에 규정된 내재적 권리를 가진다.
   (1) 생명권과 존재할 권리

(2) 존중받을 권리

(3) 자신의 필수적 순환과 과정이 인간에 의해 교란되지 않고 지속될 수 있는 권리

(4) 스스로를 규율하는, 특유하면서도 서로 관련된 존재로서 자신의 정체성과 통합성을 유지할 수 있는 권리

(5) 생명의 원천으로서 물에 대한 권리

(6) 깨끗한 공기에 대한 권리

(7) 필수 건강에 대한 권리

(8) 오염물질과 유독 또는 방사성 폐기물에 의해 오염되지 아니할 권리

(9) 자신의 통합성 또는 필수 핵심적 기능을 위협할 수 방식으로 유전적 구조가 변경되거나 교란되지 아니할 권리

(10) 인간 활동에 의해 이 선언에서 인정된 권리가 침해된 경우 충분하고 신속하게 회복될 권리

2. 각 존재는 어머니 지구의 조화로운 기능을 위해 저마다의 장소에서 저마다의 역할을 수행할 권리를 갖는다.

3. 모든 존재는 안녕에 대한 권리와 인간에 의한 혹사 내지 잔인한 처우로부터 자유롭게 살 수 있는 권리를 갖는다.

제3조. 어머니 지구에 대한 인간 존재의 의무

1. 모든 인간 존재는 어머니 지구를 존중하고 어머니 지구와 조화롭게 살아야 할 책임을 가진다.

2. 인간 존재, 모든 나라 그리고 모든 공적·사적 기관은 다음과 같은 의무를 진다.

   (1) 이 선언에서 인정된 권리와 의무에 부합하게 행위할 의무

   (2) 이 선언에서 인정된 권리와 의무의 성실한 이행과 집행을 인정하고 증진해야 할 의무

(3) 이 선언에 따라 어머니 지구와 조화롭게 살아가는 방법에 관한 학습과 분석, 해석 그리고 의사소통을 증진하고 참여할 의무

(4) 현재는 물론 장래에도 인간의 안녕 추구가 어머니 지구의 안녕에 기여하도록 보장할 의무

(5) 어머니 지구권을 효과적으로 방어, 보호하고 보전하기 위한 규범과 법을 구축하고 적용할 의무

(6) 어머니 지구의 필수 핵심의 생태적 순환과 과정 그리고 균형의 통합성을 존중하고 보호·보전하며 필요한 경우 이를 회복할 의무

(7) 이 선언에서 인정된 내재적 권리의 침해로 발생된 손상을 회복하며, 그 침해에 책임 있는 자에게 어머니 지구의 통합성과 건강을 회복하기 위한 책임을 부과할 것을 보장할 의무

(8) 어머니 지구와 모든 존재들의 권리를 방어하기 위해 인간과 기관에 적절한 권한을 부여할 의무

(9) 인간의 활동이 종의 절멸과 생태계의 파괴 또는 생태적 순환의 교란을 일으키지 않도록 예방하는 사전주의적 조치와 제한 조치를 수립할 의무

(10) 평화를 보장하고 핵무기와 생화학적 무기를 제거할 의무

(11) 저마다 고유한 문화와 전통 그리고 관습에 따라 어머니 지구와 모든 존재를 존중하는 관행을 증진하고 지지할 의무

(12) 어머니 지구와 조화하고 또 이 선언에서 인정된 권리에 부합하는 경제 시스템을 증진할 의무

용어의 정의

1. 존재는 생태계, 자연 공동체, 종 그리고 어머니 지구의 일부분으로 존재하는 다른 모든 자연적 실체를 포함한다.
2. 이 선언 안의 그 어떤 것도 모든 존재 내지 특정 존재의 그 밖의 다른 내재적 권리를 인정하는데 방해하지 아니한다.

주

1장 거버넌스 다시 생각하기

1. UN GA RES 37/7.
2. 브라운(Brown)의 책, 『Religion, Law, and the Land』. 아메리카 원주민과 그들의 성스러운 토지에 대한 사법부의 해석은 다음의 연방대법원 판결에서의 논의에 초점을 두었다. 「Lyng v Northwest Indian Cemetery Protective Association」, 485 U.S. 439, 99 L. Ed. 2d 534, 108 S. Ct. 1319 (1988) and the decisions in 「Sequoyah v Tennessee Valley Authority」, 620 F.2d 1159 (1980); 「Bandoni v Higginson」, 638 F.2d 172 (1980), 「Wilson v Block」, 708 F.2d 735 (1983); 「Frank Fools Crow et al v Tony Gullet et al」, 541 F Supp. 785 (1982).

2장 자립이라는 환상

1. 4차 지구환경보고서(「GEO-4」)는 약 390명의 전문가에 의해 작성되고 1천 명이 넘는 전문가에 의해 검토됐다. 이 판의 발간일을 기준으로 환경에 관한 가장 포괄적인 유엔보고서다.
2. 20년간 세계 총인구는 약 50억(1987년) 명에서 65억 명 이상(2007년)으로 증가됐다.
3. Brown, Lester, 『Eco-Economy: Building and Economy for the Earth』, New York, WW Norton & Co, 2001, pp.7~8.
4. Millennium Ecosystem Assessment, 2005. 『Ecosystems and Human Well-being: Synthesis』, Island Press, Washington, DC., p.1.
5. Ibid p.1.
6. Ibid p.35.
7. Ibid p.2.
8. Ibid p.vi.
9. Ibid p.5, figure 4.

10. 『GEO-3』, p.9.
11. WHO Factsheet No 313, 『Air Quality and Health』 (updated August 2008).
12. Millennium Ecosystem Assessment, 2005. 『Ecosystems and Human Well-being: Synthesis』, Island Press, Washington, DC, p.2.
13. Millennium Ecosystem Assessment, 2005. 『Ecosystems and Human Well-being: Biodiversity Synthesis』, Island Press, Washington, DC., p.1.

3장 지배 종이라는 신화
1. 1장의 주 2를 보라.
2. 『The Ecology of Eden: Humans, Nature and Human Nature』, London, Picador, 2002.
3. Ibid p.286.
4. 『Gaia: A New Look at Life on Earth』, Oxford: Oxford University Press, 1979.
5. 『The Ecology of Eden』, p.288.
6. Ibid p.283.
7. Ibid p.285.

4장 왜 법과 법학은 중요한가
1. Allott, Philip, 『Eunomia: New Order for a New World』, Oxford, Oxford University Press, 1990 p.298.
2. Kuhn, Thomas S., 『The Structure of Scientific Revolutions』, University of Chicago Press, 1962.
3. Capra, Fritjof, 『The Web of Life』, London, Flamingo 1997, p.5.

5장 법의 기만
1. 이 책 8장에서 인용하고 있는 'The Origin, Differentiation and Role of Rights'를 보라.
2. UNCTAD World Investment Report 2009: 『Transnational Corporations Agricultural Production and Development』.
3. 『Top 200』, Institute of Policy Studies, 2000.
4. Bennett, D., 『Who's in Charge?』, London Programme on Corporations, Law and Democracy.
5. An Act for Limiting the Liability of Members of certain Joint Stock Companies.

6. 『Bell Houses Limited v City Wall Properties Limited [1966]』 2 QB p.693.
7. Companies Act 1989 section 3A and section 35(1).
8. Harris, J. W., 『Legal Philosophies (2 ed)』, London, Butterworths, 1997 pp.12~16.
9. Liebes, Sahtouris and Swimme, 『A Walk Through Time: from Stardust to Us』, New York, John Wiley and Sons, Inc., 1998.

6장 위대한 법의 존중

1. Swimmem Brian and Berry, Thomas, 『The Universe Story: From the Primordial Flaring Forth to the Ecozic Era—A Celebration of the Unfolding of the Cosmos』, HarperCollins, San Francisco 1992, pp.73~75.
2. Smuts, J., Holism and Evolution, 1926, quoted in Pepper, D, 『Modern Environmentalism: An Introduction』, London, Routledge, 1996.
3. 러브록의 다음 책을 보라. Lovelock, J. E., 『Gaia: A New Look as Life on Earth』, Oxford, Oxford University Press, 1979.
4. Lovelock, J. E., 『Gaia: The Practical Science of Planetary Medicine』, London, Gaia Books, 1991, p.23.
5. Bohm, David 'Wholeness and the Implicate Order' in Bloom, William (ed), 『The penguin Book of New Age and Holistic Writing』, London, Penguin, 2001.
6. 『The Awakening Earth』, London, Routledge & Kegan Paul (Ark Paperback editions 1984).
7. 사례로 다음 책을 보라. Margulis, Lynn and Dorion Sagan, 『Microcosmos』, New York, Summit, 1986.
8. Goldsmith, E., 『The Way: An Ecological World View』, London, Rider Books, 1992 (revised edition published by Green Books in 1996).
9. Berry, Thomas, 『The Great Work: Our way into the future』, New York, Bell Tower, 1999.

7장 우리가 누구인지 기억하기

1. Diamond, Jared, 『Guns, Germs and Steel: A short History of Everybody for the Last 13,000 years』, London, Vintage, 1998.
2. Diamond, 1998, p.109.

3. Eisenberg, 1998, p.124.
4. 'Cosmology as Ecological Analysis . . . A view from the Rain Forest', 『Ecologist』, Vol.7 No.1, p.5.
5. Ibid p.11.

8장 권리의 문제

1. Stone, C. D., 『Should Trees Have Standing? And other essays on law, morals and the environment』, New York, Oceana 1996, see introduction.
2. 405 U.S. 727 (1972).
3. 「Fisher v Lowe」, No. 60732 (Mich. CA), 69 A.B.A.J., 436 (1983).
4. Stone C. D., 『Should Trees Have Standing? And other essays on law, morals and the environment』, New York, Oceana 1996, p.8.
5. Hohfeld, W. N., 『Fundamental Legal Conceptions as Applied in Judicial Reasoning』 (1946), 이 논문은 1913년과 1917년에 발표된 두 개의 논문에 기초하고 있다.
6. 이 문서는 에얼리 센터에서 토마스 베리가 발표한 것이다(16쪽을 보라). 개정판의 제목 'Ten Principles for Jurisprudence Revision'은 『Evening Thoughts: Reflecting on Earth as Sacred Community』 부록 2의 것이다.

9장 지구 거버넌스의 요소

1. Stone, C., 『Earth and Other Ethics: The Case for Moral Pluralism』, New York, Harper and Row, 1987 p.60.
2. 「Committee for Humane Legislation v Richardson」, 540 F.2d 1141, 1151, n.39 (C.A. D.C. 1976), 위 스톤의 책 60쪽에서 인용.
3. Leopold, Aldo, 『A Sand County Almanac』, pp.224~25.
4. Berry, Thomas, 『The Great Work』, p.13.
5. Stone, Christopher D., 『Earth and Other Ethics. The Case for Moral Pluralism』, New York, Harper and Row, 1987.
6. 반다나 시바 박사의 미공간 원고(2002년 7월). 이 원고의 편집본은 잡지 Resurgence 214호에 'Paradigm Shift: Earth Democracy. Rebuilding true security in an age of insecurity'라는 제목으로 실렸다.

10장 지구법학을 찾아서

1. 「Ecopsychology and the Deconstruction of Whiteness」, in Roszak et al (1995), p.272.
2. "인식의 문이 맑게 되면, 모든 것이 인간에게 그대로 무한하게 나타날 것이다"("인간이 스스로를 가두고 있기 때문에, 동굴의 좁은 틈새를 통하여 사물을 바라보는 것이다"—옮긴이 추가). 윌리엄 블레이크(1757~1827)의 「The Marriage of Heaven and Hell」중에서.

11장 삶의 리듬

1. Eisenberg, Evan, 『The Ecology of Eden』, London, Picador, 2000, p.292.
2. Griffiths, J., 『Pip Pip: A Sideways Look at Time』, London, Flamingo, 1999.
3. Ibid p.21.
4. Ibid p.274.
5. Eisenberg, Evan, 『The Ecology of Eden』, London, Picador, 2000.
6. Ibid p.294.

12장 토지법

1. 자신들이 거주, 점유하는 토지를 구입하려는 미 대통령의 교섭에 응대하는 형식으로 이뤄진 이 연설의 정확한 내용을 둘러싸고 논란이 있다. 연설 내용 한마디 한마디를 기록한 원고는 존재하지 않는다. 대신 몇 가지 판본이 존재하는데 첫 번째 것은 1997년 10월 29일 『Seattle Sunday 』에 발표됐다. 그리고 여러 사람들, 특히 1960년대 윌리엄 애로우스미스(William Arrowsmith)와 1970년 테드(Ted)에 의해 시적으로 다듬어졌다.

13장 공동체들의 친교

1. Koestler, Arthur, 『Janus: A Summing Up』, London, Pan Books, 1978. Liebes, Sahtouris and Swimme, 1998에서 인용.
2. Liebes, Sahtouris and Swimme, 1998 p.167.
3. Diamond v Chakrabarty 447 US. 303 (1980) 사건에서 미 연방대법원은 인간 창의성의 산물인 생물체(organisms)에는 특허가 허용될 수 있지만 자연발생적인 생물체는 허용될 수 없다고 판결했다. 이에 따라 대법원은 자연적으로 발생하지 않은, 잠재적으로 유용할 수 있는 특유한 박테리아에 대한 특허 청구를 인용하는 원심 결정을 유지했다.
4. 생물다양성 협약(Convention on Biological Diversity) 전문. 이익 공유의 쟁점은 또한

협약 목적(제1조), 유전자원에의 접근(제15조), 관련기술 이전(제16조 및 제19조) 그리고 기금 조성(제20조 및 제21조) 관련 조항에서 다뤄지고 있다.

14장 법과 거버넌스의 전환

1. 『The Universe Story』(6장 주 1을 보라).
2. Macy, Joanna and Young-Brown, Molly, 『Coming Back to Life: Practices to Reconnect Our Lives, Our World』, Gabriola Island, BC, Canada, New Society, 1998.
3. Shiva, Vandana, 「Paradigm Shift: Earth Democracy. Rebuilding true security in an age of insecurity」, in 『Resurgence』 no. 214, September/October 2002.

15장 산길

1. 『The universe Story 』(6장 주 1을 보라), p.250.
2. 『Global Environment Outlook 3』, p.14.
3. The Unites Nations Conference on Environment and Development convened in Rio de Janeiro, Brazil.
4. 「Perspectives on Traditional Law: Interviewing Inuit Elders」, Nunavat Arctic College, Iqaluit, Nunavat, 1999. 마이크 벨(Mike Bell)의 에세이 「Thomas Berry and an Earth Jurisprudence」에서 인용.

Postscript: The emergence of Wild Law

1. http://www.gaiafoundation.org. 참고.
2. Shiva, Vandana, 『Earth Democracy: Justice, Sustainability, and Peace』(South End Press, Cambridge, Massachusetts, 2005) p.1 and p.5. 개요는 반다나 시바 박사의 다음 글 참고 Shiva, Vandana, 「Paradigm Shift: Earth Democracy. Rebuilding true security in an age of insecurity」 in Resurgence magazine no. 214, September/October 2002.
3. Shiva, Vandana, 「Paradigm Shift: Earth Democracy. Rebuilding true security in an age of insecurity」, 『Resurgence magazine』 no. 214, September/October 2002.
4. www.navdanya.com 참고 (마지막 방문 2011년 2월 21일).
5. 마하트마 간디(Mahatma Gandhi)는 소금 제조에서 독점을 창출한 대영제국의 부당한 법에 맞서 비폭력 저항(사티아그라하)의 한 행동으로 인도인들에게 스스로 소금을 만들어 먹을 것을 장려했다. www.navdanya.com 참고 (마지막 방문 2011년 2월 21일).

6. 센터의 웹사이트(www.earthjuris.org) 참고.
7. 「The Rights of Nature: The Case for a Universal Declaration of the Rights of Mother Earth」, Council of Canadians, 2011 (in press).

참고 문헌

Allott, Philip. 『Eunomia: New Order for a New World』, Oxford, Oxford University Press, 1990.
Bell, Mike, 『Thomas Berry and an Earth Jurisprudence』, unpublished essay, 2001.
Berry, Thomas, 『The Dream of the Earth』, San Francisco, Sierra Club Books, 1988.
Berry, Thomas, 『Evening Thoughts: Reflecting on Earth as Sacred Community』, edited by Mary Evelyn Tucker, San Francisco, Sierra Club Books, 2006.
Berry, Thomas, 『The Great Work: Our way into the future』, New York, Bell Tower, 1999.
Bloom, William (ed.), 『The penguin Book of New Age and Holistic Writing』, London, Penguin, 2001.
Brown, Brian Edward, 『Religion, Law and the Land: Native Americans and the judicial interpretation of sacred land』, Eastport, Connecticut, Greenwood Press, 1999.
Brown, Lester R., 『Eco-Economy. Building an Economy for the Earth』, New York, W. W. Norton & Co., 2001.
Capra, Fritjof, 『The Turning Point: Science, Society and the Rising Culture』, Lodon, Fontana, 1983.
Capra, Fritjof, 『Uncommon Wisdom: Conversations with Remarkable People』, London, Fontana, 1989.
Capra, Fritjof, 『The Tao of Physics』, Boston, Shambhala, 1975.
Capra, Fritjof, 『The Web of Life: A New Synthesis of Mind and Matter』, London, Flamingo, 1997.
Diamond, Jared, 『Guns, Germs and Steel: A Short History of Everybody for the Last 13,000 Years』, London, Vintage, 1998.
Eisenberg, Evan, 『The Ecology of Eden』, London, Picador, 2000.
Finnis, John, 『Natural Law and Natural Rights』, Oxford University Press, Oxford, 1979.

Fox, Wrawick, 『Towards a Transpersonal Ecology: Developing new foundations for environmentalism』, Boston and London, Shambhala, 1990.

Goldsmith, E., 『The Way: An Ecological World View』, London, Rider Books, 1992 (revised edtion published by Green Books in 1996).

Griffiths, J., 『Pip Pip: A Sideways Look at Time』, London, Flamingo, 1999.

Harris, J. W., 『Legal Philosophies (2nd ed.)』, London, Butterworths, 1997.

Hohfeld, W. N., 『Fundamental Legal Conceptions as Applied in Judicial Reasoning』, 1946.

Hubbard, Barbara Marx, 『Conscious Evolution: Awakening the Power of Our Social Potential』, Novata, California, New World Library, 1998.

Jones, Shirley Anne (ed.), 『Simply Living: The Sprit of the Indigenous People』, Novato, California, New World Library, 1999.

Kimbrell, Andrew, 『The Human Body Shop. The Engineering and Marketing of Life and Engineering』, Penang, Third World Network, 1993.

Kuhn, Thomas S., 『The Structure of Scientific Revolutions』, University of Chicago Press, 1962.

Leopold, Aldo, 『A Sand County Almanac, and Sketches Here and There』, New York, Oxford, 1949.

Liebes, Sidney, Sahtouris, Elisabet and Swimme, Brian, 『A Walk Through Time. From Stardust to Us』, New York, John Wiley and Sons, Inc., 1998.

Lovelock, James, 『Gaia: A New Look at Life on Earth』, Oxford, Oxford University Press, 1979.

Lovelock, James, 『Gaia: The Practical Science of Planetary Medicine』, London, Gaia Books, 1991.

Macy, Joanna and Brown, Molly, 『Coming Back to Life. Practices to Reconnect Our Lives, Our World』, Gabriola Island, BC, Canada, New Society Publishers, 1998.

Margulis, Lynn and Sagan, Dorion, 『Microcosmos』, New York, Summit, 1986.

Millennium Ecosystem Assessment, Ecosystems and Human Well-being, Washington DC, Island Press, 2005.

O'Donohue, John, 『Anam Cara: Spiritual Wisdom from the Celtic World』, London, Bantam Press, 1997.

Quinn, Daniel, 『The Story of B』, New York, Bantam Press, 1996.

Reichel-Dolmatoff, Gerardo, 『The Forest Within. The World View of the Tukano Amazonian Indians』, Totnes, Green Books, 1996.

Reichel-Dolmatoff, Gerardo, 「Cosmology as Ecological Analysis . . . A View From the Rain Forest」, Ecologist Volume 7 No. 1.

Roszak, Theodore, Gomes, Mary E. and Kanner, Allen D. (eds) 『Ecopsychology: Restroing the Earth, Healing the Mind』, San Francisco, Sierra Club Books, 1995.

Russel, Peter, 『The Awakening Earth』, London, Routledge & Kegan Paul 1982 (Ark paperback edition 1984).

Sachs, Wolfgang (ed.), 「The Jo-burg Memo: Fairness in a Fragile World」, Memorandum for the World Summit on Sustainable Development, Heinrich Böll Foundation.

Shiva, Vandana 「Paradigm Shift: Earth Democracy. Rebuilding true security in an age of insecurity」, in 『Resurgence』 no. 214, September/October 2002.

Somé, Malidoma Patrice, 『The Healing Wisdom of Africa. Finding Life Purpose Through Nature, Ritual and Community』, London, Thorsons, 1999.

Stone, Christopher D., 『Earth and Other Ethics. The Case for Moral Pluralism』, New York, York, Harper and Row, 1987.

Stone, Christopher D., 『Should Tree Have Standing? And Other Essays on Law, Morals and the Environment』, New York, Oceana Publications, 1996.

Swimme, Brian and Berry, Thomas, 『The Universe Story: From the Primordial Flaring Forth to the Ecozic Era—A Celebration of the Unfolding of the Cosmos』, HarperCollins, San Francisco 1992.

United Nations Environment Programme 『Global Environment Outlook 3』, Nairobi, UNEP 2002.

United Nations Environment Programme 『Global Environment Outlook 4』, Nairobi, UNEP 2007.

찾아보기

ㄱ

가이아이론 11, 74, 137, 273,
가이아 재단 22~23, 312, 314
갈릴레오 76, 78~79
거버넌스 시스템 9~10, 19, 39, 44, 48~49,
　75, 79, 82~83, 85, 95, 100, 104, 116,
　118~119, 127~128, 142, 151~152,
　154, 169~170, 176, 181, 186, 191,
　193~194, 201~202, 205, 217, 227,
　232, 234, 239, 243, 253, 259, 241,
　264~265, 269~270, 272, 274, 279,
　282, 285~286, 291~292, 294,
　296~293, 301, 310, 327~328, 341,
　345~347
게리 쥬커브 82
과소비 63~65
과학 11, 26~27, 29~31, 33, 35~37,
　44~45, 49, 60, 65, 66, 68, 70, 72,
　76~79, 81~82, 88~89, 92, 102~104,
　118, 124, 135, 137, 139, 149, 165,
　213, 219, 221~222, 231, 273~274,
　281, 303, 334, 348
관습법 117, 119, 151, 248, 253, 312
경제 성장 63~64, 309

국제 공동체 10, 67, 69, 71, 158, 253, 262,
　266, 324, 327
「권리의 기원과 분화 그리고 역할」
　165~166, 177, 336, 338
권리장전 31, 54, 99, 178, 282, 338
기계 17, 29, 33, 36~37, 76, 78~79,
　103~104, 234
기업 28, 31, 60, 96, 104, 111~113, 115,
　118, 188, 191, 200, 208, 230~231,
　234, 245, 255, 258, 268, 284~285,
　317~318
기후변화 10~11, 65~68, 71~74, 309,
　322~324, 326, 328, 350

ㄴ

나미비아 47
나브단야 313
농업 13, 63~64, 67, 148~149, 248, 258
뉴턴 76, 79
닐스 보어 80, 105

ㄷ

다니엘 베넷 112, 113
다양성 38, 49, 54~55, 59, 68~69, 136,
　142~143, 190, 197~198, 201, 222,
　233, 253, 254, 258, 267, 277, 280,
　284, 296, 310, 312, 318~320, 329, 335
대멸종 59, 67, 208
데스몬드 투투 118, 330

데이비드 봄 138
데이비드 흄 121
도날드 레이드 314
독일 54, 274, 335
동물권 340
땅돼지 48, 185

ㄹ

라틴 아메리카 151, 318, 328, 330
랄프 메츠너 79, 84
레스터 브라운 63
로버트 그린웨이 206
르네 데카르트 28, 76, 78~79, 81, 103
린 마굴리스 139, 274

ㅁ

마가렛 갈리아디 316
마르틴 폰 힐데브란트 153
만들라 부텔리지 206
말리도마 소메 254, 262
메리 마길 320
메소포타미아 148
메커니즘 15, 29, 61, 80, 116, 122, 140, 160~161, 183, 186, 193, 209, 247, 248, 261, 275, 281, 283, 347, 351
멜리스 담티 312
멸종 68~69, 91, 126, 181, 195, 221, 240, 278
몰리 영-브라운 274

『물리학의 도』 80, 82
미국 헌법 31, 97, 99

ㅂ

반다나 시바 201, 313
법실증주의 122
베르너 하이젠베르크 80, 105
봉건 시스템 240~241
부루스 델 206
불확정성 원리 80
브누아 망델브로 251
브라이언 브라운 55
브라이언 스윔 35, 49, 136, 273
비인지주의 121, 124
『삐, 삐: 측면에서 본 시간』 227

ㅅ

사냥 48, 78, 125, 149, 153, 156~157, 160~161, 182~183, 199, 206, 240
사이먼 보일 315
사회운동 37, 265~266, 280, 310
상호연결성 74, 136, 143, 158
생명공학 231
생명 탐사 267
생물 군집 197
생물학살 116
생태계 21, 45, 61~62, 64~75, 142, 157, 172, 181, 183~186, 194, 251~252, 254, 286, 298, 320, 326, 345, 353

생태발자국 62~63, 72~73
생태심리학 14, 16, 84
생태지역 접근 264
서양문명 26~28
『서양의 몰락』 26
성 토마스 아퀴나스 120
세계화 20, 63~64, 83, 254, 321
소비 11, 37, 62~65, 70, 72, 84, 111, 142, 267, 291, 309, 314
스위스 274
시대정신 13, 308~309
실증주의 122, 124

ㅇ

아메리카 26, 28, 52, 55, 97, 113, 148, 151, 246, 318, 328, 330
아서 쾨슬러 252
아파르트헤이트 12, 86~87, 91, 94, 107, 118, 212~213, 259, 272, 282, 302
아프리카 10, 43, 86~88, 90, 107, 118, 145~146, 151, 174, 206, 211~213, 215, 238, 254, 259, 265, 272, 282, 302, 312, 314
아프리카 생물다양성 네트워크 312
알도 레오폴드 34, 196, 198, 220
알렉스 펠리존 316
알베르토 아코스타 320
앙드레 킴브렐 47
야생법 292
얀 스뮈츠 136~137

양자물리학 37, 80, 82, 105
어머니 지구 권리 세계 선언 10, 14, 37, 322~324, 326~230, 350
얼룩말 182~183
『에덴의 생태학』 91, 153, 233
에반 아이젠베르크 92~93, 148, 153, 223, 233
에보 모랄레스 아이마 321
에콰도르 14~15, 274, 319~320, 327, 329
엘리자베스 리버스 315
영감 10, 22, 29, 31, 38, 48~50, 56, 118, 132, 150~152, 156, 259, 265, 273, 285, 297, 311, 312, 316
영국 77, 97, 112~113, 255, 275~276, 314~315
오스발트 슈펭글러 26~28
오스트레일리아 148, 159, 314
오토포이에시스 97
우주 18~19, 21~22, 29~30, 33, 35~38, 44~45, 55, 58, 75~76, 79~84, 89~90, 92, 94, 97, 101, 103, 110, 118, 125, 133~137, 141~143, 152~160, 165, 167, 169, 173, 177, 185, 187~188, 198~199, 202, 208, 214~215, 217~225, 228, 232~233, 252, 255, 258, 315, 324, 331~332, 334, 337~338, 341~348
『우주 이야기』 35, 49, 135, 273
원주민 14, 55, 119, 150~152, 159~160, 175~176, 188, 218, 229, 236, 244, 254, 257, 267~268, 276, 301, 303,

312, 319~322, 324, 328
웨슬리 뉴콤브 호펠트 165, 169
유전자 20, 55, 70, 117, 149, 190~191,
  230~232, 248, 256, 258, 276
윤리 47, 77~78, 92, 111, 115, 130, 165,
  191, 194, 196~198, 260, 281~282,
  332, 339
의사결정 45~46, 71, 104, 143, 169,
  234~235, 257, 262~264, 266,
  275~277, 285, 293, 300~301, 346
인간권 89~91, 94~95, 101, 103, 105, 109,
  125, 141, 152, 168, 188, 227, 270,
  281, 292~293
『인간 본성론』121
『인간 신체 상가』47
인간 역사 26, 147, 150, 220, 270
인간중심 123~124, 141, 167, 188,
  276~277, 291, 344, 348
인구 11, 33, 62~65, 70, 72, 91, 140, 147,
  149, 156~157
인도 35, 51, 108, 112, 201, 215, 265, 280,
  313, 328, 339
인디언 148, 153, 155~156, 159~160, 190,
  220~221, 237, 244, 246, 255
인클로저 255, 275~276
입법 31, 50, 97, 108, 141, 192, 217, 231,
  242, 278, 293, 314

ㅈ

『자각하는 지구』138,

자기 규율 61, 93, 101, 108, 137, 253,
  273~274, 278, 293, 340
자연법 97, 119~124, 135, 193, 338
『자연법과 자연적 권리』123
자연자본 62~63, 65
자연자원 28~29, 32~33, 62, 65, 90, 319
재산권 109, 177, 187, 230, 249, 268, 314
제랄도 레이첼-돌마토프 155~157, 255
제이 그리피츠 227~230
제임스 러브록 11, 74, 92, 137, 139, 274
조안나 맥시 274
존 피니스 123
중국 35, 84, 344
지구 공동체 9~13, 21~22, 32, 37, 39,
  54, 69, 74~75, 83, 94, 102, 104~105,
  111, 118, 127, 134, 141, 144, 152,
  161, 164~169, 171~178, 180~182,
  185~187, 189, 191, 194~196,
  198~202, 230~232, 235, 243~245,
  249, 252~258, 260~261, 263~265,
  268, 276~284, 291, 293~294, 296,
  298~302, 304~305, 309, 311~312,
  316, 326, 328, 330, 335~339,
  341~342, 346~347
지구권 10, 14, 37, 167, 169, 171, 176,
  178, 180~181, 184, 186~187, 202,
  243, 283~284, 320~323, 325,
  327~330, 338, 341, 346, 350~351,
  353
지구 민주주의 운동 201, 265, 313~314,
  339

지구법학 17, 23, 38, 51, 53, 105, 124, 132~135, 139, 141, 143, 162, 172, 180~187, 189, 191~193, 196, 198, 202, 205, 210, 214, 217~219, 237, 245, 258, 265~271, 274~277, 291~292, 294, 297, 299, 301~304, 308~312, 314~317, 322, 327, 339, 341~342, 344~345, 347
『지구 윤리와 그 밖의 윤리』 197
지배 문화 119, 151, 194, 237~238, 254~257, 267
지식 30~31, 45, 49, 135~136, 151, 156, 189~190, 209, 211, 216, 221, 226, 246, 256~259, 267, 305
지혜 21~22, 37, 47, 53, 124, 151, 191, 207~208, 221, 224~225, 232, 235, 244, 260, 265, 270, 285, 292, 301~302, 311~312, 329, 334

ㅊ

차별 54, 179, 212, 272, 282
『춤추는 물리』 82

ㅋ

칼 앤서니 210
코페르니쿠스 76, 79, 103, 141
크리스토퍼 스톤 162~164, 166, 194~195, 197, 213, 317 (166쪽 크리스토프-〉크리스토퍼 로 수정 부탁드려요~)

키케로 120, 200

ㅌ

토마스 린지 317, 320
토마스 베리 16, 19, 21, 22, 26~35, 38, 49~50, 79, 83, 89, 93, 101, 110, 136, 141, 165~167, 174, 178, 182, 188, 197, 206, 212, 215, 271, 273, 291, 296, 303, 316, 332, 336~338, 340, 343~344, 347~349
토마스 쿤 102~103
특허법 230, 257

ㅍ

파괴 11, 19~21, 27, 30, 32, 36, 51, 55, 59~61, 63, 67~68, 74~75, 78, 82, 85, 92, 102, 108, 115~116, 118, 121, 126, 148, 150, 172, 181, 184, 187~188, 200~202, 208, 216, 242~243, 263, 270, 278, 291, 293, 300, 302, 309~310, 321, 326, 328, 330, 350, 353
파챠마마 319~320
패러다임 88, 102~106, 152, 154, 160, 244, 253, 255~256
패트리샤 지멘 316~317
편견 139, 150, 209, 211~213, 219, 222
폴 호켄 310,
프란시스 베이컨 76~79
프리초프 카프라 78, 80, 82, 103, 251

피에르 떼아르 드 샤르댕 138
피터 러셀 138
피터 버돈 316
필립 앨럿 98, 181

ㅎ
하트 123
해양포유동물보호법 195
호혜관계 243~244
홀론 250, 252, 258, 262
환경법 44, 96, 194~196, 212, 242, 275, 304, 347
회복적 정의 117~118, 298
흰개미 43~45, 48~49, 251

A
ALBA 322, 328

C
CBD 267~268
CEJ 316~317
CELDF 317~318, 320

E
EJM 245, 266

I
IPCC 66

M
MA 65~66, 68~69, 71, 73~74

U
UDF 259~260
UKELA 315
UNEP 62

야생의 법
지구법 선언

초판1쇄 인쇄 2016년 4월 15일
초판1쇄 발행 2016년 4월 22일

지은이 코막 컬리넌
옮긴이 박태현
기획 포럼 지구와사람
펴낸이 김수영
펴낸곳 로도스출판사

출판등록 2011년 2월 22일 제307-2013-56호
주소 서울시 성북구 동소문로 118 플라망스타워 1105호
전화 02-3147-0420~0421
팩스 02-3147-0422
이메일 rhodosbooks@naver.com

© 로도스, 2016, Printed in Seoul, Korea.

ISBN 979-11-85295-22-0 03360

값은 뒤 표지에 있습니다.
잘못된 책은 바꿔드립니다.